L'AVENIR

DES

SCIENCES PSYCHIQUES

LIBRAIRIE FÉLIX ALCAN

L'AVENIR

DES

SCIENCES PSYCHIQUES

PAR

ÉMILE BOIRAC

CORRESPONDANT DE L'INSTITUT

RECTEUR DE L'ACADÉMIE DE DIJON

PARIS

LIBRAIRIE FÉLIX ALCAN

108, Boulevard Saint-Germain

—

1917

INTRODUCTION

L'étude des phénomènes psychiques peut-elle constituer une science ? Question préliminaire à laquelle nous
devons tout d'abord essayer de répondre, car si on la
tranche par la négative, le présent livre, qui se propose
justement de déterminer les conditions dans lesquelles les
sciences psychiques sont appelées à se constituer définitivement et à se développer d'une façon régulière dans un
avenir plus ou moins prochain, se trouve immédiatement
sans objet. Or, un certain nombre de savants à notre époque, et ce nombre était encore plus considérable aux
époques antérieures, se refuseraient peut-être ou hésite-
raient en tout cas, si on les interrogeait expressément sur
ce point, à admettre l'existence des sciences psychiques,
et il est certain que les essais de classification générale
des sciences élaborés jusqu'ici par les différents philosophes ou savants qui se sont appliqués à cette tâche ne
prévoient aucune place dans leurs cadres pour des sciences
de ce genre. Bien que l'opposition contre les recherches
d'ordre psychique ait cessé d'être actuellement dans le
monde scientifique aussi générale et aussi vive qu'elle l'était
pendant la plus grande partie du siècle dernier, bien qu'on
puisse dire en fait, comme nous le dirons nous-même
plus loin (1), que pour tous ceux dont l'avis compte en
cette matière, l'existence des sciences psychiques est dès

(1) V. chap, Ier : « Les résultats acquis dans les sciences psychiques
et ce qu'il reste à faire ».

maintenant un fait dont on ne discute plus, il n'est pas cependant hors de propos d'examiner la question en elle-même et de nous demander en quel sens et dans quelle mesure l'étude des phénomènes psychiques peut prétendre légitimement à la dénomination de science.

Une science, d'après l'idée qu'on s'en fait le plus généralement, consiste dans un ensemble de connaissances toutes marquées du caractère de la certitude et étroitement liées entre elles de façon à former un véritable système où elles se soutiennent et s'expliquent les unes les autres dans un certain ordre. Telles sont par exemple les mathématiques. Cette idée est celle des philosophes anciens : c'est en quelque sorte l'idée classique. La science ainsi comprise a la stabilité et l'autorité d'un dogme; elle s'oppose absolument non seulement à l'ignorance mais à l'opinion plus ou moins probable, à la simple croyance; fixée une fois pour toutes, immuable comme la vérité, elle se transmet par l'enseignement, et celui qui ne la possède pas encore, l'élève, le disciple, ne peut que l'accepter docilement de la main de ceux qui en ont reçu et conservé le dépôt. C'est en ce sens que les bibliothèques, les écoles, les universités, les académies, sont les sanctuaires de la science.

Evidemment, pour tous ceux qui s'en tiennent à une telle conception, il ne saurait être question de science psychique. On chercherait en vain un corps de doctrines solidement établies, rigoureusement enchaînées, qui correspondît à ce titre. Mais cette conception de la science est-elle bien conforme à la réalité? Ne représente-t-elle pas plutôt un idéal vers lequel tendent, il est vrai, toutes les sciences, mais qui n'est peut-être complètement réalisé par aucune d'elles, même par les sciences mathématiques qui sont celles qui s'en rapprochent le plus?

Si la science devait tomber du ciel et nous être apportée toute faite par quelque génie supra-terrestre, elle vérifierait sans doute la définition qu'on nous en donnait tout à l'heure; mais comme c'est nous, hommes, qui la faisons et qui la faisons lentement, progressivement, non sans tâtonnements et sans erreurs, il en résulte qu'on peut toujours distinguer en elle deux moments, celui où elle est en train de se faire et celui où elle est faite, au moins en quelque mesure : le moment de la science *in-fieri*, pour employer les expressions des scolastiques, et celui de la science *in-facto*; ou plutôt, ce ne sont pas là deux moments successifs, ce sont deux points de vue qui coexistent et sous lesquels toute science peut et doit être envisagée, le point de vue du chercheur qui la crée et celui du professeur qui l'enseigne. Il y a toujours en elle d'une part des connaissances acquises et intégrées, d'autre part des connaissances en voie d'acquisition et d'intégration, un *in-facto* statique et un *in-fieri* dynamique ; et on peut montrer par de nombreux exemples que la proportion de l'*in-facto* et de l'*in-fieri* varie d'une science à une autre et même dans l'intérieur d'une seule et même science, selon le moment de son histoire où on la considère.

Les mathématiques paraissent à beaucoup d'esprits le type des sciences faites, parfaites, immobilisées pour toujours dans la possession de vérités éternelles, et cependant ne voyons-nous pas presque à chaque génération de nouveaux penseurs découvrir et conquérir de nouveaux domaines dans les champs sans limites de la quantité idéale ? Pour un mathématicien de génie, pour un Descartes, un Leibnitz, un Cauchy, un Poincaré, la vraie science mathématique est-ce bien celle qui est déjà figée en formules rigides dans des livres, n'est-ce pas plutôt celle qu'il invente, celle qu'il sent sourdre et vivre dans son cerveau ?

L'histoire de la physique nous montre, ce semble, des périodes successives où prédomine tantôt le point de vue statique, tantôt le point de vue dynamique. Pour ne parler que du siècle dernier, les physiciens, pendant sa première moitié, n'étaient pas loin de considérer leur science comme achevée, au moins dans ses parties essentielles ; chacun des chapitres dont elle était composée : pesanteur, son, lumière, chaleur, électricité, pouvait sans doute recevoir des développements nouveaux ; mais on ne supposait pas qu'il fût possible d'ouvrir de nouveaux chapitres. La nature tout entière était, pensait-on, virtuellement comprise dans le cercle déjà tracé, et la tâche de l'avenir consisterait à approfondir, non à étendre. Coup sur coup les découvertes successives des rayons X, de la matière radiante, du radium, etc., sont venues déplacer les bornes qu'on s'était trop hâté de croire fixées pour toujours et peut-être ne serait-il pas excessif de prétendre que ce que nous savons actuellement en physique n'est rien en comparaison de ce qui nous reste à savoir encore.

La chimie et la biologie donneraient lieu à des constatations analogues. En elles aussi nous pouvons distinguer, d'une part, un ensemble de connaissances acquises, prêtes pour l'enseignement et la vulgarisation ; d'autre part, un ensemble d'études, de recherches en train de se faire, ou même simplement en projet, qui attendront plus ou moins longtemps avant de sortir des laboratoires pour entrer dans les écoles. Réserverons-nous exclusivement le nom de science à celle de ces deux parties qui se tourne vers le passé et la refuserons-nous à celle qui est orientée vers l'avenir ? Le chercheur n'a-t-il pas droit au titre de savant, au moins autant, sinon plus, que le professeur ?

Remarquons que plus une science est complexe, difficile, de constitution récente, plus la part des *recherches* l'emporte en elle sur celle des *connaissances;* et tel est justement le cas pour les sciences psychiques, encore à peine organisées, mais d'autant plus attrayantes pour tout esprit curieux et entreprenant que l'inconnu qu'elles recèlent est plus riche de promesses et d'espérances.

Il suffit donc, pour justifier l'existence de ces sciences, de faire voir que l'objet de leurs recherches existe, qu'il appartient bien au monde de la réalité ; qu'on ne poursuit pas une chimère en essayant de le soumettre aux procédés habituels de l'investigation scientifique dûment adaptés à sa nature particulière ; et que même cette investigation peut s'appuyer sur des résultats déjà acquis et suffisamment consolidés pour servir de base à des développements ultérieurs.

C'est précisément ce qu'on a essayé de faire dans le présent livre.

.·.

Peut-être, cependant, faut-il chercher la raison principale des préventions et de la défiance que les sciences psychiques rencontrent encore, chez quelques-uns de nos contemporains, dans la forme qu'elles ont primitivement revêtue et dont elles ne leur paraissent pas s'être suffisamment dépouillées. Elles ont, en effet, commencé par s'appeler *sciences occultes* ou, du moins, par faire partie de cet ensemble confus d'observations empiriques, de traditions, d'hypothèses et de rêveries que l'on a longtemps désigné sous ce nom et où elles voisinaient avec l'astrologie, l'alchimie, la chiromancie, la magie et autres pseudo-sciences de l'antiquité, du moyen âge et de la renaissance. C'est seulement depuis deux siècles à peine qu'elles s'en sont graduellement dégagées, et il se peut qu'il reste encore chez quelques-uns de ceux qui s'en occupent quelque chose de l'esprit mystique des anciens adeptes ; mais c'est une raison de plus pour que nous nous efforcions d'y introduire, avec une ardeur et une rigueur croissantes, le véritable esprit de la science moderne. De même que, sous l'influence de cet esprit, l'astronomie est définitivement sortie de l'astrologie et la chimie de l'alchimie sans que l'une ni l'autre en ait gardé la tare d'une sorte de péché originel, de même les sciences psychiques, qui ont eu, en quelque façon, la magie et la sorcellerie pour berceau, méritent déjà et mériteront de plus en plus la qualification de sciences effectives et positives, grâce à l'emploi persévérant de la méthode expérimentale, de cette même méthode à laquelle la physique, la chimie, les sciences médicales, qui elles aussi à leur origine tenaient par plus d'un côté à l'occultisme, doivent leur constitution autonome et leur possibilité de progrès indéfini (1).

On pourrait, croyons-nous, généraliser ces vues et dire que toutes les sciences, sans exception, même les mathématiques, traversent successivement deux phases dans leur histoire, une phase *mystique*, à laquelle correspond justement l'occultisme, et une phase *positive*, qui est celle de la science positive. Toute la différence entre elles, c'est que les unes sont passées très rapidement, et presque dès le début, de la première phase à la seconde, tandis que pour les autres, tantôt le passage a eu lieu plus lentement et par des degrés plus ou moins sensibles, tantôt il s'est fait longtemps attendre avant de s'opérer presque brusquement ou du moins dans un temps relativement court. Nous retrouvons ici une sorte de vérification de la célèbre loi des *trois états* formulée par le fondateur de l'école positiviste, Auguste Comte, loi selon laquelle toutes les connaissances humaines passent nécessairement de l'état théologique (ou mystique) à l'état positif (ou scientifique) en traversant l'état métaphysique (ou philosophique), intermédiaire à la fois par sa position et sa nature entre les deux autres.

On pourrait, il est vrai, objecter que la transformation dont nous parlons n'a pas été si complète qu'elle n'ait laissé

(1) Sur cette question du rapport des sciences psychiques avec la magie, on pourra consulter avec profit le livre de Carl du Prel : *La magie science naturelle*, trad. Nissa, principalement la deuxième partie, « La psychologie magique ». V. aussi dans l'APPENDICE, note I.

subsister, pour quelques-unes de ces sciences, et notamment pour les sciences psychiques, la forme ancienne ou occulte à côté de la forme moderne ou positive. Il y a encore, de notre temps, beaucoup de croyants du magnétisme animal et du spiritisme dont l'état d'esprit ne diffère pas très sensiblement de celui des occultistes du moyen âge et de la renaissance. Mais de même, dirons-nous, l'alchimie et l'astrologie comptent encore à notre époque des partisans convaincus et obstinés; le fait est peut-être fâcheux, mais l'astronomie et la chimie doivent-elles en porter la responsabilité? Tant pis pour ceux qui persisteraient à confondre des doctrines avant tout échafaudées sur l'imagination et la foi avec des recherches qui se réclament exclusivement de l'expérience et de la raison.

.•.

Nous avons parlé jusqu'ici *des sciences psychiques*, comme si l'étude des phénomènes psychiques devait nécessairement se partager entre plusieurs sciences distinctes; mais ce pluriel est-il bien légitime, et ne pourrait-on prétendre qu'il n'existe qu'une seule science psychique, celle-là même à laquelle nous avons nous-même donné le nom de *psychologie inconnue?*

On verra plus loin (1) comment nous avons essayé de résoudre la difficulté en montrant qu'il n'y a pas de contradiction à admettre tout à la fois des sciences psychiques particulières et une science psychique générale, selon qu'on se place au point de vue de l'analyse ou au point de vue de la synthèse. D'une part, en effet, disons-nous, les phénomènes qui font l'objet de ces sciences se répartissent naturellement en groupes suffisamment distincts pour que chacun de ces groupes puisse et doive devenir le domaine propre d'une science spéciale et, d'autre part, ils ont en

(1) V. chap. II : « La méthode dans les sciences psychiques ».

commun des caractères trop importants, ils sont surtout liés entre eux par des relations trop nombreuses et trop étroites pour qu'il soit possible de les étudier utilement si on ne tient pas compte de leurs affinités profondes et de l'intime solidarité qui les unit les uns aux autres.

Pour désigner ces différentes sciences et par conséquent aussi les différents ordres de phénomènes qui font l'objet de chacune d'elle, il nous a paru inévitable et indispensable d'inventer de nouveaux noms, ainsi que cela s'est fait et se fait encore dans toutes les sciences, à mesure qu'elles s'étendent à de nouveaux objets ou envisagent de nouvelles relations. C'est ainsi que dans un précédent ouvrage, *La psychologie inconnue*, nous avons rappelé ou introduit un certain nombre de néologismes techniques, tels que *hypnologie, cryptopsychie, psychodynamie, télépsychie, hyloscopie,* etc., et dans le présent livre on en remarquera d'autres, *métagnomie, biactinisme, diapsychie,* etc.

On nous a reproché cette création de néologismes, tirés du grec, qui peuvent, en effet, au premier abord, sembler prétentieux et barbares, et peut-être ne sera-t-il pas inopportun de dire ici les raisons qui nous semblent de nature à la justifier.

On s'accorde généralement à reconnaître l'importance de la langue et du vocabulaire dans l'économie générale de la science. Condillac allait même jusqu'à prétendre que la science n'est qu'une langue, en spécifiant d'ailleurs qu'elle est une langue bien faite (1). Cet aphorisme, contestable pour d'autres sciences, est presque rigoureusement vrai pour l'arithmétique, l'algèbre et toutes les mathématiques en général (sauf peut-être pour la géométrie euclidienne, où la considération des figures ne semble pas pouvoir se ramener entièrement à de simples opérations sur des mots.

(1) « Toutes les erreurs, dit Condillac, non sans exagération, viennent de l'habitude de nous servir de mots avant d'en avoir déterminé la signification et même sans avoir senti le besoin de la déterminer. »

ou des signes). En chimie, en zoologie, en botanique, le rôle de la nomenclature est évidemment capital. Encore une fois, toute science est obligée d'avoir son vocabulaire, sa terminologie propre, et apprendre cette science c'est d'abord apprendre à connaître sa terminologie et à s'en servir comme il faut.

Cependant, presque toutes les sciences, à leur début, commencent par emprunter la plupart de leurs termes à la langue commune; elles parlent alors, pourrait-on dire, le langage de tout le monde. Puis, peu à peu, il se fait un écart toujours grandissant entre le langage des savants et le langage populaire. Certaines sciences, certaines théories scientifiques s'expriment en des termes qui ne sont plus intelligibles que pour les seuls initiés. On peut regretter à certains égards ce changement. La science devient ainsi moins accessible à la grande masse des hommes, moins facile à enseigner, à répandre; elle prend un aspect rébarbatif; ceux qui la professent sont exposés au reproche parfois mérité de pédantisme. Les auteurs comiques, Molière en particulier, ne se sont pas fait faute de ridiculiser l'abus des termes savants, exhibés là où ils n'ont que faire, c'est-à-dire en dehors de la science. Mais quoi qu'on puisse dire dans ce sens, il n'en est pas moins vrai que cette transformation de la langue scientifique, qui va se différenciant de plus en plus de la langue commune, s'explique et se justifie par des raisons sérieuses et profondes.

La première, mais non la plus importante, c'est que le vocabulaire de la langue commune est trop pauvre, trop exigu pour permettre de dénommer tous les objets et tous les aspects des objets qui se découvrent au regard de la science à mesure qu'elle élargit le cercle de ses recherches. Là où la langue populaire n'a qu'un seul mot : *nuage*, la langue de la météorologie, qui conserve d'ailleurs celui-là, en invente forcément d'autres, tirés du latin, pour désigner les différentes sortes de nuages : *cirrus, stratus, cumu-*

lus, nimbus, etc. Le peuple a des noms pour les espèces de plantes les plus communes, mais la botanique est bien forcée d'en créer d'autres pour les espèces sans nombre que le peuple, faute de les avoir distinguées, ne connaît pas ; et il en est de même dans presque tous les ordres de sciences. D'où il résulte que la langue d'une science se compose presque toujours, dans des proportions variables, de deux catégories de termes, les uns vulgaires, les autres techniques, dont la juxtaposition forme une bigarrure plutôt choquante pour les esprits amoureux d'ordre et d'uniformité. Aussi, voit-on bientôt des doublets techniques se superposer et finalement se substituer aux termes vulgaires, du moins dans l'usage de la langue scientifique, qui tend ainsi à devenir pleinement homogène par l'exclusion progressive de ces derniers. On observe un cas de ce genre dans les sciences médicales, où les noms vulgaires des maladies les plus connues sont remplacés, au grand scandale des profanes, par des noms savants, le rhume de cerveau devenant un *coryza,* le mal de tête une *céphalée,* le saignement de nez une *épistaxis,* etc.

Mais la raison principale de cette évolution, c'est que les mots de la langue commune, ayant été formés et employés par la foule au hasard des circonstances, sont la plupart du temps vagues, imprécis et plus ou moins *équivoques ;* leur signification varie plus ou moins d'un esprit à un autre ou même parfois dans un même esprit, selon les associations d'idées ou de sentiments qu'ils évoquent. C'est pourquoi, quand la science se résigne à s'en servir, elle se réserve pourtant le droit d'en modifier le sens par une définition qui le précise en le limitant. Tout comme le premier venu, le géomètre parle de *point,* de *ligne,* de *surface,* de *volume,* de *triangle,* de *cercle,* de *sphère,* etc. ; mais pour lui tous ces mots ont un sens constant, absolument net, celui qui est circonscrit et fixé par leur définition. En réalité, ce qui nous paraît être un seul et même mot recouvre souvent deux mots tout à fait distincts qui n'ont de commun que leur sonorité identique, mais qui correspondent à des idées foncièrement différentes : le mot vulgaire et le mot savant.

Cette dualité d'aspect peut n'avoir pas d'inconvénients graves dans les sciences abstraites telles que les mathématiques ; elle a des conséquences très fâcheuses dans toutes les sciences concrètes, où il s'agit de faits qui, avant d'avoir été étudiés par la science, ont été de tout temps connus des hommes, impliqués dans leurs croyances, leurs sentiments, leurs actions et qui, par conséquent, portent des noms séculairement façonnés par l'usage populaire. Tel est le cas des sciences morales et sociales, tel est particulièrement le cas de la psychologie, dont dépendent les sciences psychiques. Le savant, le philosophe se trouve en présence d'une difficulté presque insurmontable. Il lui est bien difficile d'écarter systématiquement les mots de la langue commune : âme, esprit, conscience, sentiment, sensation, sensibilité, émotion, passion, instinct, volonté, etc., pour les remplacer par des mots de son invention dont il fixerait lui-même le sens en les définissant. Il prendra donc les mots que tout le monde connaît, mais il s'efforcera de définir chacun d'eux en le réduisant à sa signification essentielle (à celle du moins qu'il juge telle), et en le dépouillant de tout le revêtement d'associations d'idées dont l'imagination populaire l'a pour ainsi dire incrusté. Seulement, cet effort qu'il fait lui-même, est-il bien sûr que les autres le feront ? A quels malentendus, à quels quiproquos la science n'est-elle pas exposée par l'emploi de mots dont chacun croit connaître le sens, dont, comme le dit Condillac, « il a l'habitude de se servir avant d'en avoir déterminé la signification et même sans avoir senti le besoin de la déterminer ? »

C'est pourquoi, toutes les fois que cela n'est pas tout à fait impossible, il est préférable, croyons-nous, d'avoir recours à des mots nouveaux, vierg s de toute association préconçue, qui, par leur physionomie insolite, oblige celui qui les entend à comprendre qu'ils sont des inconnus pour lui et qu'il doit en apprendre exactement la définition avant de se risquer à s'en servir.

Or, il semble bien que les sciences psychiques soient en meilleure situation que beaucoup d'autres pour se créer une langue originale et autonome, puisque les phénomènes qu'elles étudient, en raison de leur caractère spécial, sont habituellement peu connus ou peu remarqués du commun des hommes.

Par malheur, ceux qui ont été les initiateurs de cette étude ne se sont pas toujours rendu compte de l'importance que présentait pour elle la constitution d'un langage vraiment approprié ; ils se sont au contraire appliqués, comme il était d'ailleurs naturel, à puiser dans la langue courante les mots dont ils avaient besoin pour désigner des faits nouveaux ou exprimer des idées nouvelles ; et ces mots, déjà en partie consacrés par l'usage, constituent dès maintenant un obstacle à la formation d'un vocabulaire rationnel. Il n'est pas douteux, cependant, que les sciences psychiques auraient tout intérêt à les remplacer par des termes moins imprécis et moins tendancieux. Beaucoup de difficultés où elles s'embarrassent n'ont pas d'autre cause que l'insuffisance de leur outillage verbal.

Nous en avons un exemple dans les controverses de l'Ecole de Nancy et de l'Ecole de la Salpêtrière sur la nature de la suggestion et de l'hypnotisme. Le mot *suggestion*, dans la langue courante, désigne un fait très simple, très banal, qui, au point de vue psychologique, se réduit à une association d'idées ; l'employer pour désigner un autre fait infiniment moins ordinaire, dans lequel les lois habituelles de la pensée et de l'action humaines semblent, au moins momentanément, bouleversées, n'est-ce pas faire supposer, avant tout examen, que ces deux faits sont en réalité identiques ? De même Braid, en forgeant le mot *hypnotisme* pour désigner un certain état dans lequel des êtres humains peuvent être plongés par certaines manœuvres, affirme en quelque sorte d'autorité que cet état est de même nature que le sommeil : c'est toute une théorie qui nous est insinuée par ce mot, non moins tendancieux que le mot *suggestion ;* et, si nous n'y prenons garde, nous serons bientôt engagés dans des discussions sans fin, comme celles qui ont si longtemps mis aux prises l'école de Charcot et celle de Liébeault et Bernheim. Nous n'oserions cependant proposer d'écarter absolument ces termes désormais traditionnels pour leur substituer les néologismes *idéoplastie* et *hypotaxie* créés par Durand de Gros, bien que ces derniers prêtent beaucoup moins à l'équivoque : il est si difficile de remonter le courant des habitudes !

Pareillement, le terme de *magnétisme animal*, introduit par Mesmer et ses disciples pour désigner tout un ensemble de faits parapsychiques irréductibles par hypothèse aux faits d'hypnotisme et de suggestion malgré les analogies qui les en rapprochent, n'a pas médiocrement contribué à exciter et à entretenir dans l'esprit des savants, à l'égard de ces faits et de leur étude, des préventions qui sont loin d'être encore dissipées. C'est que, comme nous le montrons plus loin (1), cette expression, *magnétisme animal*, ne désigne pas seulement un certain ordre de faits : elle implique en même temps une hypothèse, elle préjuge l'explication de ces faits et, par suite, tous ceux à qui cette hypothèse répugne, tous ceux qui jugent cette explication inadmissible, rejettent en bloc les faits eux-mêmes et se refusent à les étudier. Aussi nous semble-t-il très désirable qu'on pût lui substituer un terme nouveau, tel que celui de *biactinisme*, par exemple, qui, sans allusion à aucune

(1) V. chap. IX : « Le magnétisme animal ».

hypothèse, à aucune explication, désigne simplement, pour employer la formule de Cuvier (1), « l'action que les systèmes nerveux de deux individus peuvent exercer l'un sur l'autre, la communication quelconque qui s'établit entre eux » avec l'ensemble des effets qui en résulte.

On peut faire une remarque du même genre à propos du mot *spiritisme*, qui est également équivoque et tendancieux. On l'applique, en effet, tout à la fois à une certaine doctrine philosophique, pour ne pas dire religieuse, qui admet l'intervention des défunts, âmes ou esprits, dans les choses de ce monde et à un certain ensemble de faits énigmatiques que quelques-uns prétendent expliquer par une intervention de ce genre, mais pour lesquels on peut concevoir une toute autre explication, et qui, en tout cas, de quelque façon qu'on les explique et même si on s'interdit de chercher à les expliquer, peuvent devenir l'objet d'une étude méthodique. Est-il besoin de dire que c'est seulement à la condition de se placer à ce point de vue que ces faits intéressent les sciences psychiques et font partie de leur domaine ? Pourtant, on n'ôtera pas de l'idée de la plupart des gens que tous ceux qui étudient les faits spiritiques — ou plutôt, comme nous avons proposé de les appeler, spiritoïdes — sont par cela même des spirites, et c'est ainsi que des chercheurs tels que William Crookes, de Rochas, Charles Richet, Flournoy, etc., se voient confondus avec les croyants de l'évangile selon Allan Kardec. Ici encore, il serait nécessaire d'avoir une dénomination nouvelle qui fût étrangère à toutes les vieilles associations d'idées et n'impliquât pas une sorte de foi tacite dans l'existence des « esprits désincarnés » ; mais une telle dénomination est encore à trouver (2).

(1) *Leçons d'anatomie*, t. II, p. 107.
(2) Celle de *médiumnisme* ou *médianisme*, outre qu'elle est très incorrectement formée, a aussi le tort d'impliquer l'affirmation, peut-être contestable à certains égards, du rôle nécessaire du médium dans

Enfin, un troisième défaut des termes empruntés à la langue ordinaire, c'est qu'ils sont, en général, peu commodes, peu maniables, se prêtant mal à la formation des mots dérivés ou composés dont la langue scientifique a constamment besoin. Si la physique devait se contenter des mots *chaud* et *chaleur*, elle serait fort embarrassée pour parler couramment de tout ce qui sans être chaud a rapport à la chaleur, de la mesure de la chaleur et de l'instrument de cette mesure, de la théorie des rapports existant entre le travail mécanique et les quantités de chaleur, etc. Toutes ces circonlocutions se trouvent évitées par l'emploi de mots tels que *thermique, thermométrie, thermomètre, thermodynamique* et autres semblables. Or, il est infiniment probable que les sciences psychiques ne pourront se développer sans éprouver de plus en plus vivement, elles aussi, le besoin d'un vocabulaire souple et maniable. Nous voyons déjà combien sous ce rapport un terme tel qu'*hypnotisme* est préférable pour elles à ceux de *sommeil nerveux* ou de *somnambulisme artificiel* qu'il a remplacés : comment obtenir avec ceux-ci l'équivalent des mots *hypnotique, hypnotiser, hypnotiseur, hypnotisation, hypnotisable,* etc. ? Pour les mêmes raisons, à la place des mots *voyance, clairvoyance, lucidité, double vue, seconde vue,* etc., nous préférerions un mot tel que *métagnomie* (1), qui, outre la plus grande généralité de son sens, a l'avantage de fournir le dérivé *métagnomique* et de permettre des expressions composées telles que *perception métagnomique, souvenir métagnomique, rayons, clichés métagnomiques,* etc. On pourrait justifier par des raisons analogues l'intro-

tous les faits de cet ordre. Un terme de physionomie tout à fait neutre, tel que par exemple *allopsychie* (ἄλλος, autre ; ψύχη, âme) : ensemble de faits dans lesquels l'âme, la personnalité des individus qui y prennent part semble aliénée au profit d'une autre âme, d'une personnalité étrangère, serait, à ce qu'il semble, moins sujet à confusion.

(1) V. chap. XI : « La clairvoyance ».

duction d'autres néologismes pour remplacer ou tout au moins doubler les expressions courantes de *suggestion mentale, transmission* ou *pénétration de pensée, division de conscience, dédoublement de la personnalité,* et même, peut-être, *extériorisation de la sensibilité, extériorisation de la motricité,* etc. (1).

Cette constitution du vocabulaire technique des sciences psychiques ne se fera pas, on doit s'y attendre, sans résistances et sans tâtonnements. Tous ceux à qui les nouveautés répugnent — et le nombre en est grand — lutteront contre l'adoption des néologismes même les plus nécessaires, et ceux mêmes qui croient à leur nécessité ne réussiront pas toujours à se mettre d'accord entre eux quand il s'agira de fixer leur choix sur tel ou tel. Mais toutes les sciences ont plus ou moins rencontré ces difficultés sur leurs routes et en sont venues à bout. Il est permis de supposer qu'il en sera de même pour les sciences psychiques.

٭٭

Bien que les phénomènes psychiques aient de longue date éveillé la curiosité des hommes et frappé leur imagination, les sciences qui ont ces phénomènes pour objet sont des tard venues dans l'ensemble des sciences, et elles n'y ont pas encore de place marquée. Toutefois il est assez clair — et leur nom même l'indique — qu'elles se rattachent à la psychologie envisagée, bien entendu, non comme une partie de la philosophie, mais comme une science expérimentale. S'il était établi, comme quelques-uns le soutiennent, que les phénomènes qu'elles étudient sont non pas seulement anormaux ou supernormaux, mais

---

(1) C'est à la même préoccupation que répondent des néologismes tels que *cryptomnésie, cryptopsychie, ectoplasme, télékinésie,* etc , que beaucoup d'auteurs ne se font plus scrupule d'employer à la place de *mémoire inconsciente, cérébration inconsciente, matérialisation, mouvement sans contact,* etc.

essentiellement pathologiques, on pourrait dire qu'elles ·
·constituent une branche spéciale de la psychologie morbide ou psychopathologie. Mais cette thèse n'est pas encore
prouvée, et il est plus exact de dire qu'elles constituent
une sorte de psychologie *à côté* de la psychologie proprement dite, une *parapsychologie*, ce que nous avons nous-
même appelé la « psychologie inconnue », tout en reconnaissant qu'elles sont liées à la psychopathologie par de
nombreuses et importantes affinités.

Il faut d'ailleurs se rappeler que les divisions que nous
imaginons dans nos classifications, — ou, ce qui revient
au même, entre les divers ordres de phénomènes naturels,
— sont toutes plus ou moins artificielles et arbitraires.
Ainsi la psychologie, dans son ensemble, est inséparable
de la physiologie, qui est elle-même inséparable des
sciences physiques : l'âme ne va pas sans la vie, et la vie
ne va pas sans la matière. On ne doit donc pas être surpris
si les sciences psychiques, traversant et dépassant la psychologie, plongent profondément leurs racines dans la
physiologie, notamment dans la physiologie du cerveau et
du système nerveux, peut-être même au delà, dans les
parties de la physique où s'élabore la théorie des forces les
plus subtiles de la nature. C'est justement une des raisons
pour lesquelles ces sciences ne peuvent progresser que très
lentement : leur progrès est, en effet, conditionné dans une
large mesure par celui de ces sciences plus générales dont
elles dépendent et auquel, d'ailleurs, elles-mêmes contribuent (1). Pour les mener à bien, il faudrait aux spécialistes qui les étudient la collaboration intime et durable
de psychologues, de physiologistes et de physiciens complètement au courant des résultats et en possession des

(1) Il n'est pas interdit de penser que les recherches expérimentales
de William Crookes sur certains phénomènes parapsychiques n'ont
pas été sans influence sur sa conception de la matière radiante et sur
les découvertes qui en ont été la suite.

méthodes de leurs sciences respectives; ou plutôt il faudrait que chacun de ces spécialistes fût en outre et tout à la fois physicien, physiologiste et psychologue. Est-il besoin de dire combien une telle condition est difficile à réaliser ? En fait, ceux qui se sont jusqu'ici occupés de recherches psychiques se sont principalement recrutés soit parmi des médecins ou des physiologistes (Mesmer, Charcot, Dumontpallier, Bernheim, Charles Richet, etc.), soit parmi des physiciens et des chimistes (De Reichenbach, Gregory, William Crookes, Oliver Lodge, etc.), soit parmi des philosophes, des moralistes, des littérateurs, ou même des « amateurs » plus ou moins versés dans la psychologie (Flournoy, William James, Frédéric Myers, la plupart des membres de la Société anglaise et de la Société américaine des recherches psychiques, etc.); et ce sont peut-être ces derniers, les psychologues, qui ont été les moins nombreux, bien que la psychologie paraisse plus en mesure que toute autre science d'apporter un peu de lumière dans le brouillard où se meuvent encore péniblement les sciences psychiques.

Ainsi placées dans le rayonnement de la psychologie, ces sciences sont naturellement en rapport avec les sciences sociales ou du moins avec quelques-unes d'entre elles, principalement avec l'histoire et avec la science des religions. Les phénomènes parapsychiques ont certainement, au cours des siècles, joué un rôle important dans la vie des peuples, surtout dans leur vie religieuse, et ceux qui méconnaissent ce fait ou qui l'ignorent sont exposés à n'avoir sur certains événements historiques que des vues fausses ou incomplètes. C'est ce que nous avons essayé de montrer dans une étude qu'on trouvera à la fin de ce livre sur « le problème religieux et les sciences psychiques » (1).

(1) V. dans l'APPENDICE, note II.

Une objection que l'on entend parfois élever contre les recherches psychiques, c'est qu'on ne voit pas quelle utilité pratique pourrait en résulter, même si elles aboutissaient à une connaissance tout à fait satisfaisante de leur objet. Aucune science, dit-on, n'a pour but unique la satisfaction d'une curiosité purement spéculative ; les théories scientifiques ne sont en quelque sorte pleinement justifiées que par leurs applications, par l'emprise effective qu'elles assurent à l'homme sur les choses, par le pouvoir qu'elles lui donnent d'asservir la nature à sa volonté. Ce qui distingue justement la science de la philosophie ou, si l'on aime mieux, la conception moderne de la conception antique de la science, c'est que, depuis Descartes et Bacon, nous attendons de la science non pas seulement qu'elle nous fasse connaître la réalité, mais aussi qu'elle nous enseigne les moyens de la modifier, de la transformer pour notre usage : « Savoir, a dit Auguste Comte, afin de prévoir et de pourvoir ». Si les sciences psychiques ne répondent pas à cette condition, elles ne méritent pas vraiment le nom de science.

Tout en reconnaissant que la science ne peut consister dans une sorte de dilettantisme intellectuel qui se désintéresserait absolument des fins de la vie pratique, nous ferons cependant observer que son objet propre et immédiat est avant tout le vrai, non l'utile ou le bien, et que dans l'intérêt même de la tâche qu'elle poursuit, elle doit s'imposer un désintéressement relatif ou, si l'on aime mieux, provisoire et apparent à l'égard de tout autre objet. Nul ne peut savoir d'avance quelles applications sortiront un jour de telle vérité qui semble, au premier abord, tout à fait stérile en conséquences pratiques. Le savant qui ne viserait systématiquement que l'utile au lieu de tendre

premièrement au vrai manquerait à la fois presque inévitablement le vrai et l'utile. De toutes les sciences, les
hautes mathématiques sont sans doute celles dont on voit
le moins de prime abord l'utilité pratique, et pourtant c'est
chez elles que les autres sciences, avec les innombrables
techniques qui en dérivent, vont puiser les indispensables
instruments de leur travail, de ce travail par lequel
l'homme s'assujettit finalement les choses.

Ce ne serait donc pas une objection dirimante contre les
recherches psychiques de dire : « A quoi cela peut-il bien
servir ? », car il n'est presque pas de recherche scientifique, du moins à ses débuts, dont on n'ait pu le dire
également. Mais en fait, pour beaucoup de ces recherches,
nous savons dès maintenant à quoi « cela peut servir » et
nous l'entrevoyons pour la plupart des autres.

Voici par exemple ce premier groupe de sciences psychiques qu'on peut réunir sous le nom d'hypnologie et qui
s'occupent particulièrement des faits d'hypnotisme et de
suggestion. Il est déjà assez avancé pour qu'on en tire des
applications pratiques. Ne parlons pas de l'utile contribution apportée par l'hypnologie à la psychologie générale
pour l'étude expérimentale des différentes facultés humaines : conscience, mémoire, volonté, etc., car cette utilité
pourrait sembler plus théorique que pratique. Ne parlons
même pas des services que l'hypnologie pourra rendre pour
la connaissance — pratiquement si importante — des caractères individuels ou pour leur redressement, quand les
procédés de la pédagogie ordinaire ont échoué dans cette
entreprise, attendu que ce genre d'applications à l'ortho-
pédie mentale n'a pas encore été poussé bien loin, malgré
les intéressantes indications données en ce sens par Durand
de Gros et le docteur Bérillon.

C'est surtout dans le domaine médical que les connaissances déjà acquises en hypnologie ont donné lieu aux
applications les plus importantes. On sait les résultats

remarquables obtenus par les praticiens de l'Ecole de Nancy dont la méthode, plus ou moins modifiée dans le détail, est entrée maintenant dans la pratique courante de la psychothérapie, principalement pour le traitement des affections nerveuses ; et il n'est pas sûr que d'autres affections ne soient pas justiciables, au moins indirectement, de cette même méthode, le cerveau, sur lequel son action s'exerce d'abord, étant le grand régulateur non seulement des fonctions nerveuses, mais encore, par l'intermédiaire de celles-ci, de toutes les autres fonctions de l'organisme.

Les autres branches de sciences psychiques ne sont pas encore assez avancées pour pouvoir être aussi couramment et surtout aussi sûrement utilisées pour des fins pratiques. Le jour où l'étude du magnétisme animal, méthodiquement poursuivie dans un esprit vraiment scientifique, aura donné tous les résultats qu'on peut légitimement en attendre, elle apportera vraisemblablement à la thérapeutique une contribution au moins aussi importante que celle de l'hypnologie : quelque exagération qu'on puisse relever dans les récits des cures merveilleuses opérées par les anciens magnétiseurs, il ressort cependant des faits observés par eux cette conséquence, bien difficile à rejeter sans parti pris, que la force biactinique de l'organisme humain produit, dans certaines conditions, des effets curatifs singulièrement puissants. Il ne s'agirait que de déterminer ces conditions avec une précision suffisante pour que ce qui n'était jusqu'ici qu'un empirisme incertain prît rang parmi les procédés réguliers de la technique médicale.

Arrivera-t-on jamais à établir scientifiquement la réalité et, ce qui vaudrait mieux encore, à formuler les lois de l'incompréhensible phénomène de la *voyance* ? Si l'avenir donne à cette question une réponse affirmative, il n'est peut-être pas chimérique de penser qu'il sortira de là pour l'humanité un nouvel organe d'information et de communication comparable au télégraphe, au téléphone, au téléphote, etc. (1). Dès maintenant, bien des gens se sont demandé s'il ne serait pas possible d'utiliser la métagnomie, soit pour venir en aide à la police et à la justice dans leurs investigations et leurs enquêtes, soit, plus particulièrement en temps de guerre, pour pénétrer les desseins de l'ennemi et se rendre compte de l'organisation de ses moyens d'attaque et de défense. Mais notre connaissance actuelle du mécanisme métagnomique est trop imparfaite pour qu'on puisse se risquer sans témérité à employer, dans des circonstances aussi graves, un instrument dont on est encore aussi peu sûr.

Il semble que l'hyloscopie, sous la forme de la prospection des sources et des minerais, soit déjà presque entrée dans la phase des applications pratiques. Du moins a-t-on raconté que les Allemands avaient eu recours à l'emploi méthodique de la baguette et du pendule pour rechercher des mines dans leurs possessions africaines et, plus récemment, que pendant l'expédition des Dardanelles, les troupes anglaises avaient dû à ce procédé la découverte de sources d'eau potable en un pays où elles souffraient cruellement de la sécheresse et de la soif. Si, comme on le prétend, la sensibilité spéciale révélée par les mouvements de la baguette ou du pendule se rencontre chez la plupart des gens à l'état de virtualité latente, c'est peut-être cette branche des sciences psychiques qui, en raison même de sa vérification croissante par une pratique de plus en plus généralisée, ouvrira la brèche par laquelle passeront ensuite toutes les autres en mettant définitivement hors de doute la réalité d'influences imperceptibles à nos sens ordinaires et capables pourtant de se révéler à nous par des réactions *sui generis* de notre système nerveux.

(1) Cf. Jaurès, *De la réalité du monde sensible.* V. dans l'APPENDICE, note III.

Enfin il n'est pas jusqu'à la région ténébreuse des phénomènes spiritoïdes où on puisse concevoir la possibilité d'applications pratiques qui, si elles se réalisaient un jour, amèneraient évidemment dans les affaires humaines une révolution aussi considérable que celles de la vapeur et de l'électricité. Supposez en effet qu'on arrive à prouver expérimentalement que les étranges effets d'action à distance, de lévitation et de matérialisation produits par certains médiums, tels qu'un Daniel Donglas Home ou une Eusapia Paladino, sont des phénomènes aussi réels et aussi naturels que la chute d'une pierre, une décharge électrique ou une combinaison chimique ; supposez qu'on arrive en outre à prouver expérimentalement que la cause de ces effets réside dans une condensation ou transformation particulière d'une force émanant du système nerveux et à déterminer les lois selon lesquelles cette force, commune à tous les êtres humains, agit, se développe et se transforme ; que faudra-t-il pour faire sortir de ces constatations théoriques des conséquences pratiques d'une portée extraordinaire? Il faudra que ces lois soient telles que notre volonté puisse les utiliser pour le maniement de cette force, comme elle peut utiliser dans une large mesure les lois de la vapeur et de l'électricité pour le maniement de ces dernières. Evidemment nous ne savons pas si cette condition est réalisable : il se peut que la force productrice des phénomènes paladiniens (comme on les a parfois nommés) échappe par sa nature au contrôle de la volonté, tout comme celle qui produit l'orage et la foudre et dont, malgré notre connaissance des lois de l'électricité, nous ne pouvons pas et vraisemblablement ne pourrons jamais provoquer ou empêcher l'action à notre gré. Mais il se peut aussi qu'il en soit autrement, et, en ce cas, il suffirait de condenser artificiellement cette force et de la diriger pour obtenir, avec les seules ressources des organismes humains, des effets mécaniques, calorifiques, lumineux, électriques, etc., dont il est impossible de limiter *a priori* la diversité et la puissance. — Utopie, dira-t-on ! — Peut-être, mais lorsque Galvani étudiait les contractions des cuisses de grenouilles suspendues à son balcon, qui aurait pu prévoir que la force qui se manifestait alors à ses yeux par des effets aussi infimes ferait un jour, travailleuse infatigable au service de l'homme, circuler sans relâche, sur toute la surface du globe, le mouvement, la lumière et la pensée ?

L'AVENIR

DES

SCIENCES PSYCHIQUES

————

CHAPITRE PREMIER

————

Les résultats acquis dans les sciences psychiques et ce qu'il reste à faire.

Avant d'aborder l'examen des diverses questions particulières qui feront l'objet du présent livre, il n'est peut-être pas inutile de nous faire une idée générale aussi exacte que possible de l'état actuel des sciences psychiques et d'essayer de déterminer, d'une part, les résultats qui peuvent être considérés comme acquis ; d'autre part, les problèmes qui restent encore à résoudre, les recherches qui restent encore à entreprendre ou à poursuivre. C'est ce bilan des sciences psychiques que nous nous proposons d'établir dans le présent chapitre.

I

Tout d'abord, le résultat le plus important et le plus général obtenu peu à peu, non sans lutte et sans efforts, au cours de la seconde moitié du dernier siècle et qui semble aujourd'hui consolidé pour toujours, c'est la reconnaissance de l'existence même des sciences psychiques. Jusqu'où s'étend le domaine des phénomènes psychiques, où finit dans ce domaine le champ de la réalité, où commence

celui de l'illusion : ce sont là des points sur lesquels on
discute encore, et vraisemblablement il s'écoulera bien des
années avant qu'on cesse d'en discuter ; mais il y a du
moins deux propositions sur lesquelles, croyons-nous, l'accord est fait actuellement entre tous ceux qui sont capables d'en comprendre les termes, à savoir, d'abord, qu'il y
a bien réellement des phénomènes psychiques (de quelque
façon qu'on les nomme, *occultes* avec Grasset, *métapsychiques* avec Charles Richet, ou *parapsychiques* avec Flournoy et l'auteur de ce livre), constituant dans la nature un
ordre *sui generis*, rattaché sans doute à l'ensemble des phénomènes psychologiques, mais ayant ses caractères particuliers et ses lois propres; en second lieu, que ces phénomènes peuvent et doivent être objets de science, et qu'à ce
titre les sciences psychiques sont tout aussi légitimes, tout
aussi dignes d'être étudiées que les sciences physiques,
biologiques ou sociales.

On ne considère plus nécessairement ceux qui consacrent leur temps et leur peine à cette étude comme des
charlatans ou comme des fous. Il y a là, dans l'attitude du
public, en particulier du public scientifique, à l'égard des
phénomènes et des sciences psychiques, un changement
qui va s'accentuant de plus en plus, et qui, dans un avenir
plus ou moins rapproché, peut amener l'organisation définitive de ces sciences encore mal définies et mal assises.
Tout l'honneur de ce changement, qui est presque une
révolution, doit être reporté aux travaux des Ecoles de la
Salpêtrière et de Nancy, de la Société anglaise et de sa sœur
cadette, la Société américaine des recherches psychiques,
enfin d'hommes tels que le colonel de Rochas et les professeurs Charles Richet et Flournoy. Le fait que l'Académie
des sciences a accepté la fondation d'un prix, le prix Fanny
Emden, destiné à encourager les recherches psychiques
« concernant la suggestion, l'hypnotisme, et en général
toutes les actions physiologiques qui peuvent être exercées

à distance par l'organisme humain », suffit à mesurer le chemin parcouru depuis l'époque relativement récente où la même Académie refusait de recevoir aucune communication relative au magnétisme animal, relégué par elle au rang de la quadrature du cercle et du mouvement perpétuel. Et n'est-ce pas aussi un fait bien significatif que la participation de savants tels que d'Arsonval, Branly et le regretté Pierre Curie, à toute la série des expériences faites, en 1906, avec le médium Eusapia Paladino, à l'Institut général psychologique ?

II

Un second résultat qui paraît également acquis, c'est que la seule méthode qu'il convienne d'appliquer à l'étude des phénomènes psychiques est la *méthode expérimentale*, telle que l'ont définie et pratiquée Claude Bernard et Pasteur, avec les modifications de détail nécessitées par les conditions particulières de cette classe de phénomènes. Il ne s'agit plus — tout le monde, ou peu s'en faut, est d'accord sur ce point — d'édifier *a priori* des théories systématiques sur le fluide universel ou le fluide vital, sur la constitution de la matière ou de l'esprit, et d'en déduire l'explication de faits plus ou moins extraordinaires, admis sans examen et sans contrôle ; ce sont les faits eux-mêmes qu'il faut tout d'abord certifier, observer, analyser, classer, puis soumettre à des expériences répétées et variées, avant d'en tirer patiemment des lois, toujours sujettes à revision. Que l'hypothèse ait sa place et son rôle dans cette méthode, tout le monde aussi le reconnaît, mais à la condition expresse que, suggérée par les phénomènes déjà connus, elle n'ait pas pour objet d'en donner à notre esprit une ingénieuse mais stérile explication, qu'elle serve, au contraire, à nous faire pressentir d'autres phénomènes encore inconnus et à les susciter par des expériences nouvelles où elle-même trouvera les éléments de sa propre vérification.

Ce qui reste maintenant à déterminer, et ce que le développement des sciences psychiques déterminera graduellement, ce sont, d'une part, les procédés particuliers propres à ces sciences, les modes d'observation et d'expérimentation spécialement adaptés à la nature des phénomènes qu'elles étudient, et, d'autre part, les hypothèses, plus ou moins générales, qui permettront aux expérimentateurs de s'orienter dans leurs recherches et d'aller à la découverte de faits encore ignorés et de lois encore inédites.

III

Il nous faut maintenant passer en revue les diverses branches des sciences psychiques pour examiner l'état d'avancement de chacune d'elles. Nous utiliserons à cet effet la classification de ces sciences proposée par nous dans notre livre de la *Psychologie inconnue* (1) et qui semble bien présenter une certaine commodité pratique, puisque les deux Congrès de *Psychologie expérimentale* qui se sont tenus successivement à Paris en 1911 et 1913 ont cru pouvoir l'adopter pour établir le programme de leurs travaux, et puisque la plupart des dénominations qu'elle renferme entrent de plus en plus dans l'usage courant des auteurs qui traitent des phénomènes psychiques.

Selon cette classification, les phénomènes psychiques ou parapsychiques, c'est-à-dire, selon la définition que nous en avons donnée, « les phénomènes qui, se produisant chez les êtres animés ou par un effet de leur action, ne semblent pas pouvoir s'expliquer entièrement par les lois et les forces de la nature déjà connues », se répartissent entre

(1) *Psychologie inconnue*, 2ᵉ édition, Paris, Félix Alcan. (Bibliothèque de philosophie contemporaine.)

trois grands embranchements superposés les uns aux autres par ordre de complexité et de difficulté croissantes, de telle sorte que la connaissance des premiers soit tout ensemble la condition indispensable et l'efficace instrument de l'étude des suivants.

Le premier de ces embranchements est celui des phénomènes *hypnoïdes*, lesquels semblent pouvoir s'expliquer par les seules forces déjà connues, en supposant seulement que ces forces, dans certaines conditions, opèrent selon des lois que nous ne connaissons pas encore, ou que nous ne connaissons encore qu'imparfaitement, lois plus ou moins différentes de celles que nous connaissons déjà. A cet embranchement appartiennent les phénomènes d'hypnotisme et de suggestion, particulièrement étudiés par les Ecoles de la Salpêtrière et de Nancy, ainsi que les phénomènes de division de conscience ou de dédoublement de la personnalité que le professeur Pierre Janet a pour la première fois soumis à une investigation méthodique dans son livre sur l'*Automatisme psychologique*, complété plus tard par un autre ouvrage : *Névroses et idées fixes*. On peut donner le nom général d'*hypnologie* à la science de ce premier embranchement de phénomènes, tout en réservant le nom de *cryptopsychie* (1) pour l'étude spéciale des phénomènes de *subconscience*.

Un second embranchement est celui des phénomènes *magnétoïdes*, lesquels semblent impliquer l'intervention des forces encore inconnues, distinctes de toutes celles que les sciences ont déjà découvertes et étudiées, mais qui sont de nature *physique* et plus ou moins analogues aux forces rayonnantes de la physique, lumière, chaleur, électricité, magnétisme, etc. On peut y distinguer trois groupes de phénomènes, d'ailleurs insensiblement reliés les uns aux

(1) Le terme a été adopté par M. Flournoy dans son livre *Esprits et médiums*.

autres : d'abord ceux du *magnétisme animal* ou, comme
disent volontiers les Anglais, du mesmérisme ; ensuite
ceux de la *télépsychie*, comprenant de nombreuses variétés,
transmission ou pénétration de pensée, extériorisation de
la sensibilité, psychométrie, télépathie, clairvoyance ou
lucidité, etc., enfin ceux de l'*hyloscopie*, où la matière
paraît exercer sur des êtres animés, principalement sur des
êtres humains, une action qui ne semble pas explicable
par ses propriétés physiques ou chimiques déjà connues,
et qui semblent, par conséquent, révéler en elle une force
irréductible à toutes celles que la science a étudiées jusqu'ici. A ce dernier groupe appartiennent les effets obtenus
par les chercheurs de sources et de métaux, baguettisants
et pendulisants, qui ont si fortement excité la curiosité ·
publique pendant le dernier Congrès de psychologie expérimentale.

Enfin, le troisième et dernier embranchement, celui des
phénomènes *spiritoïdes*, semble impliquer aussi l'hypothèse d'agents encore inconnus, mais, cette fois, de nature
psychologique plus ou moins analogues aux intelligences
humaines, peut-être même situées en dehors de notre
monde habituel, dans un plan de la réalité extérieur à
celui où nous vivons. Il embrasse tous les phénomènes dits
de *spiritisme* ou de *médiumnisme*, dans la mesure où ils
ne paraissent pas pouvoir se ramener à ceux des embranchements précédents et abstraction faite de toute assertion
dogmatique relativement à leurs causes réelles.

C'est dans les sciences psychiques du premier degré,
hypnologie et cryptopsychie, que nous allons trouver le
plus grand nombre de résultats acquis et désormais incon-
testés. Nous sommes là sur un terrain à peu près solide
où les savants, sauf des exceptions qui se font de plus en
plus rares, ne craignent pas de s'aventurer, et quoique plus
d'une question de détail reste encore incertaine et obscure,
on peut dire que, dans leurs grandes lignes au moins, ces

sciences sont définitivement constituées. Malgré quelques cas isolés de retour offensif de l'ancien scepticisme (1), on ne doute plus que l'être humain ne puisse, sous certaines conditions, tomber dans un état particulier de torpeur et d'automatisme où certaines de ses facultés sont plus ou moins annihilées, tandis que d'autres sont singulièrement exaltées, et que cet état, dit hypnotique, ne se présente avec des caractères plus ou moins variables, auxquels correspondent les diverses dénominations de catalepsie, de léthargie, de somnambulisme, etc. On ne doute pas davantage que la suggestion, c'est-à-dire la parole humaine ou, pour aller plus au fond, la pensée, sous les espèces de l'imagination et de la foi, ne puisse exercer une action quasi-magique non seulement sur les facultés de notre être moral, mais même sur les fonctions de notre organisme. On ne doute pas, enfin, que cette action ne puisse parfois se produire en nous, à notre insu, de telle façon qu'au-dessous de notre personnalité consciente une autre personnalité qui est encore nous-même, tout en nous paraissant autre que nous, sente, pense et agisse sans que nous en soyons autrement informés que par ses manifestations extérieures. Tous ces points, croyons-nous, sont désormais fixés ; mais il reste à connaître avec plus de précision les conditions déterminantes de ces différents phénomènes, l'étendue de leurs effets, les applications pratiques qu'il est possible d'en tirer.

En passant aux sciences psychiques du second degré, nous entrons dans une région encore peu explorée des savants, entourée à leurs yeux de ténèbres suspectes, où ils ne se risquent pas volontiers, par crainte d'y compromettre leur dignité professionnelle, leur renom d'esprits prudents

(1) Nous faisons allusion au cas du professeur Babinski, déclarant qu'il est impossible de savoir si l'hypnose n'est pas toujours un fait de simulation.

et sérieux. Aussi le nombre des résultats acquis est-il beaucoup moins considérable que dans l'embranchement qui précède. Ici, tout est plus ou moins douteux ou, en tout cas, contesté. En général, les faits sont niés ou passés sous silence, ou traités d'imaginaires, ou attribués à la supercherie, ou, dans l'hypothèse la plus favorable, ramenés de gré ou de force à quelque combinaison, provisoirement impossible à analyser, des faits du premier degré. Il semble bien, cependant, que le jour ne soit plus très éloigné où la science finira par reconnaître l'existence d'une force émanant de l'organisme humain, vraisemblablement des nerfs et du cerveau, et susceptible d'agir à distance. Déjà cette force est presque universellement admise pour expliquer les phénomènes de transmission de pensée et de télépathie dont la réalité n'est plus guère mise en doute. Par l'effet d'une confusion très fréquente, qui s'explique par la similitude des dénominations, la suggestion, que personne ne conteste plus, rend admissible la transmission de pensée baptisée du nom de *suggestion mentale*, et l'on ne s'aperçoit pas que cette dernière diffère essentiellement de l'autre, en ce qu'elle implique avant tout une influence exercée par un cerveau sur un autre, *à travers un milieu imperceptible à nos sens*. Ainsi, chose singulière, le magnétisme animal, qui paraît bien être le phénomène le plus général, condition de la suggestion mentale, est nié au profit de celle-ci qui n'en est qu'une conséquence particulière. Mais tôt ou tard, sans doute, la logique reprendra ses droits et l'on reconnaîtra que le magnétisme animal, trop peu étudié de notre temps, recèle en réalité la clé des phénomènes psychiques sous toutes leurs formes. C'est une des vérités que nous nous sommes principalement proposé d'établir dans notre *Psychologie inconnue*, et nous espérons qu'à notre exemple, d'autres chercheurs travailleront aussi à en faire un résultat acquis à la science.

Les récentes découvertes scientifiques des rayons X et

des émanations du radium ont d'ailleurs disposé les savants à admettre plus facilement l'existence dans la nature d'une multitude de radiations et d'influences trop subtiles pour être habituellement perçues par nos sens, et c'est peut-être ce qui explique l'accueil plutôt encourageant fait par le monde scientifique aux récentes expériences des sourciers. Là encore, un résultat paraît avoir été acquis. On n'est plus aussi fermement décidé à soutenir que les mouvements de la baguette ou du pendule sont uniquement causés, comme le prétendait Chevreul, par la pensée inconsciente de l'opérateur, à l'exclusion de toute influence objective ; on n'est pas éloigné de croire que cette pensée subit en tout cas l'action secrète de quelque force inconnue mais réelle. L'hyloscopie est déjà presque au seuil de la science, et tout fait prévoir qu'elle ne tardera pas long-temps à le franchir.

Le phénomène de la *clairvoyance*, dont le mystérieux mécanisme dépasse toute imagination humaine, tient en quelque sorte le milieu entre l'hyloscopie et la télépsy-chie, puisqu'il suppose à la fois, autant du moins qu'on peut essayer de se le représenter, une action exercée par les objets, malgré l'interposition de distances souvent énormes, sur la sensibilité du sujet voyant et, chez ce sujet même, une faculté de percevoir susceptible d'être mise en jeu par cette lointaine et incompréhensible action.

Il s'en faut de beaucoup que la science en admette la réalité, mais on commence, de divers côtés, à l'étudier scientifiquement ; et des travaux comme ceux d'Edmond Duchâtel sur *la Psychométrie*, du docteur Osty sur *la Lucidité et l'Intuition*, hâteront sans doute le moment où le phénomène étant reconnu comme réel, il sera possible de découvrir expérimentalement quelques-unes des lois qui le régissent. Dès maintenant, on remarque chez ceux qui s'en occupent, une tendance à le rapprocher de la pénétra-tion de pensée, c'est-à-dire à croire que la vision des clair-

voyants ne se rapporte pas directement aux objets eux-
mêmes, mais à des cerveaux humains dans lesquels ces
objets sont représentés. En d'autres termes, la clairvoyance serait essentiellement, non un rapport de cerveau
à objet, mais un rapport de cerveau à cerveau ; et ainsi
s'effacerait la distinction que les anciens magnétiseurs
avaient cru devoir faire entre la clairvoyance proprement
dite ou lucidité, et la transmission de pensée. Seules, les
recherches futures résoudront finalement la question.

Reste la science du troisième degré, celle qui a pour
objet les troubles et déconcertants phénomènes du spiritisme. A mesure que nous avançons dans notre enquête,
les résultats acquis deviennent de plus en plus rares. Ne
croyons pas, cependant, comme le public ordinaire des
lecteurs et rédacteurs de journaux quotidiens, qu'il n'y ait
rien de vrai dans ces phénomènes. Ainsi, il est certain, il
est prouvé que les tables tournent, qu'elles font, moyen-
nant certaines conventions, des réponses intelligibles aux
questions qu'on leur pose ; il est certain, il est prouvé que
certains individus, ceux qu'on appelle des *médiums*, peuvent écrire, parler, agir, sans avoir conscience de faire par
eux-mêmes ce qu'ils font, exactement comme s'ils étaient
les instruments de personnalités étrangères. Tous ces faits
sont amplement établis, et il n'y a que les ignorants qui
les nient.

Maintenant, à quelle cause faut-il les attribuer ? Sont-ils,
comme les apparences en suggèrent l'idée, comme les
médiums l'assurent, des effets et des preuves de l'*intervention des esprits* ? Est-ce que vraiment les âmes des morts
reviennent de l'autre monde pour faire tourner les tables
et habiter passagèrement les corps des vivants ? C'est là
une toute autre question. Ce qui est acquis, c'est la réalité
des phénomènes spiritoïdes, du moins d'un certain nombre
d'entre eux ; ce qui est loin d'être acquis, c'est la façon de
les expliquer. Admettre ces phénomènes, ce n'est pas

nécessairement admettre telle ou telle explication qu'on en propose ; et même, au point de vue scientifique, l'explication, quelle qu'elle soit, est d'une médiocre importance ; l'essentiel, c'est l'étude méthodique des faits, leur constatation et leur analyse. Il ne s'agit pas de prouver ni de réfuter telle ou telle doctrine philosophique ou religieuse ; il s'agit de savoir si certains faits se passent réellement et comment ils se passent. Le plus important des résultats sera acquis dans les recherches de cet ordre le jour où tous ceux qui s'en occupent seront bien persuadés que c'est avec cet esprit qu'il convient de les aborder. Seule, la méthode expérimentale, loyalement et patiemment pratiquée, permettra de se rendre compte si certains phénomènes généralement considérés comme incroyables, lévitation, apports, matérialisation, sont effectivement réels ou s'il ne faut y voir que des « trucs » et des fraudes ; seule aussi, elle fera surgir des interprétations, provisoires sans doute et hypothétiques, mais utiles cependant pour guider le chercheur à travers des obscurités plus impénétrables que celles de la forêt de l'*Enfer* du Dante.

IV

Ainsi, quelque imparfait que soit leur état actuel, les sciences psychiques se montrent pourtant à nous, après cette rapide revue, comme suffisamment organisées pour vivre et se développer régulièrement ; assurées de la réalité de leur objet, en possession de leur méthode, ayant déjà acquis un certain nombre de résultats essentiels.

Que faudrait-il pour que leur évolution s'accélérât et que le nombre de ces résultats s'accrût sûrement de jour en jour ? Tout d'abord que l'opinion publique, mieux informée, comprît l'intérêt et l'utilité de leurs recherches et s'accoutumât à voir en elles des sciences véritables, non des sortes de grimoires ou de jeux de société ; il faudrait surtout que, sous l'influence de ce nouvel état d'esprit, on vît s'établir, comme nous l'avons dit ailleurs (1), « en France et à l'étranger, de multiples centres d'études, laboratoires ou instituts, où des chercheurs préparés à ces travaux particulièrement délicats par une forte discipline scientifique et philosophique, et traités par le public et les autres savants sur le même pied que les physiciens, chimistes et physiologistes, se consacreraient à l'exploration exclusive du champ des phénomènes psychiques (entendus au sens le plus large) et se contrôleraient constamment les uns les autres ».

(1) *Psychologie inconnue* (préface de la 2ᵉ édition).

CHAPITRE II

La méthode dans les sciences psychiques.

La question de la méthode a, pour les sciences psychiques, une importance d'autant plus considérable que ces sciences, encore à peine constituées, sont déjà en présence d'une masse énorme de faits infiniment divers, complexes, mystérieux, souvent contradictoires, au sujet desquels se posent les plus troublants et les plus énigmatiques problèmes. Est-il possible de s'orienter dans ce dédale ? Où trouver le fil conducteur ?

I

Une première remarque s'impose à notre attention. Les différents phénomènes qui font l'objet des sciences psychiques se divisent naturellement en groupes suffisamment distincts pour que chacun de ces groupes puisse et doive devenir le domaine propre d'une science spéciale, et, d'autre part, ils ont en commun des caractères trop importants, ils sont surtout liés entre eux par des relations trop nombreuses et trop étroites pour qu'il soit possible de les étudier utilement si on ne tient pas compte de leurs affinités profondes et de l'intime solidarité qui les unit les uns aux autres. C'est pour avoir plus ou moins méconnu cette double circonstance que la plupart des chercheurs ont jusqu'ici erré au hasard ou se sont immobilisés dans des impasses.

Dans ce qu'on pourrait appeler l'époque préscientifique

de leur histoire, les sciences psychiques, pêle-mêle avec
l'astrologie, l'alchimie, la magie, se confondaient dans le
ténébreux chaos de l'occultisme ; et cet état de confusion ne
commença guère à se débrouiller qu'à la fin du dix-huitième siècle, après que Mesmer et ses disciples eurent
excité la curiosité publique autour des phénomènes dits
du magnétisme animal.

C'est alors que l'esprit d'analyse s'introduit dans l'étude
des faits psychiques où il apporte tout à la fois ses préci-
sions nécessaires et ses inévitables rétrécissements. Braid
reconnaît la réalité d'un certain état du système nerveux
provoqué par des manœuvres physiques telle que la fixation prolongée d'un point brillant et il en décrit les principaux effets ; mais, en dehors de l'hypnotisme ainsi défini,
il n'admet plus rien de réel dans tous les faits plus ou
moins étranges et merveilleux rapportés par les anciens
observateurs, et l'Ecole de la Salpêtrière enferme sa doctrine dans les mêmes limites. Pareillement, à la suite de
l'abbé Faria et du général Noiset, l'Ecole de Nancy, avec
Liébeault, Liégeois et Bernheim étudie la puissance de
l'idée accompagnée de croyance ou d'émotion sur l'esprit
et sur l'organisme et proclame que la suggestion est elle-
même « la clé de tous les phénomènes de l'hypnose ».
Tout fait soi-disant psychique, s'il est réel, se ramène à la
suggestion, et, s'il ne s'y ramène pas, est purement imaginaire. Ainsi, sous l'influence exclusive de l'analyse, chaque
chercheur se spécialise dans l'étude d'un certain ordre de
phénomènes, et systématiquement il ignore, il nie tous
ceux qui peuvent exister en dehors de son champ d'études.
Même limitation du point de vue chez les continuateurs de
Mesmer qui, pour la plupart, se refusent à faire une place
à l'hypnotisme et à la suggestion à côté et en dehors du
magnétisme animal. Deux nouvelles branches de recherches poussent sur le tronc du psychisme avec l'étude des
phénomènes spiritiques et avec celle des faits de sugges-

tion mentale et de télépathie ; mais ici encore, nous constatons la même tendance à prendre la partie pour le tout, à
croire que chacune de ces études peut se suffire entièrement à elle-même et constituer à elle seule la totalité de la
science psychique.

Selon nous. la vraie méthode doit faire à l'analyse et à
la synthèse la part qui revient légitimement à chacune
d'elles. Il est utile, il est nécessaire que l'innombrable
multitude des phénomènes psychiques soit répartie dans
un certain nombre de groupes et que ces groupes soient,
dans une certaine mesure, étudiés séparément. Il n'y a pas
pour l'esprit humain d'étude possible, de science possible,
sans division, sans ordre et sans classification. L'analyse
est la condition même de la synthèse, du moins de la
synthèse distincte : toute synthèse qui n'est pas précédée
d'une analyse est nécessairement confuse. C'est pourquoi,
dans notre *Psychologie inconnue*, nous nous sommes
efforcé de distinguer, de sérier les différentes sciences psychiques selon trois grands embranchements : hypnoïdes,
magnétoïdes et spiritoïdes, dans lesquels nous ont paru
pouvoir se ranger les différentes sortes de phénomènes
étudiés par elles, et à chacune de ces sciences nous avons
cru devoir donner un nom spécial où s'affirmât en quelque
sorte son individualité distincte, hypnologie, cryptopsychie, psychodynamie, télépsychie, hyloscopie, etc. Mais
une telle classification, en rapprochant les unes des autres
les diverses sciences psychiques dans l'unité d'un même
cadre, oblige par cela même l'esprit à les envisager comme
nécessairement coordonnées entre elles. Ce sont des parties distinctes, mais ce sont en même temps des parties
solidaires d'un seul et même tout. Loin de les concevoir
comme des compartiments séparés par des cloisons étan-
ches, il faut se les représenter comme des organes contigus
et continus, à travers lesquels circule librement une vie
commune. Aussi, celui qui s'applique à l'une de ces

sciences particulières, par exemple à l'étude de l'hypnotisme ou de la suggestion, peut bien, pour pousser l'analyse aussi loin que possible, ne considérer les faits psychiques que sous un certain angle et faire abstraction de tous les faits et de tous les éléments de faits qui ne sont pas visibles sous cet angle ; mais il doit bien se rendre compte que ce n'est pas là qu'un artifice de méthode, et que, si sa science spéciale réussit à réaliser dans ses conceptions, ou même dans ses expérimentations, cet isolement d'un des éléments essentiels du psychisme, il ne s'ensuit pas que *dans la réalité* cet élément ne soit pas le plus souvent inséparablement uni à d'autres éléments également essentiels, objets d'une autre science. Aussi le point de vue de la synthèse doit toujours, dans les sciences psychiques, compléter et corriger le point de vue de l'analyse.

II

Toutefois, il faut avouer que bien qu'étant toutes connexes et dépendantes les unes des autres, les différentes sciences psychiques ne le sont pas toutes au même degré. Il existe entre elles un certain ordre, une certaine hiérarchie de connexités et de dépendances : celles-ci, étudiant des phénomènes plus simples, plus élémentaires, plus faciles à isoler et à reproduire expérimentalement, sont par cela même logiquement antérieures à celles-là qui étudient, au contraire, des phénomènes plus élevés, plus complexes, plus difficilement maniables pour l'expérimentateur : et, par suite, elles sont relativement indépendantes, ou du moins la dépendance qu'elles subissent à leur égard est moindre que celle qu'elles leur imposent. C'est là, croyons-nous, un point d'une extrême importance et sur lequel on nous permettra d'insister. Il détermine, en effet, la direction générale de la méthode dans les sciences psychiques, s'il est vrai que dans ces sciences comme dans toutes les autres, l'esprit humain doive, selon le précepte de Descartes, « conduire par ordre ses pensées, en commençant par les objets les plus simples et les plus aisés à connaître pour monter peu à peu, comme par degrés, jusques à la connaissance des plus composés et supposant même de l'ordre entre ceux qui ne se précèdent point naturellement les uns les autres ». Appliquons cette règle aux sciences psychiques : il s'ensuivra, comme nous avons essayé de l'établir ailleurs (1), que la science des phénomènes hypnoïdes doit être considérée comme la condition préalable de l'étude des phénomènes magnétoïdes, et que l'une et l'autre devront être poussées assez loin avant qu'il soit possible d'aborder avec quelque espoir de succès l'exploration scientifique des phénomènes spiritoïdes.

Or, nous voyons de notre temps les savants qui s'aventurent sur ce terrain s'attacher surtout à étudier les phénomènes les plus extraordinaires, ceux qui, au plus haut degré, excitent la curiosité et frappent l'imagination, c'est-à-dire, d'une part les phénomènes spiritoïdes sous leurs formes les plus étranges, tels qu'ils sont rapportés par William Crookes, de Rochas, Richet, etc. ; et, d'autre part, ceux des phénomènes magnétoïdes dont le mécanisme est le plus obscur et vraisemblablement le plus compliqué, à savoir les phénomènes de télépathie, dont les Sociétés anglaise et américaine des recherches psychiques ont collectionné de si nombreux exemples. Une telle façon d'orienter les recherches psychiques n'est-elle pas directement contraire au principe que nous venons de poser ?

Mais ce principe même a été contesté. L'auteur d'une remarquable étude sur « une méthode expérimentale spéciale au métapsychisme (2) », après avoir fait remarquer, comme nous-même, que « tous les phénomènes métapsy-

(1) *Psychologie inconnue* (INTRODUCTION, p. 2-7).
(2) Dr Gustave Geley, *Annales des sciences psychiques*, juillet 1911.

chiques, depuis les plus simples et les plus élémentaires
jusqu'aux plus élevés et aux plus complexes, sont absolument connexes », affirme que « la méthode scientifique,
véritablement adéquate à la science nouvelle, réside tout
entière dans cette formule : considérer comme provisoirement négligeables tous les phénomènes élémentaires et
s'attaquer immédiatement et systématiquement aux phénomènes les plus compliqués que nous connaissions ». Il
a d'ailleurs conscience de « ce qu'un pareil principe
méthodologique a de révolutionnaire ». Il va, dit-il, contre
les enseignements des psychistes éminents. « Il rompt violemment avec la méthode classique, admise par toutes les
autres sciences, et d'après laquelle il faut toujours aller
du connu à l'inconnu et du simple au composé ». Mais
cette objection ne l'arrête pas, car, selon lui, « dans le
métapsychisme, si l'on ne se paie pas de mots, le plus
simple se trouve être le plus difficilement connaissable ».
Par suite, c'est par l'étude des phénomènes les plus élevés
et les plus complexes, c'est-à-dire des phénomènes *physiques*, de préférence aux phénomènes *intellectuels*, et
parmi les phénomènes physiques du phénomène de la
matérialisation, qu'il convient de commencer l'investigation systématique du métapsychisme.

Qu'il s'agisse de la pratique ou de la théorie de la méthode
générale dans les sciences psychiques, il nous semble être
ici en présence de la même erreur fondamentale provenant
de l'étroitesse du point de vue d'où la question est envisagée. En ce qui concerne notamment la théorie que nous
venons de résumer, il est visible que son auteur entend par
« métapsychisme », non l'ensemble des phénomènes psychiques (ou *parapsychiques*, comme nous proposerions
plutôt de les appeler) avec leurs trois embranchements
relativement distincts et tout ensemble inséparablement
connexes et hiérarchiques superposés : hypnoïdes, magnétoïdes et spiritoïdes, mais uniquement et exclusivement

une section de cet ensemble, la troisième et dernière, l'embranchement des phénomènes spiritoïdes, ce que l'on appelle, dans le langage courant, le *spiritisme*. On pourrait, en effet, si on conservait le nom de *psychique* pour désigner, comme l'usage s'en est établi, tous les phénomènes quelconque de la « psychologie inconnue », distinguer d'un côté les phénomènes proprement *parapsychiques*, dont une partie est déjà admise et étudiée par la science officielle (hypnotisme, suggestion, division de conscience ou cryptopsychie, etc.), et dont une autre partie (magnétisme animal, suggestion mentale, télépathie, clairvoyance ou métagnomie, hyloscopie, etc.), si elle n'a pas encore reçu accès dans la science, semble cependant rencontrer aujourd'hui chez les savants une opposition moins insurmontable que par le passé et d'ailleurs n'implique l'admission, même hypothétique, d'aucun élément surnaturel ou extra-naturel; d'un autre côté, les phénomènes *métapsychiques*, qui soulèvent dans le monde scientifique une répugnance d'autant plus vive et plus obstinée que si on les considère en eux-mêmes, abstraction faite de leurs analogies et de leurs attaches avec les phénomènes des ordres précédents, il paraît bien difficile de les dépouiller de leur apparence surnaturelle ou extra-naturelle. Il ne s'agit donc pas, pour notre auteur, de la méthode générale de la *parapsychie*, comprenant à la fois la parapsychie proprement dite et la métapsychie, mais uniquement, exclusivement de la méthode spéciale de la *métapsychie*, qu'il semble par cela même considérer comme absolument indépendante, séparable en droit et en fait du reste de la parapsychie, susceptible, par conséquent, d'être abordée *de plano*, sans recours préalable à l'étude de disciplines antécédentes. Nous ne saurions, pour notre part, admettre une telle façon de voir.

Ainsi que nous le montrerons plus loin en détail (1),

(1) V., chap. XII : « Spiritisme et cryptopsychie ».

pris en eux-mêmes et abstraction faite de toute hypothèse sur leur origine, les phénomènes métapsychiques (ou spiritoïdes) ne diffèrent pas essentiellement des autres : on peut toujours trouver pour chacun d'eux un correspondant du même genre dans la série des phénomènes proprement parapsychiques (hypnoïdes et magnétoïdes). Ainsi l'état de transe d'un médium est tout à fait analogue à l'état d'hypnose d'un sujet mis en catalepsie ou somnambulisme; les messages spiritiques, obtenus par la table, l'écriture automatique, etc., ressemblent singulièrement aux faits de dédoublement de la personnalité ou de division de conscience expérimentalement provoqués ; les faits de lecture de pensée ou de clairvoyance, assez fréquemment rapportés dans les récits des séances spirites, ont leurs analogues dans les faits de télépsychie perceptive ou de psychométrie observés en dehors de toute ambiance spiritique, etc. (1).

Ainsi le spiritisme apparaît, avons-nous dit, comme une « synthèse spontanée de tous ou presque tous les faits parapsychiques déterminée par un certain état nerveux et mental particulier », auquel on pourrait peut-être donner, avec le professeur Flournoy, le nom de *spiritogène ;* et c'est pourquoi la science, fidèle au principe d'économie, préfère, jusqu'à preuve du contraire, considérer les faits spiritoïdes (ou métapsychiques) comme réductibles aux faits des ordres précédents, ou du moins s'efforce de pousser aussi loin que possible cette réduction. D'ailleurs, même en admettant l'hypothèse des esprits et leur participation effective à la genèse des phénomènes spiritoïdes, il faut bien

---

(1) C'est pourquoi nous ne saurions non plus accorder au docteur Geley que l'étude des « facultés supranormales et subconscientes de vision à distance sans le secours des sens, de télépathie, de lecture de pensée et de lucidité » appartienne *essentiellement* à la métapsychie. Sa place nous paraît incontestablement marquée dans la parapsychie proprement dite.

remarquer « que toute l'action de ces esprits ne consiste, en somme, qu'à susciter chez certains sujets bien disposés (les médiums) la plupart des phénomènes hypnoïdes et magnétoïdes (hypnotisme, suggestion, dédoublement de la personnalité, télépathie, clairvoyance, etc.) que l'on constate d'autre part chez les sujets ordinaires, soit qu'ils s'y produisent spontanément, soit qu'ils y apparaissent par l'effet de l'action d'un expérimentateur. On peut dire que les esprits opèrent exactement à la façon des hypnotiseurs et magnétiseurs humains ». N'est-on pas en droit d'en conclure qu' « au point de vue de la méthode, l'étude des phénomènes spiritoïdes doit être strictement subordonnée à celle des phénomènes des deux premiers ordres et que c'est seulement lorsque celle-ci aura été poussée assez loin que l'on pourra commencer à voir un peu clair dans celle-là », ou, qu'en d'autres termes, la parapsychie est l'introduction nécessaire, l'inévitable vestibule de la métapsychie ?

Dès lors, la prétention de commencer l'étude de l'ensemble des phénomènes parapsychiques ou même métapsychiques en s'attachant d'abord et exclusivement à un phénomène aussi complexe et aussi difficilement maniable que la matérialisation, nous semble pouvoir être comparée à celle de physiciens qui regretteraient que l'étude de l'électricité ou même de la physique en général, n'ait pas commencé par la recherche de l'*éclair en boule* (dit aussi *foudre globulaire*), problème assurément fort intéressant, mais dont la solution ne pourra vraisemblablement être trouvée, dans un avenir plus ou moins éloigné, que grâce à l'extension croissante de nos connaissances en électricité et peut-être aussi dans d'autres branches de la physique.

CHAPITRE III

L'observation dans les sciences psychiques.

I

Il ne suffit pas d'indiquer l'orientation générale de la méthode dans les sciences psychiques; il faut encore déterminer la nature et les rapports des différents procédés dont se compose la méthode dans chacune d'elles.

Quelle que soit la sorte particulière de faits qu'elles étudient, toutes les sciences de faits sont nécessairement et exclusivement justiciables de la méthode expérimentale. Ceux qui prétendraient, comme certains théosophes ou certains occultistes, édifier la science des faits psychiques sur la base de l'autorité ou du raisonnement, ne feraient, en réalité, qu'exclure les faits psychiques de la science.

Or, la méthode expérimentale, ainsi que nous l'avons fait voir ailleurs (1), se compose essentiellement de ces quatre opérations disposées dans cet ordre : observation, hypothèse, expérimentation, induction. L'ordre ici a une telle importance que si, conservant les mêmes éléments, on les dispose d'une autre façon, l'ensemble ainsi obtenu n'est plus la méthode expérimentale, mais une méthode toute différente. On peut observer, on peut faire des hypothèses, on peut expérimenter, on peut induire sans pratiquer pour cela la méthode expérimentale, si ces opérations ne se suivent pas dans cet ordre même et ne s'enchaînent pas, ne se

---

(1) *Psychologie inconnue*, 2ᵉ édition, p. 40.

conditionnent pas les unes les autres, selon des rapports dont cet ordre est justement l'expression.

Ainsi l'observation, en méthode expérimentale, n'a qu'un but, qui est de rendre l'hypothèse possible, comme l'hypothèse n'a qu'un but, qui est de rendre possible l'expérimentation, comme l'expérimentation n'a qu'un but, qui est de rendre possible l'induction. Observer pour supposer, supposer pour expérimenter, expérimenter pour induire, telle est la succession, telle est la subordination nécessaire des procédés de la méthode expérimentale.

De ces procédés, le premier et le troisième, observation et expérimentation, sont des procédés d'information, de *constatation* des faits particuliers ; le second et le quatrième, hypothèse et induction, sont des procédés d'*interprétation*, de raisonnement relatif aux lois générales. L'originalité de la méthode expérimentale vient de ce qu'elle *entrecroise* les deux sortes de procédés, de façon qu'ils se provoquent et se complètent ou se contrôlent les uns les autres. On pourrait la résumer tout entière dans la formule suivante :

Premier moment : constatation préparatoire (observation);

Second moment : interprétation provisoire (hypothèse) ;

Troisième moment : constatation décisive (expérimentation) ;

Quatrième moment : interprétation définitive (induction).

C'est par l'application scrupuleuse et persévérante de la méthode expérimentale ainsi comprise, que l'étude des phénomènes psychiques se transformera progressivement en une véritable science.

Mais les procédés de cette méthode, en raison des conditions particulières dans lesquelles se présentent à nous les phénomènes psychiques, revêtent dans leur étude des caractères particuliers qu'il importe de faire remarquer.

II

Dans les sciences de la nature, physique, chimie, physiologie, etc., l'observation se fait ou peut toujours se faire
directement : ce sont les savants eux-mêmes qui, au moyen
de leurs propres sens, constatent les phénomènes qu'ils
étudient. Dans les sciences psychiques, l'observation est
souvent *indirecte, médiate :* celui ou ceux qui ont observé
un certain phénomène ne sont pas des savants, mais des
personnes plus ou moins étrangères à la science que le
hasard en a rendues témoins et qui en ont fait le récit
soit oralement, soit par écrit, et les savants ne connaissent
le phénomène que par l'intermédiaire de ce témoignage.

Ce mode d'observation par le *témoignage* n'est pas d'ailleurs particulier aux sciences psychiques : on peut dire
qu'il se rencontre dans toutes les sciences morales et
sociales, dans toutes les sciences qui ont l'homme pour
objet. Il est l'instrument indispensable de l'histoire, où ces
sciences trouvent elles-mêmes leur principal support. Il en
résulte que les sciences psychiques participent à la fois de
la nature des sciences physiques et de la nature des
sciences morales, et c'est peut-être une des raisons, comme
l'a finement montré M. Bergson, dans son beau discours
du 28 mai 1913 (1), pour lesquelles beaucoup de savants —
qui conçoivent toutes les sciences sur le type des seules
sciences de la nature — répugnent à « considérer comme
réels des faits qui ne peuvent être connus que par une
méthode d'observation fondée sur le témoignage et tenant
le milieu entre la méthode de l'histoire et celle du juge
d'instruction ». Pourtant, même dans les sciences de la
nature, il y a un assez grand nombre de faits qui ne peu-

---

(1) *Annales des sciences psychiques* (novembre et décembre 1913).
Discours prononcé par M. Bergson en prenant possession du siège
présidentiel de la *Society for Psychical Research*, de Londres.

vent également être connus que par cette méthode : par exemple en astronomie, en pathologie, des faits rares, accidentels, plus ou moins exceptionnels, chutes de météorites, maladies spéciales à certains climats ou observées chez un très petit nombre d'individus, etc.

Il est vrai qu'on ne fait guère état dans ces sciences que des observations rapportées par des témoins qu'on puisse considérer comme des savants ; mais on limiterait singulièrement les moyens d'information des sciences psychiques si on leur refusait le droit d'accueillir, même sous bénéfice d'inventaire, toute observation présentée par des non-professionnels. Où commence, d'ailleurs, et où finit, en pareille matière, la catégorie des gens admissibles à témoignage ? Devrons-nous, par exemple, rejeter en bloc et sans examen, tous les récits dans lesquels les anciens magnétiseurs, de Puységur, Deleuze, Lafontaine, du Potet, etc., rapportent des faits observés par eux-mêmes, sous prétexte qu'aucun d'eux n'est un savant de profession et que l'interprétation qu'ils proposent de ces faits ne paraît pas s'accorder avec les données actuelles de la science ? Accorderons-nous, du moins, la qualité de savant à des naturalistes, à des médecins, à des physiciens, à des chimistes, à des physiologistes tels que Antoine-Laurent de Jussieu, le docteur Husson, Reichenbach, W. Gregory, Ch. Richet, W. Crookes, Oliver Lodge, etc., et consentirons-nous à tenir compte de leur témoignage s'ils viennent nous entretenir de faits qu'ils nous affirmeront avoir eux-mêmes constatés et contrôlés ? Si l'on répondait négativement, nous ne voyons pas trop comment on pourrait justifier une pareille intransigeance. Avouons donc que les sciences psychiques sont parfaitement autorisées à chercher d'abord dans l'observation indirecte les premiers éléments de leur étude, sauf, bien entendu, à soumettre à la critique la plus sévère les informations ainsi recueillies (ainsi que l'a fait, par exemple, la Société des recherches psychiques pour les faits de télépathie), puis à les compléter et contrôler, autant que possible, par l'observation directe, notamment par l'observation provoquée (souvent confondue, mais à tort, avec l'expérimentation proprement dite).

Par l'observation provoquée, nous entendons ici une observation dans laquelle l'observateur intervient lui-même activement pour susciter le phénomène, mais simplement à l'effet de le constater dans les meilleures conditions possibles de certitude et de précision, sans hypothèse préalable sur le mécanisme de sa production. Une observation de ce genre est communément appelée *expérience*, et c'est en ce sens qu'on dira qu'endormir des sujets, faire tourner des tables, etc., c'est faire des expériences. Mais c'est là, croyons-nous, un usage abusif du mot. Il n'y a de véritable expérience que lorsqu'on se propose, en suscitant un phénomène, de *vérifier* une hypothèse, et l'expérience ainsi comprise doit être préparée de telle façon qu'elle soit comme une question posée à la nature et la contraignant à répondre par oui ou par non. Les soi-disant expériences indépendantes de toute hypothèse et non raisonnées d'avance ont sans doute sur les observations ordinaires cette supériorité qu'elles permettent de répéter et multiplier les faits, mais, au point de vue de leur place et de leur rôle dans l'ensemble de la méthode expérimentale, il est impossible de voir en elles autre chose qu'une forme particulière de l'observation (1).

Un exemple fera mieux comprendre les différences et les rapports de ces trois formes de l'observation dans les sciences psychiques.

(1) Ce sont ces expériences de tâtonnement, ces expériences « pour voir » que Bacon nommait les « hasards de l'expérience » (*sortes experimenti*), et qu'il justifiait en disant qu'il faut parfois « soulever chaque pierre dans la nature ». Elles sont surtout utiles dans les sciences encore peu avancées où, comme dit Claude Bernard, le savant doit « essayer de pêcher en eau trouble ».

Un de mes amis m'écrit qu'il a été témoin d'un fait dont il a été frappé. Il a vu un individu se donnant[1] comme magnétiseur attirer à l'improviste un autre individu à plusieurs centimètres de distance, en présentant ses mains à la hauteur des omoplates de ce dernier. Comme j'ai la plus grande confiance dans le jugement et le caractère de mon ami, je considère ce fait comme réel, intéressant et digne d'être retenu. Le jour où j'étudierai les phénomènes dits magnétoïdes, je n'hésiterai pas à le faire figurer parmi les éléments du problème à résoudre. Voilà ce qu'on peut appeler une observation indirecte ou médiate.

Mais je ne m'en tiens pas là. Désirant pouvoir confirmer moi-même le témoignage de mon ami, je me transporte dans la ville où il habite, et je m'arrange pour observer de mes propres yeux le phénomène qu'il m'a décrit. Je me rends ainsi un compte plus exact de toutes ses circonstances et j'en note même quelques-unes qui avaient échappé au premier observateur. Voilà une observation directe du premier degré, dans laquelle j'interviens personnellement, mais simplement en qualité de spectateur.

Ce n'est pas tout. Je me replace dans les conditions où j'ai vu opérer le magnétiseur, afin de reproduire moi-même le phénomène, ou j'engage différentes personnes à se replacer dans ces conditions, et je constate à chaque fois les résultats obtenus. Ceci constitue une observation directe du second degré, ce que nous avons appelé précédemment une observation « provoquée ».

On voit comment ces trois formes ou degrés de l'observation s'appellent et se complètent naturellement, bien que, dans certains cas, on soit malheureusement forcé de s'arrêter soit au premier, soit au second degré de l'échelle, sans pouvoir passer du premier au second ou du second au troisième.

III

Examinons maintenant dans quel esprit et avec quelles précautions doit être conduite l'observation des phénomènes psychiques pour rendre possible une application correcte et efficace des procédés subséquents de la méthode expérimentale.

Dans toutes les sciences de faits, l'observation se propose d'abord et avant tout de constater les faits dans les meilleures conditions de certitude et d'authenticité et d'en donner une description aussi exacte et complète que possible. Or, quand il s'agit de faits aussi obscurs, aussi capricieux et, dans l'état actuel des choses, aussi rares, aussi accidentels, du moins relativement, que les faits psychiques (entendu au sens le plus large), ce premier but de l'observation est déjà très difficile à atteindre.

D'une part, l'observateur y est constamment aux prises avec une première cause d'erreur qu'on peut appeler d'un nom très général, l'*illusion*, d'autant plus puissante dans cet ordre de recherches que leur objet, en raison de ses apparences merveilleuses, est de nature à frapper vivement l'imagination et à susciter les émotions les plus troublantes ; et cette cause d'erreur, il ne doit pas seulement s'en garder lui-même dans ses observations actuelles et personnelles, mais il doit encore la dépister dans les observations antérieures, trop souvent rapportées par des témoins étrangers à toute discipline scientifique et dont il lui est cependant impossible de ne tenir aucun compte.

D'autre part, une seconde cause d'erreur, non moins redoutable, et dont les sciences physiques et naturelles sont en général exemptes, est la *simulation*, la tromperie, consciente ou inconsciente, dont usent plus ou moins fréquemment les sujets observés à l'égard des observateurs. Jusqu'à quel point ces deux causes d'erreurs interviennent-elles dans les différentes branches des sciences psychiques et par quels moyens peut-on en prévenir les effets ? C'est là une question trop complexe pour que nous puissions la traiter ici ; mais il suffit de savoir que ces causes existent pour se rendre compte que tout observateur, dans ces sciences, doit se doubler d'un *critique*.

Mais l'observation, dans une science expérimentale, n'est pas à elle-même sa propre fin : par delà la constatation et la description du fait, elle vise un autre objet : à savoir une interprétation provisoire du fait, une idée anticipée, une hypothèse qui permette de substituer à la simple observation ce procédé autrement puissant et fécond qui se nomme l'expérimentation. « Toute l'initiative expérimentale, dit Claude Bernard, est dans l'idée, car c'est elle qui provoque l'expérience. La raison ou le raisonnement ne servent qu'à déduire les conséquences de cette idée et à les soumettre à l'expérience. Une idée anticipée ou une hypothèse est donc le point de départ nécessaire de tout raisonnement expérimental. Sans cela, on ne saurait faire aucune investigation ni s'instruire ; on ne pourrait qu'entasser des observations stériles ; si l'on expérimentait sans idée préconçue, on irait à l'aventure. »

Par malheur, et c'est Claude Bernard lui-même qui nous le fait remarquer, il n'existe pas de règles précises et sûres pour faire sortir de l'observation des faits l'idée directrice qui seule permet l'organisation de véritables expériences. « La nature de l'idée, dit encore le grand savant français, qui a connu et pratiqué mieux que tout autre la méthode expérimentale, est toute individuelle : c'est un sentiment particulier, un *quid proprium* qui constitue l'originalité, l'invention ou le génie de chacun. »

Peut-être, cependant, est-ce ici le cas de se rappeler le mot qu'on prête à Buffon : « Le génie est une longue patience », et la réponse de Newton à ceux qui lui demandaient comment il avait découvert la gravitation universelle : « En y pensant toujours ». Celui qui, en observant les phénomènes, est constamment dominé par la pensée et le désir d'y démêler des circonstances ou des relations qui lui en laissent entrevoir le mécanisme caché, n'a-t-il pas évidemment plus de chances de voir apparaître un jour ou l'autre l'hypothèse souhaitée et pressentie, que celui qui se borne à enregistrer indéfiniment des faits avec la seule préoccupation de les constater et de les décrire ?

On ne saurait donc trop recommander à tous ceux qui étudient les phénomènes psychiques, cette attitude en quelque sorte interrogative de l'esprit qui ne se contente pas de pouvoir affirmer qu'un fait est réel, mais qui veut encore savoir *comment* il est possible, et, par cela même, imagine, suppose qu'il est l'effet de telle cause ou se produit selon telle loi.

Comprenons bien cependant la nature et le rôle de l'hypothèse ainsi comprise.

Il ne s'agit nullement ici d'une hypothèse *théorique,* générale, ayant pour but l'intégration et la coordination de tout un ensemble de vérités déjà acquises, telles que, par exemple, en physique, l'hypothèse de l'éther comme véhicule de la chaleur, de la lumière et de l'électricité ; en chimie, l'hypothèse atomique ; en astronomie, l'hypothèse de Laplace ; dans les sciences naturelles, les hypothèses de Lamark et de Darwin, etc. Il s'agit d'une hypothèse *expérimentale,* spéciale et précise, portant sur la cause probable ou l'effet probable de tel phénomène déterminé que le savant vient d'observer et suggérée par cette observation même, ayant pour but, non d'expliquer les résultats, mais de diriger les recherches futures, destinée par conséquent à être immédiatement soumise au contrôle de l'expérience pour être soit vérifiée, soit contredite par elle.

A ce point de vue, on pourrait encore dire qu'il y a deux sortes d'hypothèses, les unes *inertes,* paresseuses, en ce sens que, quelque satisfaction qu'elles puissent donner à l'es-

prit par leur simplicité, leur cohérence, leur vraisemblance, etc., elles n'ouvrent aucune voie vers l'action,
elles ne suggèrent aucune expérience à faire, aucune
recherche à tenter pour découvrir d'autres faits au delà de
ceux dont elles prétendent fournir l'explication ; les autres,
au contraire, *agissantes*, laborieuses, en ce sens que, tendant à se réaliser immédiatement en expériences effectives,
elles se proposent moins d'expliquer les faits déjà connus
que de découvrir de nouveaux faits et après ceux-là, d'autres encore, à l'infini. Un des principaux moyens de faire
avancer les sciences psychiques, ce sera, n'en doutons pas,
d'y substituer de plus en plus des hypothèses expérimentales et agissantes aux hypothèses théoriques et inertes
dont elles sont encore encombrées. Parmi ces dernières,
d'ailleurs, plusieurs nous paraissent susceptibles de revêtir,
dans une certaine mesure, la forme des premières, et telle
est, par exemple, l'hypothèse du magnétisme animal,
comme nous avons essayé de le montrer ailleurs.

En revanche, nous ne voyons guère comment une telle
transformation serait possible dans le cas d'hypothèses
comme celle du *plan astral*, proposée par certains théosophes pour expliquer la clairvoyance. Des hypothèses de
ce genre nous semblent irrémédiablement *inertes*.

Reste à déterminer les conditions particulières de l'expérimentation et de l'induction dans les sciences psychiques.

CHAPITRE IV

L'expérimentation dans les sciences psychiques.

I

Tous les progrès futurs des recherches psychiques sur le terrain de la science dépendent de la mesure dans laquelle il sera possible d'appliquer à ces recherches les procédés de la méthode expérimentale, et notamment celui dont elle tire son nom et qui la caractérise entre tous, nous voulons dire l'expérimentation.

Mais, ainsi qu'on a pu le voir dans un de nos précédents chapitres, « La méthode dans les sciences psychiques », la langue courante réunit sous le même nom d'expérimentation ou d'expérience, deux opérations qui se ressemblent, en effet, par leurs apparences extérieures, et qui, toutefois, diffèrent notablement si on envisage la place et le rôle de chacune d'elles dans l'ensemble de la méthode expérimentale.

L'une et l'autre ont ceci de commun qu'elles supposent l'intervention active du savant dans la production des phénomènes qu'il se propose d'observer; et, à ce point de vue, elles s'opposent toutes deux à l'observation proprement dite, où le savant est en quelque sorte le spectateur passif de phénomènes qui se présentent à lui dans le cours spontané de la nature sans qu'il fasse rien pour les susciter ou les modifier. Mais il y a entre elles cette différence capitale que l'une a simplement pour but de constater le fait auquel elle s'applique et d'en permettre une description aussi exacte et complète que possible, tandis que l'autre a pour but de vérifier une idée préconçue, une hypothèse relative au mécanisme de la production du fait. La première a donc absolument le même objet et le même rôle que l'observation ; c'est, comme nous l'avons dit, une observation *provoquée*. La seconde, au contraire, dépasse l'observation en se donnant pour objet non le fait lui-même, mais l'*idée* qui permet de le comprendre en le reliant au déterminisme universel des causes et des effets et en ayant pour rôle de transformer cette vue anticipée de l'esprit en une loi désormais acquise à la science.

En réalité, la première de ces deux opérations est intermédiaire entre l'observation et l'expérience proprement dite ; elle fait le passage de l'une à l'autre. On peut donc la nommer soit observation, soit expérience, selon l'angle sous lequel on l'envisage. Tout à l'heure, nous l'opposions à l'observation spontanée, sous le nom d'observation provoquée ; on l'opposerait tout aussi bien, sous le nom d'expérience *improvisée* ou expérience *pour voir*, à l'expérience proprement dite qui s'appellerait alors expérience *préméditée* ou expérience *pour savoir*.

C'est seulement cette dernière qui donne à la méthode expérimentale sa physionomie propre et sa véritable portée ; car c'est elle seule qui permet d'induire avec certitude, ainsi que Claude Bernard l'a montré dans sa magistrale *Introduction à l'étude expérimentale de la médecine* Séparés d'elle, tous les autres procédés de la méthode ne constituent plus qu'un empirisme auquel la science ne saurait se résigner que provisoirement et faute de mieux.

Toutefois, il importe de remarquer que la possibilité de cette expérience d'ordre supérieur a elle-même pour condition la possibilité de la première. Avant de chercher à produire des phénomènes selon un plan arrêté d'avance pour la vérification d'une hypothèse préalablement conçue, encore faut-il être assuré qu'on peut, d'une façon générale, susciter ces phénomènes à volonté ; les expériences *pour voir* précèdent et préparent nécessairement les expériences *pour savoir*. Il est inutile de songer à appliquer la méthode expérimentale à un ordre quelconque de faits naturels tant que cet ordre échappera aux prises de notre volonté, tant que nous serons réduits pour les étudier, à attendre que la nature veuille bien nous les présenter et contraints de les prendre tels qu'elle nous les donne, sans aucun moyen de dénouer un à un les fils dont se compose leur écheveau.

II

Voici donc la première question qui se pose au sujet de l'expérimentation dans les sciences psychiques : Est-il possible de provoquer artificiellement, expérimentalement, les divers phénomènes étudiés par ces sciences ? Cette possibilité n'existe-t-elle que pour quelques-uns d'entre eux ? Peut-on supposer qu'elle existera ultérieurement pour tous ?

Pour répondre à cette question, il nous faut considérer d'abord la nature des faits psychiques (ou parapsychiques) en général, puis celle des différents embranchements dans lesquels ils se répartissent : faits hypnoïdes, faits magnétoïdes, faits spiritoïdes, selon la classification que nous en avons proposée.

Les faits parapsychiques sont tous des faits humains, ils se produisent chez des créatures humaines, et, pour cette première raison, ils opposent à l'expérimentation des difficultés bien souvent insurmontables. On n'expérimente pas, en effet, avec des *personnes* comme on expérimente avec des *choses* ou même avec des *animaux*.

En premier lieu, l'expérimentation peut se heurter à des obstacles d'ordre moral. Est-il permis de soumettre une personne, même avec son consentement, à des expériences qui, comme celles de l'hypnotisme, du magnétisme ou du spiritisme, sont peut-être susceptibles de troubler l'équilibre de ses forces physiques et de ses facultés intellectuelles et morales ? Il y a là un cas de conscience sur lequel, comme on peut s'y attendre, l'accord est loin de s'être fait entre les différents auteurs qui s'en sont occupés.

Supposons cependant ce premier obstacle levé. Nous en rencontrerons un second dans les dispositions souvent défavorables des individus avec lesquels ou sur lesquels nous désirons expérimenter. Tel sujet nous a permis une première fois de constater un phénomène qu'il serait très intéressant d'étudier ; soit caprice, soit toute autre cause, il refuse de se prêter à une nouvelle expérience, ou s'il y consent, c'est de mauvaise grâce et en résistant de toutes ses forces à l'action exercée sur lui. Parfois aussi sa complaisance n'est que feinte ; elle n'a d'autre but que de nous tromper par l'exhibition d'un phénomène simulé.

Ce sont là des inconvénients inhérents, pourrait-on dire, à toutes les études portant sur des faits humains. En voici qui sont plus strictement propres aux faits parapsychiques, par cela même que ce sont des faits spéciaux, accidentels, anormaux, c'est-à-dire observables seulement chez certains individus de l'espèce humaine, dans certaines circonstances relativement rares, exceptionnelles. Il s'ensuit que la même expérience faite, ce semble, dans les mêmes conditions, réussit avec certains individus et ne réussit pas avec certains autres, réussit avec un tel individu un certain jour et ne réussit pas avec le même individu un autre jour, sans qu'il soit possible de prévoir ni d'expliquer, au moins jusqu'à nouvel ordre, ces variations déconcertantes.

Ajoutons qu'un caractère commun à tous ces individus, qu'on les nomme sujets ou médiums, c'est leur propension extrême à s'autosuggestionner ou à se laisser suggestionner par autrui, non seulement à leur propre insu, mais souvent à l'insu de celui qui les suggestionne, propension de nature à altérer plus ou moins profondément les résultats de l'expérience, en introduisant subrepticement parmi les causes mises en jeu par l'expérimentateur une cause capable d'en neutraliser ou d'en contrefaire les effets.

Le cas serait encore plus grave, si l'on admettait, comme beaucoup l'ont prétendu, qu'un second caractère commun à tous les sujets et médiums est une tendance invincible à la *simulation* sous toutes les formes : mensonge, fraude, mystification, etc. Mais sans nier que l'expérimentateur doive aussi se tenir en garde, non moins que l'observateur, contre cette cause possible d'erreur, il semble bien pourtant qu'elle ne soit ni aussi générale ni aussi constante qu'on l'a bien voulu prétendre.

Telles sont, indépendamment de la complexité et du polyétisme (1) des phénomènes parapsychiques, qui leur sont d'ailleurs communs avec la plupart des phénomènes biologiques et sociaux, les principales difficultés qui attendent l'expérimentateur dans tout cet ordre de recherches et dont il ne pourra venir à bout qu'à force de prudence, de vigilance et de ténacité.

III

Maintenant, si nous passons en revue les différentes branches de sciences psychiques, nous constatons que chacune d'elles présente, en outre, au point de vue de l'expérimentation, des difficultés qui lui sont plus ou moins spéciales et que, d'autre part, les difficultés dans leur ensemble vont croissant à mesure qu'on s'élève dans la hiérarchie de ces sciences, de l'hypnotisme au

---

(1) On entend par ce mot, imaginé, croyons-nous, par Durand de Gros, la particularité que présentent certains phénomènes de pouvoir être produits indifféremment par plusieurs causes différentes ou du moins telles que la science ne peut, par aucun moyen, les ramener à l'unité.

magnétisme animal et du magnétisme animal au spiritisme.

L'étude des phénomènes hypnoïdes est certainement celle qui se prête le mieux aux expériences du premier degré (expériences pour voir) et où, par conséquent, les expériences du second degré (expériences pour savoir) ont le plus de chance de s'introduire avec succès. Nous disposons, en effet, d'un certain nombre de moyens pratiques pour produire à volonté les différentes variétés de ces phénomènes : somnambulisme, catalepsie, léthargie, etc. (1), du moins chez les individus qui en possèdent la virtualité, et même pour découvrir, d'après des signes suffisamment précis et constants, quels sont, dans un ensemble d'individus quelconques, ceux chez lesquels cette virtualité existe (2).

Il y a donc ici les conditions générales qui rendent possible un emploi régulier de l'expérimentation au sens large du mot; et de fait, les expériences dites d'hypnotisme tiennent déjà une place importante dans la psychologie expérimentale. Comment opèrent les procédés ou agents dont se sert l'expérimentateur pour susciter les états hypnotiques ? Lui-même l'ignore, et cette question même est une de celles que ses investigations ultérieures auront pour objet de résoudre ; mais il lui suffit, pour le moment, de savoir qu'ils sont efficaces et d'avoir l'habileté technique requise pour en faire l'usage qui convient. Ici, comme en beaucoup d'autres régions de la science, notre pouvoir, quoi qu'en ait dit Bacon, dépasse notre savoir. Bornons-nous donc, jusqu'à nouvel ordre, à constater que la suggestion, le regard, les passes, la fixation d'un point brillant, etc., produisent l'hypnose; que de même la suggestion, le souffle, les passes, etc., la font cesser, et utilisons

(1) V. plus loin le chapitre VII : « Les états parapsychiques ».
(2) V. plus loin le chapitre VI : « Le diagnostic des virtualités parapsychiques ».

ces différents moyens, soit séparés, soit réunis, pour nos
expériences, tout comme le physicien et le chimiste utili-
sent pour les leurs la lumière, la chaleur, l'électricité, la
force catalytique, etc., sans être nécessairement en état
de savoir quelle est la nature de ces divers agents et de
quelle façon ils produisent leurs effets.

Des différents procédés que nous avons énumérés,
suggestion, regard, passes, etc., c'est le premier qui, au
dire de l'École de Nancy, fait en réalité le fond de tous les
autres, et c'est à lui seul qu'ils doivent toute leur efficacité.
Par suite, les expérimentateurs qui s'inspirent des doctrines
de cette École ont une tendance à réduire pratiquement à
la seule suggestion toute leur technique opératoire. Mais,
comme nous le montrerons plus loin en détail(1), si la question est extrêmement intéressante et importante au point
de vue théorique, nous ne devons pas oublier qu'elle n'est
nullement résolue, car il faudrait pour la résoudre toute
une longue suite d'expériences du second degré, longuement et méthodiquement poursuivies, lesquelles, à notre
connaissance, n'ont jamais été faites; et, d'autre part, au
point de vue pratique, il n'est pas nécessaire qu'elle soit
résolue si nous sommes assurés que les procédés autres
que la suggestion — peu importe qu'ils soient autres en
réalité ou en apparence — n'en produisent pas moins des
effets identiques ou équivalents, toutes les fois qu'il s'agit
de provoquer des états hypnotiques. A ce point de vue on
peut dire que chaque expérimentateur a ses habitudes et
ses préférences qui répondent sans doute à ses aptitudes
particulières, naturelles ou acquises, mais qu'il aurait
tort de vouloir les imposer à d'autres expérimentateurs
en vertu de ce seul raisonnement : « Moi, je n'emploie
jamais dans toutes mes expériences qu'un procédé (par
exemple, la suggestion) et il me réussit toujours : donc

(1) V. chap VIII : « La suggestion comme fait et comme hypothèse ».

il n'existe que ce procédé et il est le seul qui réussisse. »

Du reste, la grande majorité de ceux qui ont eu recours à ces différents procédés se sont rarement proposé un but scientifique ; beaucoup poursuivaient plutôt un résultat thérapeutique : ils cherchaient à tirer parti soit du sommeil provoqué, soit de la suggestion, pour faciliter des opérations chirurgicales, aider à certains traitements, guérir des affections nerveuses ou autres maladies, etc. Ou bien encore ils visaient à étonner et à divertir les témoins de leurs soi-disant expériences par le spectacle de phénomènes incompréhensibles et inédits. Ils ont ainsi amassé une foule de faits où l'observation indirecte peut et doit puiser à pleines mains. Peut-être n'est-il pas exagéré d'affirmer que la véritable étude *expérimentale* des phénomènes hypnoïdes reste à faire.

Faisons pourtant une exception pour une certaine catégorie de phénomènes hypnoïdes, celle que l'on peut désigner par le nom de *cryptopsychie* et que le docteur Pierre Janet a si profondément étudiée sous les noms de division de conscience et de dédoublement de la personnalité. Ici, nous nous trouvons en présence d'une investigation systématique poussée aussi loin qu'il est possible par les procédés et selon l'esprit de la vraie méthode expérimentale. Il existe, en effet, tout un ensemble de moyens spéciaux propres à révéler ou à provoquer les phénomènes cryptopsychiques et dont nous avons déjà donné l'énumération dans la *Psychologie inconnue* (1) : somnambulisme subséquent, suggestion par distraction, écriture automatique et vision par le cristal ; et par ces moyens il est possible aussi, comme l'a fait à maintes reprises le docteur Pierre Janet, d'instituer des expériences préméditées de façon à résoudre tels et tels problèmes particuliers relatifs aux phénomènes parapsychiques (2).

(1) *Psychologie inconnue*, 2ᵉ édition, chap. VI, p 118.
(2) Cf. Dʳ P. Janet, *L'automatisme psychologique* et *Névroses et idées fixes*.

IV

L'étude des phénomènes magnétoïdes se prête aussi à l'expérimentation, surtout si l'expérimentateur possède lui-même à un degré suffisant la force ou aptitude spéciale nécessaire pour les produire. Peut-être, il est vrai, les sujets capables de présenter ces phénomènes et de réagir sous l'influence de cette force, les sujets proprement *magnétiques*, sont-ils plus rares que les sujets hypnotisables ou suggestionnables ; mais, d'autre part, les phénomènes de magnétisme animal sont beaucoup moins faciles à simuler que les phénomènes de suggestion. Par malheur, jusqu'ici, presque aucun effort n'a été fait pour dissocier ces deux ordres de phénomènes qui s'accompagnent presque inévitablement l'un l'autre et qui sont en outre susceptibles de se contrefaire ou de se suppléer mutuellement. La suggestion, en particulier, tend, comme nous l'avons déjà fait remarquer, à se glisser subrepticement dans tous les phénomènes parapsychiques. D'où la nécessité de toute une technique spéciale pour l'exclure rigoureusement de toutes les expériences ayant proprement pour objet l'étude de la force magnétique et de ses diverses manifestations.

Nous avons indiqué ailleurs (1) les règles essentielles de cette technique. On peut les résumer en disant qu'elles consistent à isoler complètement les sujets sur lesquels on expérimente, d'abord en leur ôtant toute possibilité de voir ce qui se passe autour d'eux ; puis en observant et en faisant observer avant, pendant et après les expériences, un silence absolu ; enfin en n'agissant qu'à distance, sans contact, par le rayonnement supposé de tel ou tel organe de l'opérateur, principalement de la main.

(1) *Psychologie inconnue*, chap. VIII : « Une nouvelle méthode d'expérimentation en hypnologie ».

D'autre part, si le rayonnement vital existe, rien ne prouve que les êtres humains y soient seuls sensibles ; il se peut qu'il agisse aussi d'une façon observable sur les animaux, sur les plantes, sur certains objets matériels ; d'où la possibilité de toute une nouvelle série d'expériences, soit pour établir la réalité de ce rayonnement, soit pour en déterminer les effets et les conditions.

On voit quel vaste champ offre à l'expérimentateur l'étude des phénomènes magnétoïdes. Il y a pourtant une partie de ce champ dont l'accès semble lui être à peu près entièrement fermé ; c'est celui de la télépsychie ou du moins de quelques-unes de ses formes les plus caractéristiques : clairvoyance, suggestion mentale et télépathie.

Que peut, en effet, l'expérimentateur pour la clairvoyance ? Tout au plus la déclencher par ses suggestions ; mais une fois qu'elle apparaît et se déroule, son rôle n'est plus que celui d'un observateur. On ne voit pas encore comment il pourrait intervenir dans le phénomène pour en décomposer et recomposer le mécanisme.

De même il semble que la suggestion mentale s'opérant le plus souvent entre le subconscient de l'opérateur et le subconscient du sujet, la volonté de l'expérimentateur, en s'efforçant de provoquer le phénomène, l'empêche par cela même de se produire. Ce serait le cas de lui appliquer le vieux dicton : « Cherchez-la, elle vous fuit ; fuyez-la, elle vous cherche ». Si telle est bien, en effet, sa nature, ainsi que l'affirment ceux qui soupçonnent volontiers sa présence latente dans presque tous les phénomènes parapsychiques, non seulement la suggestion mentale (ainsi d'ailleurs improprement nommée) se refuse elle-même à l'expérimentation, mais elle introduit un élément d'incertitude dans toute expérimentation parapsychique en général. Reste à savoir, il est vrai, si cette conception de la suggestion mentale est entièrement conforme à la réalité.

Quant aux faits de télépathie, nous en sommes réduits

à les enregistrer lorsqu'ils se produisent, et il ne paraît pas, malgré quelques tentatives faites en ce sens, que l'on puisse encore indiquer aux expérimentateurs un moyen assuré de télépathiser à volonté leurs sujets.

En revanche il est facile de comprendre que l'expérimentation a sa place toute marquée en hyloscopie, puisqu'il s'agit là d'étudier les effets produits par des agents matériels sur le système nerveux de sujets aptes à les déceler par leur sensibilité exceptionnellement affinée.

V

Les phénomènes spiritoïdes, malgré les apparences contraires, ne donnent guère prise à l'expérimentation. Ce sont, avant tout, des phénomènes *spontanés* que nous pouvons, il est vrai, essayer de provoquer en nous plaçant dans certaines conditions, par exemple en réunissant un certain nombre de personnes autour d'une table sur laquelle elles posent leurs mains en état d'attente ; mais se mettre ainsi à l'affût d'un phénomène dont on ignore s'il se produira et comment il se produira, est-ce bien expérimenter ? N'est-ce pas plutôt observer ou même simplement chercher à observer ? Or, tel est bien le scénario de presque toutes les prétendues expériences de spiritisme. C'est justement cette spontanéité irréductible des phénomènes spiritoïdes qui les fait attribuer par les adeptes des doctrines spirites à l'action d'entités intelligentes, d'opérateurs invisibles résidant habituellement dans le monde de l'au-delà. Or, si l'on admet cette hypothèse, n'est-il pas évident que le rôle de l'expérimentateur appartient effectivement à ces entités et que nous devons nous borner pour notre part à celui de simple observateur ?

Peut-être cette situation n'est-elle que provisoire, peut-être les chercheurs de l'avenir découvriront-ils le moyen de renverser les rôles ; mais dans l'état actuel de nos con-

naissances, il faut bien avouer que notre capacité expérimentale en matière de spiritisme est singulièrement mince.
Pour les phénomènes de *hantise*, elle se réduit à zéro;
pour les phénomènes de *médiumnité*, elle se borne à placer
les médiums dans les conditions que l'on suppose les plus
favorables au déploiement de leurs facultés et à en observer
les manifestations au fur et à mesure qu'elles se produisent, principalement lorsqu'elles sont d'ordre intellectuel.
L'expérimentation peut mordre davantage, à ce qu'il
semble, sur les phénomènes d'ordre physique, surtout si,
comme il est probable, ces derniers phénomènes obéissent
à la grande loi de la conductibilité psychique.

En résumé, il est possible d'expérimenter dans les
domaines de l'hypnotisme, de la cryptopsychie, du magnétisme animal et de l'hyloscopie. L'expérimentation est
impossible ou extrêmement difficile dans les domaines de
la métagnomie, de la suggestion mentale, de la télépathie
et du spiritisme, où la part de l'observation indirecte
demeure considérable, et cette situation restera telle, tant
que nous n'aurons pas découvert quelque moyen pratique
d'influer à volonté sur la production de ces derniers phénomènes.

CHAPITRE V

L'hypothèse dans les sciences psychiques.

I

L'hypothèse, ainsi que l'a définitivement établi Claude Bernard, est le grand pivot de la méthode expérimentale. Toute expérimentation véritable est suscitée et dirigée par une hypothèse qu'elle a pour but de vérifier ; et, d'autre part, l'hypothèse n'est pleinement légitime dans les sciences de la nature que si elle sert avant tout à susciter et diriger l'expérimentation. Telle est la conception moderne de la méthode expérimentale, sensiblement différente de celle que Bacon et même Stuart Mill avaient précédemment élaborée.

Nous avons fait voir, dans le précédent chapitre, que l'application de cette méthode n'était pas possible, du moins jusqu'à nouvel ordre, dans toutes les branches des sciences psychiques, attendu qu'elle exige comme condition générale la possibilité pour le savant d'intervenir activement dans la production des phénomènes qu'il étudie, soit afin de les faire naître, soit afin de les modifier dans leurs diverses circonstances au point de vue de la quantité comme à celui de la qualité. Or cette condition n'est pas actuellement remplie par plusieurs ordres de recherches psychiques où le savant est réduit aux seules ressources de l'observation et souvent même de l'observation indirecte.

Voyons toutefois, là où cette condition existe, comment

nous devons comprendre l'enchaînement des opérations de la méthode expérimentale dans les sciences psychiques et, en particulier, la place et le rôle qu'il convient d'y assigner à l'hypothèse.

II

Reprenons, au risque de paraître nous répéter, un exemple qui nous a déjà servi.

Nous venons d'être témoin d'un fait qui nous a surpris ou tout au moins intéressé : par exemple, nous avons vu une personne appliquer ses mains pendant quelques instants sur les omoplates d'une autre personne, puis les retirer lentement, et cette dernière a paru attirée en arrière avec une force plus ou moins grande. C'est là une *observation* que nous avons pu répéter un certain nombre de fois, dont nous avons essayé d'apercevoir les différentes particularités aussi exactement et complètement que possible, dont nous avons fait par écrit une ample et fidèle description. Nous aurions beau multiplier à l'infini des observations de ce genre ; nous ne dépasserions pas, ce faisant, les limites du pur empirisme. L'idée nous vient de rechercher si nous ne serions pas personnellement capable de reproduire le phénomène ; nous appliquons, nous aussi, nos mains sur les omoplates d'une personne et nous constatons que cette application détermine une sorte d'attraction.

A la rigueur, ceci pourrait s'appeler une expérience, mais cette expérience a, au fond, la même signification et la même valeur qu'une observation ; c'est ce qu'on pourrait appeler, comme nous l'avons déjà fait, une *observation provoquée*. Elle n'en a pas moins une très grande importance, car c'est elle qui va rendre possible l'application de la méthode expérimentale à l'étude de ce phénomène ; c'est elle qui amorce, pour ainsi dire, l'expérimentation proprement dite.

Que faut-il pour que, de ce premier stade, qui n'est encore que le stade de l'observation, nous passions au second et entrions effectivement sur le terrain de la méthode expérimentale? Il faut d'abord qu'une *question* se pose dans notre esprit, ensuite que nous imaginions une *réponse* à cette question. Qu'une personne en attire ou paraisse en attirer une autre par l'imposition des mains sur les omoplates, c'est là un fait que nous avons constaté, bien mieux, que nous avons provoqué nous-même ; mais ce fait reste stérile, au point de vue de la recherche scientifique et expérimentale, s'il ne se change pas pour nous en *problème*. Comment ce fait est-il possible? De quelles conditions dépend-il ? Par quel mécanisme est-il produit ?

A son tour, ce problème doit nous suggérer une *solution* possible, et c'est justement cette solution possible qui est l'hypothèse expérimentale. Par exemple, nous pouvons supposer que l'attraction réelle ou apparente est produite par la *fatigue* de la station plus ou moins prolongée de la personne qui s'appuie sur les mains de l'opérateur; ou bien encore par la *perte de l'équilibre* que le retrait des mains détermine; ou par la *suggestion* involontaire qui résulte des conditions même de l'expérience; ou par une *action effective*, de nature encore inconnue, mais vraisemblablement radiante, que les mains auraient la propriété de dégager, etc. Si nous restons incertain à comparer ces hypothèses entre elles, à énumérer, à évaluer les vraisemblances et les invraisemblances de chacune d'elles, ou encore si, en choisissant une à l'exclusion de toutes les autres, nous nous attachons par le seul raisonnement, en la construisant et la compliquant de plus en plus d'hypothèses additionnelles, à démontrer qu'elle est la seule solution possible du problème, nous tournerons le dos, ce faisant, à la véritable méthode expérimentale, et nous n'arriverons à aucun résultat positif.

Comment donc nous faudra-t-il procéder? Tout d'abord

nous devrons évidemment, entre les diverses solutions ou hypothèses possibles, en choisir une, au moins provisoirement, et celle-ci une fois choisie, en tirer, par raisonnement déductif, des conséquences que nous puissions ensuite soumettre au contrôle de l'expérience. Cette phase, d'une importance capitale, est celle que Claude Bernard appelait le *raisonnement expérimental*. C'est à ce moment-là que l'esprit institue en pensée le *plan* des expériences futures : si le phénomène dépend de telles conditions supposées, il suffira de supprimer ces conditions pour que le phénomène cesse de se produire, ou, au contraire, il suffira de les réaliser, à l'exclusion de toutes autres circonstances habituellement présentes, pour que le phénomène se produise, ou il suffira de les modifier dans tel ou tel sens pour que le phénomène se trouve modifié dans le sens correspondant. Le savant peut ainsi, à l'avance, jeter sur le papier le scénario des combinaisons qu'il essaiera ensuite de réaliser une à une et qui, selon le dénouement qu'elles amèneront, confirmeront ou infirmeront l'hypothèse mise à l'épreuve. Il y a là tout un travail intellectuel, où l'imagination a autant et parfois plus de part que le raisonnement proprement dit, comme c'est d'ailleurs aussi le cas en mathématiques, où la solution des problèmes est souvent affaire d'ingéniosité imaginative autant et plus que de rigueur déductive.

Cette ingéniosité, cette sagacité du savant se manifeste avant tout dans le choix, entre un plus ou moins grand nombre d'hypothèses possibles, de celle qui conduira par le chemin le plus direct et le plus sûr à quelque importante et décisive découverte. Elle est, dit Claude Bernard, « un sentiment particulier, un *quid proprium* qui constitue l'originalité, l'invention ou le génie de chacun. » On pourrait la comparer à une sorte de flair; c'est une intuition qui fait deviner, entre une multitude d'autres, la voie dans laquelle il faut engager les recherches pour s'avancer dans la direction du but.

Ainsi, dans l'exemple que nous citions tout à l'heure, un chercheur averti ne s'attardera guère à envisager les hypothèses de la fatigue ou de la perte d'équilibre ; il portera tout de suite son attention sur celle de la suggestion ou de l'action magnétoïde, et tout son effort tendra à décider, par une série d'expériences appropriées, laquelle des deux s'accorde, à l'exclusion de l'autre, avec toutes les particularités du fait.

III

Il n'y a pas, selon Claude Bernard, de règles à donner pour faire naître dans le cerveau, à propos d'une observation donnée, une idée juste et féconde qui soit pour l'expérimentateur une sorte d'anticipation intuitive de l'esprit vers une recherche heureuse. L'idée une fois émise, on peut seulement dire comment il faut la soumettre à des préceptes définis et à des règles logiques précises. Mais son apparition a été toute spontanée et sa nature toute individuelle.

Toutefois, s'il n'est pas possible de prévoir, en quelque sorte nominativement, le détail des hypothèses que fera surgir dans l'esprit du savant l'observation de tel ou tel fait particulier, il nous paraît possible, du moins dans le domaine des recherches psychiques, de déterminer dans une certaine mesure les cadres dans lesquels viendront se ranger ces hypothèses, et par suite la connaissance préalable de ces cadres pourra elle-même servir à orienter le chercheur à travers le labyrinthe des phénomènes. Ils constituent, en effet, des hypothèses générales implicitement contenues dans les hypothèses particulières que nous avions seules envisagées jusqu'ici ; ce sont, pourrait-on dire, des formules abstraites et schématiques auxquelles ces dernières peuvent se réduire et qui se retrouvent en elles, mais habillées de circonstances concrètes qui les compliquent et les diversifient.

Nous ne considérons ici ces hypothèses générales que dans leur rapport avec la méthode expérimentale, mais il est certain qu'elles ont été et sont encore considérées par beaucoup à un tout autre point de vue, comme des théories subsistant et valant par elles-mêmes, sans relation nécessaire avec la méthode expérimentale, à titre d'*explications* permettant de coordonner rationnellement tout un ensemble de phénomènes qui resterait sans cela une énigme incompréhensible pour l'esprit humain. Est-il besoin de répéter encore une fois qu'un tel point de vue, admissible quand il s'agit de sciences relativement très avancées dans la connaissance expérimentale des faits qu'elles étudient, nous paraît absolument intenable dans un ordre de recherches aussi imparfait, aussi rudimentaire que celui qui a pour objet les phénomènes parapsychiques ? Des théories de ce genre ne peuvent trouver place qu'au point d'arrivée d'investigations patiemment et fructueusement conduites ; et c'est à peine si nous avons quitté le point de départ. Gardons-nous donc de vouloir théoriser, et ne prenons ces hypothèses générales que pour ce qu'elles sont : de simples instruments de travail à employer dans le champ de l'expérimentation, sans utilité et sans valeur, si on prétend en faire un autre emploi.

IV

Il ne sera pas sans intérêt de passer en revue ces différentes hypothèses, car ce sont elles qu'on rencontre à chaque pas aussitôt qu'on entre dans le domaine des sciences psychiques, et il est relativement facile de reconnaître chacune d'elles sous les modifications que lui impose la diversité des applications dont elle est susceptible.

Le plus souvent, ces hypothèses consistent dans une *extension* à des faits nouveaux d'une loi ou proposition générale dont la vérité a déjà été reconnue pour d'autres faits. Soit, par exemple, les hypothèses de l'*illusion* et de la *simulation* qui sont fréquemment invoquées par nombre de savants pour écarter les phénomènes les plus merveilleux, les plus invraisemblables, dont on trouve cependant des récits nombreux et circonstanciés dans la littérature des magnétiseurs, occultistes et spirites. Que dans tels ou tels cas qu'on peut citer, il y ait eu illusion ou simulation, cela n'est pas une hypothèse, c'est un fait dont on a déjà la preuve ; mais que dans d'autres cas, que dans tous les cas, il n'y ait également qu'illusion ou simulation, c'est ce qu'on ne peut affirmer sans faire par cela même une hypothèse ; et c'est justement cette hypothèse dont il convient de faire la preuve, non par un raisonnement de pure logique mais, si possible, par une vérification expérimentale.

De même la *suggestion*, la *cryptopsychie*, et même, quoique moins sûrement, la *transmission de pensée* (ce qu'on nomme vulgairement la *suggestion mentale*) ne sont pas, prises en elles-mêmes, des hypothèses ; ce sont des faits en ce sens qu'il est établi d'une façon certaine que dans tels et tels cas définis, la suggestion, la cryptopsychie, la transmission de pensée existent réellement ; mais elles deviennent des hypothèses, lorsqu'on suppose leur intervention dans d'autres cas où leur existence n'est nullement manifeste et où on peut seulement croire qu'elle est possible.

D'autres fois, l'hypothèse consiste à *introduire* une loi ou proposition générale nouvelle, dont la vérité est entièrement problématique, mais qui est plus ou moins analogue à quelque loi ou proposition générale dont la vérité est incontestablement reconnue dans un autre ordre de connaissances. Ainsi nous savons en physique que l'aimant attire le fer ; mais nous n'avons aucune preuve en physiologie qu'un organisme humain puisse exercer de même une action attractive sur un autre organisme. Si donc, pour expliquer le signe de Moutin, nous supposons une action magnétique émanant de l'opérateur et influant sur le système nerveux du sujet, il y aura là une hypothèse portant non pas seulement sur l'existence d'une loi déjà connue, mais sur l'introduction d'une loi encore inconnue.

Pareillement, nous savons que l'intelligence et la volonté humaine produisent, par l'intermédiaire des organes humains, certains effets directement observables ; mais nous n'avons aucune preuve que ces mêmes effets puissent être produits par d'autres intelligences et d'autres volontés, sans organes ou par l'intermédiaire d'autres organes. Supposer qu'il en est ainsi dans certains cas, c'est encore introduire une loi nouvelle, et non simplement étendre à des cas nouveaux une loi ancienne.

On peut donc, ce semble, distinguer, dans l'ordre de recherches qui nous occupe, deux catégories d'hypothèses que nous demanderons la permission de nommer, les unes hypothèses *inductives*, puisqu'elles consistent en somme à induire hypothétiquement de certains faits à d'autres faits qui paraissent être de la même espèce, les autres hypothèses *analogiques*, puisqu'elles consistent à appliquer par analogie à une certaine espèce de faits une loi semblable à celle qui régit une autre espèce de faits.

Si l'on se place au point de vue de la stricte logique, on doit évidemment préférer les hypothèses inductives aux hypothèses par analogie. Il n'est permis, dirait volontiers un logicien, de recourir à ces dernières que lorsqu'il est absolument impossible de faire cadrer les faits avec les premières, et sans doute l'expérimentateur aurait tort de ne pas tenir compte de cette indication du logicien; mais au point de vue de la méthode expérimentale, qui est forcément le sien, la *fécondité* des hypothèses est une qualité autrement précieuse que leur *vraisemblance* La *découverte* de nouveaux faits et de nouveaux rapports importe en effet à ses yeux infiniment plus que l'*explication* des faits et des rapports déjà connus. Or, il n'est pas douteux que les hypothèses analogiques, qui permettent d'ouvrir de nouveaux chapitres dans le livre de la nature, sont à ce point de vue — et toutes choses égales d'ailleurs — plus favorables à l'élargissement de la science que les hypothèses inductives, qui permettent simplement d'ajouter de nouveaux alinéas, de nouveaux « item » aux chapitres déjà ouverts.

V

Or, parmi les hypothèses que nous avons précédemment énumérées, il en est qui nous paraissent répondre plutôt à des préoccupations purement logiques et se prêtent malaisément à des applications suivies de la méthode expérimentale. Relativement à cette méthode, elles sont, pourrait-on dire, des hypothèses restrictives et négatives, et telles sont, par exemple, celles qui rapportent *tous* les phénomènes parapsychiques soit à l'*illusion*, soit à la *simulation*.

Certes, l'expérimentateur doit toujours avoir présente à l'esprit la possibilité de l'une et de l'autre de ces hypothèses, mais c'est, en quelque sorte, pour les *exclure* après contrôle, car c'est seulement après cette exclusion qu'il pourra effectivement expérimenter sous la direction d'hypothèses positives. S'il entreprenait ses recherches avec le parti-pris de réduire systématiquement à l'illusion ou à la simulation tous les faits qu'il étudiera, il se fermerait lui-même la voie de l'expérimentation. Une telle disposition d'esprit n'équivaudrait-elle pas, en effet, à déclarer que les phénomènes parapsychiques étant tous illusoires et simulés, ces prétendus phénomènes, en réalité, n'existent pas et qu'il est par conséquent inutile et même impossible d'en faire l'objet d'une investigation scientifique?

Ceci nous paraît évident pour l'hypothèse de l'illusion.

En ce qui concerne l'hypothèse de la simulation, l'expérimentateur pourrait, il est vrai, se proposer de voir s'il n'est pas possible de simuler expérimentalement les différents phénomènes hypnoïdes, magnétoïdes, spiritoïdes, etc., rapportés par d'autres observateurs ou expérimentateurs comme authentiques, et il y a là, certainement, toute une série de tentatives qui vaudraient la peine d'être faites, surtout pour arriver à déterminer avec précision quels sont, dans l'ensemble de ces phénomènes, ceux qui peuvent être simulés et ceux qui ne le peuvent pas, et aussi dans quelles conditions et jusqu'à quel point cette simulation est possible, quand elle l'est en effet. Il est certain, par exemple, que la plupart des phénomènes d'hypnotisme et de suggestion peuvent être simulés avec la plus grande facilité, quoiqu'il existe peut-être des moyens — dont il serait intéressant de faire une étude spéciale — pour distinguer ici le « strass » du « diamant ». Mais les conclusions qu'on pourrait tirer de ce travail, même en les supposant favorables à l'hypothèse, ne feraient guère avancer la question, car, de ce qu'un certain phénomène peut être simulé, il ne s'ensuit point qu'il ne puisse également exister d'autre part sous une forme authentique.

Du reste, les partisans des hypothèses de l'illusion et de la simulation s'abstiennent ordinairement de se placer sur le terrain expérimental et se contentent de raisonner dans l'abstrait et *à priori* : ils traitent le problème non en *expérimentateurs*, mais en *dialecticiens*. Leur argumentation consiste, premièrement, à montrer, par l'analyse d'un certain nombre de cas rapportés par d'autres observateurs, que l'on a pu dans tous ces cas, soit avec une complète certitude, soit avec une probabilité plus ou moins grande, établir la présence de l'illusion ou de la fraude, et, secondement, à en inférer, sans plus ample informé, que si on pouvait analyser de même tous les autres cas du même genre, et notamment tel ou tel actuellement mis en discussion, on arriverait infailliblement à un résultat identique. Grâce à ce *raisonnement-cliché*, on se trouve débarrassé une fois pour toutes de la gênante obligation d'examiner les énigmes proposées par les phénomènes parapsychiques à l'attention des savants. Il suffit de cette « simple question préalable » pour mettre en bloc tous ces phénomènes à la porte de la science. Mais ceux qui emploient ce commode artifice de procédure devraient bien se rendre compte qu'il n'a rien à voir avec la méthode expérimentale dont beaucoup d'entre eux se réclament pourtant avec une insistance emphatique.

VI

Il nous faut maintenant passer en revue les principales hypothèses positives auxquelles les sciences psychiques peuvent avoir et ont effectivement recours dans leur effort, pour appliquer aux divers ordres de phénomènes qu'elles étudient les procédés de la méthode expérimentale.

Ces hypothèses, qui sont indissolublement liées à l'expérimentation au lieu d'être, comme les précédentes, des « lieux communs d'argumentation », exigent par conséquent, pour être maniées comme il convient, une certaine connaissance préalable, à la fois théorique et pratique, non seulement des difficultés les plus générales opposées à l'expérimentation par la nature même des phénomènes, difficultés dont nous avons déjà dit un mot à propos de l'expérimentation, mais aussi et surtout des moyens les plus propres à en venir à bout.

Ce sont les notions préliminaires relatives à ces difficultés et à ces moyens qu'avant d'aborder l'étude des hypothèses positives, nous allons nous efforcer d'établir dans les deux chapitres qui suivent, sous ces deux rubriques : « Diagnostic des virtualités parapsychiques » et « Distinction des états parapsychiques ».

CHAPITRE VI

Le diagnostic des virtualités parapsychiques.

I

La première, et non la moindre des difficultés que présente l'étude des phénomènes parapsychiques, c'est que ces phénomènes, si nous voulons les observer, ne se produisent pas d'une façon courante, mais ne se laissent apercevoir que rarement et dans des circonstances plus ou moins exceptionnelles et anormales. A vrai dire, pour les étudier, il nous faut le plus souvent les provoquer, les susciter nous-mêmes artificiellement ; mais, ici encore, l'expérimentation se heurte à une difficulté nouvelle. Les mêmes procédés ne réussissent pas avec tout le monde, ni dans toutes les circonstances. Le caractère le plus déconcertant peut-être de ces phénomènes, c'est leur extrême irrégularité. On a beau, pour les provoquer, se placer à chaque fois dans des conditions autant que possible identiques ; tantôt ils se manifestent pour ainsi dire au moindre appel ; tantôt, au contraire, ils s'obstinent à demeurer invisibles, au point qu'on en vient presque à douter de leur possibilité. Il semble qu'on soit ici dans le domaine de l'imprévu et de l'indéterminé

Si nous considérons en particulier les phénomènes les plus simples, ceux qui sont comme les premiers anneaux de la série parapsychique, à savoir les phénomènes d'hypnotisme et de suggestion, nous constatons que bien que plus fréquents et, en quelque sorte, plus accessibles que les autres, ils sont cependant sujets, eux aussi, à des caprices inexplicables, à d'incohérentes exceptions (1). L'École de Nancy prétend, il est vrai, que tous les individus de l'espèce humaine sont suggestibles et hypnotisables ; mais cette assertion demeure purement théorique, et la pratique nous montre que les mêmes manœuvres, appliquées à différents individus dans le but de les suggestionner ou de les hypnotiser, produisent avec les uns des effets immédiats et surprenants, tandis qu'ils échouent misérablement avec les autres.

C'est pourquoi, dans l'opinion du vulgaire et même de beaucoup de savants, tout cet ordre de phénomènes est en quelque sorte, par définition, étranger et rebelle à la science. Rappelons-nous cependant que les phénomènes électriques offraient à l'origine les mêmes apparences aux savants qui en avaient entrepris l'étude ; ils n'ont pu être ramenés à des lois qu'à partir du jour où on a su les produire expérimentalement, c'est-à-dire à partir du jour où on a su distinguer parmi les corps de la nature ceux qui conservent et condensent l'électricité une fois produite, et ceux qui la conduisent et la dispersent instantanément.

Reconnaissons donc comme un fait incontestable, quoique encore inexpliqué, que parmi les hommes, les uns sont naturellement aptes à présenter les phénomènes d'hypnotisme et de suggestion, aussitôt qu'on les y sollicite, tandis que les autres, quoique soumis aux mêmes influences, sont ou paraissent incapables de ce mode de réaction.

A quoi tient cette différence dans les effets de causes apparemment identiques ? Sans doute à quelque différence profonde dans la constitution physique et morale des

---

(1) Cf. Charles Richet, *L'homme et l'intelligence*, p. 162. « Tout ce qu'on observe est inconstant, irrégulier, mobile. Nulle règle fixe ; les phénomènes observés varient avec chaque observateur et avec chaque sujet. Ce qu'on annonce ne se produit pas et ce qu'on n'annonce pas se produit. »

individus de l'espèce humaine sur lesquels on opère ; mais la nature nous en est absolument inconnue, et les mots d'*hystérie*, de *nervosité*, de *faiblesse de tempérament* ou de *volonté*, que l'on entend souvent répéter à ce propos, ne servent qu'à masquer notre ignorance. C'est seulement le jour où nous saurons pertinemment en quoi consiste cette différence, où nous connaîtrons d'une façon précise et sûre les conditions nécessaires et suffisantes qui déterminent la sensibilité spéciale de certains individus et l'insensibilité des autres, c'est seulement ce jour-là que la science des phénomènes parapsychiques sera définitivement fondée ; elle cessera d'être en grande partie empirique pour devenir vraiment expérimentale.

En attendant cette évolution décisive, il serait du moins très utile de pouvoir distinguer de prime abord, parmi un certain nombre d'individus, lesquels sont susceptibles de présenter des phénomènes parapsychiques, au moins élémentaires, lesquels ne le sont pas. Vraisemblablement, en effet, ces phénomènes existent à l'état virtuel chez beaucoup plus de gens qu'on ne croit ; mais nous ne savons pas ou nous savons mal discerner cette potentialité là où elle existe, et c'est ce qui nous empêche de l'actualiser à notre gré. La première question à se poser quand on aborde l'étude expérimentale des sciences psychiques, est donc celle-ci : Comment arriver à découvrir, parmi les êtres humains, ceux qui sont susceptibles de manifester des phénomènes parapsychiques ? En d'autres termes, la recherche des *sujets*, tel est le premier point à envisager.

Il n'y a pas de terme spécial pour désigner la qualité des sujets, la condition ou l'ensemble des conditions qui les rendent tels. Quand il s'agit des phénomènes spiritoïdes, nous avons le mot *médiumnité* qui correspond au mot *médium* ; mais l'usage ne permet pas de faire correspondre le mot *subjectivité* (employé en philosophie avec un tout autre sens) au mot *sujet*. Cependant, comme un terme spécial nous paraît absolument indispensable, et comme, d'autre part, le caractère le plus général que présentent les sujets est leur obéissance plus ou moins grande à la suggestion, nous emploierons, faute de mieux, le mot de *suggestibilité* pour désigner d'une manière générale l'aptitude à manifester des phénomènes parapsychiques, aussi bien les plus complexes que les plus élémentaires.

On peut faire contre le choix de ce mot deux objections : l'une de simple forme, l'autre qui va au fond des choses.

Tout d'abord, on peut faire observer, avec Durand de Gros, que le mot *suggestible* ne saurait s'appliquer correctement à des personnes ; un acte, le vol, par exemple, ou le meurtre, peut être suggéré, est donc suggestible ; mais quand il s'agit d'une personne, on doit dire qu'elle peut être *suggestionnée* ou qu'elle est suggestionnable. Le terme correct serait donc *suggestionnabilité;* mais le mot paraît bien lourd, bien encombrant, et d'ailleurs la question n'a guère d'intérêt que pour les grammairiens et les lexicographes.

Une objection plus grave, c'est qu'une telle dénomination semble prendre parti d'avance entre les trois ou quatre grandes théories qui ont été proposées pour l'interprétation des phénomènes présentés par les sujets et entre lesquelles se partagent encore les avis des savants engagés dans cette étude : théorie de la suggestion, théorie de l'hypnotisme, théorie du magnétisme animal, ou même théorie de la télépathie ou de la suggestion mentale.

Nous croyons, quant à nous, que ces quatre interprétations ont toutes leur part de vérité. Chacune d'elles répond plus particulièrement à une certaine catégorie de phénomènes. Il y a des sujets, et ce sont peut être les plus nombreux, chez lesquels tout se passe conformément à la première (théorie de la suggestion professée principalement par l'Ecole de Nancy); il y en a d'autres qui vérifient les assertions de l'Ecole de la Salpêtrière, qui a surtout défendu la théorie de l'hypnotisme ; il y en a d'autres aussi chez lesquels on observe des phénomènes inexplicables par les seules hypothèses de ces deux Ecoles et qui semblent justifier celles des partisans du magnétisme animal et de la télépathie. D'après cela, il y aurait quatre types au moins de sujets possibles : le sujet suggestible (ou suggestionnable), le sujet hypnotique (ou hypnotisable), le sujet magnétique (ou magnétisable), et le sujet télépathique. Mais dans la pratique, hâtons-nous de le dire, il est bien rare de trouver des sujets qui offrent chacun de ces types à l'état de pureté absolue ; presque toujours un sujet suggestible est aussi hypnotisable, et *vice versa* ; dans telle expérience où l'opérateur croit n'employer que la suggestion ou l'hypnotisme, bien souvent le magnétisme ou la télépathie interviennent à son insu. A moins d'employer des dispositifs spéciaux d'une précision et d'une délicatesse extraordinaires, il est à peu près impossible de faire dans chaque cas particulier la part exacte de chacun de ces agents. Aussi, tout en employant le terme de *suggestibilité* pour désigner la qualité des sujets comme tels, nous donnerons à ce mot le sens le plus général, et il signifiera pour nous l'aptitude à subir les influences hypnotique, magnétique ou télépathique, aussi bien que l'influence suggestive, sauf à distinguer, quand il y aura lieu, les différentes modalités spécifiques de cette aptitude générale.

II

Existe-t-il soit des signes, soit des procédés, des réactifs, qui permettent de découvrir ou de révéler la suggestibilité ainsi comprise, c'est-à-dire l'aptitude générale à présenter des phénomènes parapsychiques ?

On peut d'abord songer à des signes physiognomoniques observables à première vue.

Les sujets, dit-on parfois, sont des individus de tempérament nerveux ou lymphatique. En admettant qu'il en soit ainsi, il faudrait savoir à quels signes on reconnaît ces deux tempéraments. La question est reculée, non résolue. Puis, si les sujets sont, en effet, le plus souvent des nerveux ou des lymphatiques, s'ensuit-il que tous les gens nerveux ou lymphatiques soient des sujets ?

Le magnétiseur Charles Lafontaine prétend avoir remarqué que toutes les personnes qui ont des yeux saillants, à fleur de tête, sont des sujets ; mais, faute des contre-épreuves nécessaires, il est bien difficile de savoir ce que vaut cette généralisation.

On a l'impression, en présence de beaucoup de sujets que leur regard a quelque chose de très particulier ; mais il est plus facile de *sentir* ce quelque chose que de le *définir ;* c'est, pourrait-on dire, un éclat humide et trouble, une lumière vive derrière une vitre embuée ; mais comment se référer, dans la pratique, à une indication aussi vague ?

On a prétendu que toutes les personnes dont l'oreille privée de lobe est directement rattachée à la joue, sont immanquablement des sujets. Il ne semble pas qu'une observation un peu étendue vérifie cette généralisation. Il en est de même d'une certaine forme du pouce (pouce gros, court et arrondi).

On remarque assez fréquemment que les sujets ont les mains moites ou ont l'habitude de se ronger les ongles. Mais en peut-on conclure que tous ceux qui ont l'habitude de se ronger les ongles sont des sujets ? (1).

_____

(1) Cf. Charles Richet, *L'homme et l'intelligence*, p. 212. « Certaines conditions favorables peuvent être déterminées avec assez d'exactitude. Les femmes sont plus sensibles que les hommes. Relativement à l'âge, je suis porté à croire que les enfants peuvent être endormis ; mais je n'ai jamais tenté d'expériences chez les très jeunes sujets, pour ne pas faire naître chez eux un état nerveux qui ne serait pas sans inconvénient... J'ai endormi d s jeunes filles de dix-sept à dix-huit ans. Mais cet âge ne paraît pas être le plus favorable. Il semble que ce soit surtout de vingt-cinq à quarante ans qu'on puisse facilement être endormi.

A défaut de signes observables à première vue, on a pensé à employer des appareils qui décèleraient la suggestibilité, comme le thermomètre décèle la température.

Le docteur Ochorowicz a proposé son hypnoscope, tube d'acier aimanté que l'on se passe au doigt comme une bague. Tout individu qui éprouve des sensations bien marquées de fraîcheur, d'engourdissement, etc., est, dit-on, suggestible et hypnotisable. Cependant, le docteur Crocq fils, de Bruxelles, déclare qu'il n'a jamais observé d'action bien constante avec cet appareil et que tout a toujours dépendu de l'autosuggestion.

Le sensitivomètre de Durville, lame courbe d'acier aimanté qu'on place autour du poignet, le pôle négatif étant mis du côté du pouce, ne paraît pas donner des indications beaucoup plus sûres.

Le docteur Gaston Durville a imaginé un emploi ingénieux du dynamomètre pour déceler et mesurer en même temps la

Quant aux vieillards, je croirais volontiers qu'ils sont assez rebelles au magnétisme. J'ai réussi à endormir une femme de soixante ans; mais chez elle, le sommeil n'a jamais été complet et les symptômes ont été peu intéressants. Les tempéraments nerveux sont, comme on le pensera sans peine, plus susceptibles que les autres. En général, les femmes petites, brunes, aux yeux noirs, aux cheveux noirs, aux sourcils épais, sont des sujets très favorables. Cependant quelquefois on réussit très bien avec des femmes pâles et lymphatiques, et on échoue avec des personnes très nerveuses. En somme, les femmes délicates, nerveuses, languissantes, atteintes d'une maladie chronique ou relevant de maladie, sont certainement plus que toutes les autres, aptes à subir l'influence du magnétisme. » — On voit combien ces indications, pourtant données par un des savants les plus autorisés qui se sont occupé de la question, sont encore vagues et difficilement utilisables pour la pratique. En outre, il ne nous paraît pas absolument sûr que les femmes soient, comme on l'affirme, plus sensibles que les hommes. Les expériences qui ont été faites jusqu'ici l'ont été en grande majorité sur des femmes et il est, par conséquent, tout naturel que celles-ci aient paru à ceux qui les ont faites plus sensibles que les hommes. Pour obtenir une certitude en cette matière, il faudrait des expériences et des statistiques comparatives infiniment plus nombreuses et plus précises que toutes celles qui ont existé jusqu'ici.

suggestibilité. Sous le nom de *suggestomètre*, il décrit un
dynamomètre médical ordinaire, simple ressort d'acier ellip-
soïde muni sur une face d'une aiguille; sur l'autre face se
trouve une « échelle de sensibilité », établie d'après de nombreuses expériences (560), qui ont permis de classer les
gens en cinq catégories, selon que leur sensibilité est névro-
pathique, très grande, grande, moyenne ou nulle. Le sujet
improvisé saisit l'appareil dans sa main la plus forte et
serre au maximum ; après quelques instants de repos, on
lui affirme pendant une minute ou deux environ que son
bras s'affaiblit, s'engourdit, et on l'invite à serrer de nouveau l'appareil. Selon que la force musculaire tombe à zéro
ou décroît des trois quarts, de la moitié, du quart ou reste
constante, il se range dans l'une des cinq catégories indiquées.

Malheureusement, l'emploi des appareils n'est pas toujours bien commode dans la pratique, parce qu'il n'est
guère possible d'y avoir recours sans que les personnes
soient préalablement averties de l'épreuve à laquelle on
veut les soumettre et sans qu'elles y donnent leur consentement. Il faudrait un signe qui permit de reconnaître les
sujets à leur insu.

III

Ainsi, ce dont nous aurions besoin, c'est une sorte de
réactif qu'on pût appliquer au premier venu, sans le prévenir, presque sans éveiller son attention, et qui décelât
sa susceptibilité latente, positive ou négative, à l'égard des
influences psychiques. On arriverait ainsi à distribuer
pratiquement les hommes en bons et mauvais conducteurs
de ces influences, de même que la physique a pu distribuer les principaux corps de la nature en bons et mauvais
conducteurs de l'électricité.

Or, ce réactif existe. Il a été découvert par un observateur et expérimentateur de premier ordre, le docteur Moutin (de Boulogne-sur-Seine), mais il n'est pas suffisamment connu des savants ; et les médecins, en particulier, qui devraient, à notre avis, en faire un usage constant, l'ignorent pour la plupart ou ne le connaissent que vaguement et n'en soupçonnent pas l'importance.

Voici, très succinctement, en quoi consiste le signe de Moutin :

On se place derrière la personne dont il s'agit d'explorer à ce point de vue spécial la sensibilité et l'on applique sur son dos, au niveau des omoplates, les paumes des deux mains largement étendues, les deux pouces se rejoignant sur un des nœuds de la colonne vertébrale. Après quelques secondes d'application, on retire lentement les mains en arrière. Si la personne suit le mouvement des mains auxquelles son dos semble adhérer ou qui paraissent l'attirer avec une force irrésistible, elle peut être considérée comme présentant le signe de Moutin, au moins au premier degré. A un degré supérieur, elle sera attirée et forcée de venir à reculons, même si les mains ne touchent pas les omoplates et en sont séparées par une distance de 10, 20, 30 et 40 centimètres. Certaines personnes accusent en outre, surtout si on prolonge l'application des mains, une sensation de chaleur intense, presque de brûlure. Au lieu d'appliquer les deux mains, on peut aussi appliquer simplement la paume de la main droite sur la nuque : l'effet produit est sensiblement le même.

Le docteur Moutin a raconté dans sa thèse : *Le Diagnostic de la suggestibilité* (1), comment il fut amené à découvrir son procédé.

Un jour, en 1878, M. Moutin se promenait, en compagnie d'un ami, dans les environs d'Orange ; tous deux, arrêtés

_____

(1) *Le Diagnostic de la suggestibilité*, par le Dr Lucien Moutin. Paris, Société d'éditions scientifiques, 4, rue Antoine-Dubois, 1896.

au bord d'un champ, s'étaient penchés pour regarder les allées et venues d'un insecte et M. Moutin avait, sans y prendre garde, mis la main sur la nuque de son ami. Tout à coup celui-ci s'écria :

— Enlevez donc votre main, vous me brûlez le cou avec votre cigarette.

Surpris, M. Moutin répondit :

— Mais je n'ai pas de cigarette.

Et, après avoir montré sa main à l'ami redressé, la lui plaçant de nouveau sur la nuque :

— Voilà, dit-il, comment nous étions tout à l'heure.

— C'est étrange, repartit l'ami, je sens encore que votre main me brûle.

Retirant sa main, M. Moutin vit avec une surprise croissante son ami chanceler, comme s'il perdait l'équilibre, et tomber presque à la renverse. Déjà fort au courant des choses de l'hypnotisme et du magnétisme animal, il entrevit la signification probable de ce singulier phénomène et demanda au frère de son ami, directeur d'une importante fabrique de papier, l'autorisation d'essayer quelques expériences sur un certain nombre d'ouvriers. Près de deux cents sujets, hommes et femmes, furent ainsi mis à sa disposition. Sur une cinquantaine environ qu'il expérimenta, trente présentèrent, à des degrés divers, les mêmes phénomènes d'attraction, de sensations plus ou moins anormales, etc., et se révélèrent suggestibles ou hypnotisables à différents degrés. M. Moutin put ainsi se rendre compte de l'opposition, de la dualité bien caractérisée des réactions individuelles provoquées par son procédé et de la relation existant entre une réaction nettement positive avec l'aptitude à subir effectivement l'influence suggestive ou hypnotique.

On pourrait objecter à l'emploi courant de ce signe que, si la personne chez laquelle on le recherche sait d'avance de quoi il s'agit, il lui est possible, soit de simuler ou, tout au moins, d'exagérer la réaction, soit, au contraire, de la supprimer par sa résistance volontaire, et que, d'autre part, il est bien difficile qu'elle ne soupçonne rien du but de l'opération que l'on tente sur elle, quand elle voit qu'on se place derrière son dos et qu'on applique les mains sur ses omoplates, ce qui d'ailleurs ne peut guère se faire à son insu et même sans son consentement.

Cette objection perd toute sa valeur quand le procédé de Moutin (auquel on pourrait donner le nom de procédé *neurocritique*) est appliqué par un médecin qui peut toujours joindre, *sans en avertir le malade*, l'application de ce procédé à celle des procédés classiques de l'auscultation, de la percussion, de la palpation, etc. Ne voyant là qu'une des phases de l'examen général auquel il est soumis, et n'ayant aucune raison de la distinguer spécialement des autres, le malade réagira avec une entière spontanéité et en quelque sorte avec une entière bonne foi.

Mais il existe une variante du signe de Moutin, découverte assez récemment par nous-même, qui échappe entièrement, croyons-nous, à l'objection et qui est applicable, non pas seulement à des malades par des médecins, mais, en quelque sorte, à tout le monde par tout le monde.

Faisant face à la personne avec laquelle on converse, on place sa main droite sur son épaule gauche, ou inversement, soit comme par un geste de familiarité amicale, soit sous prétexte d'examiner de plus près quelque particularité de sa physionomie ou de sa coiffure, et on pense aussi fortement que possible qu'on veut qu'elle vienne en avant ou en arrière. De même que dans l'expérience bien connue du pendule de Chevreul, il suffit de se représenter le mouvement du pendule dans telle ou telle direction pour le mouvoir, en effet, d'une façon inconsciente dans la direction pensée, de même la poussée infinitésimale qu'on imprime ainsi au corps d'un individu, quand elle rencontre en lui un système nerveux d'une sensibilité spéciale, est immédiatement intensifiée au centuple et détermine un mouvement d'attraction ou de répulsion irrésistible, comme si le sujet était un véritable pendule vivant. Bien entendu, l'expérience sera encore plus probante, si l'attraction ou la répulsion continue à se produire même *sans contact*, à la suite de mouvements de la main de l'opérateur faits à quelques centimètres de distance au-dessus de l'épaule.

Peut-on se hasarder à conclure de ce qui précède qu'il existe dans l'espèce humaine, au point de vue particulier des aptitudes parapsychiques, deux types opposés de tempérament, le type *moutinien* ou *pendulaire*, qui est celui des sujets proprement dits, suggestibles et hypnotisables à divers degrés, et le type *non-moutinien* ou *massif*, qui est celui des individus plus ou moins complètement réfractaires à toute influence hypnotique ou suggestive ?

IV

La découverte du docteur Moutin n'a guère été utilisée jusqu'ici que par les hypnotiseurs de profession, qui s'en servent pour démêler rapidement dans la foule de leurs spectateurs les sujets possibles d'expérience; mais elle a une portée bien plus considérable, si l'on songe au parti qu'il est possible d'en tirer pour les recherches psychiques, sans parler d'une foule d'autres applications soit à la psychologie ordinaire, à l'histoire, à la pédagogie et aux diverses sciences morales, soit à la psychothérapie et à la médecine en général.

Envisagé comme instrument de recherche, le procédé de Moutin ouvre à celui qui l'emploie méthodiquement un champ pratiquement illimité d'expérimentation, puisqu'il lui permet de trouver des sujets en nombre indéfini d'une manière extrêmement simple et rapide. Quelques secondes d'une légère pression de la main sur le dos ou sur l'épaule

suffisent pour révéler les virtualités parapsychiques, positives ou négatives, de n'importe quelle personne, sans
qu'il soit besoin de s'attarder en des tentatives préliminaires d'hypnotisation, souvent infructueuses, et aussi fati-
gantes pour l'opérateur que pour le patient.

Un des problèmes les plus intéressants qui se pose au
début même des recherches psychiques est celui-ci : Dans
quelle proportion les individus aptes à présenter des phénomènes parapsychiques, au moins sous la forme la plus
élémentaire (suggestion et hypnotisme), se rencontrent-ils
dans l'espèce humaine? Comment cette aptitude est-elle
répartie entre eux selon le sexe, l'âge, le tempérament,
l'état de santé ou de maladie, etc.? Seul, croyons-nous,
l'emploi systématiquement généralisé du procédé de Moutin
permettra d'établir des statistiques portant sur des nombres assez grands pour donner une solution exacte du
problème.

En même temps que ce procédé constitue pour les chercheurs un précieux instrument d'étude, il peut et doit lui-
même être pour eux l'objet d'une étude spéciale, car il
pose toute une série de problèmes auxquels la méthode
expérimentale nous paraît directement applicable. A quoi
tient ce singulier phénomène de l'attraction apparente d'un
individu par un autre, presque incroyable pour qui ne l'a
jamais observé, et qui se manifeste pourtant avec une si
remarquable fréquence, chaque fois qu'on se place dans
les conditions requises pour le provoquer? S'il est le signe
de la suggestibilité, dans quelle mesure en est-il aussi
l'effet? Est-il exclusivement en fonction de l'individualité
des sujets, ou dépend-il également de celle des opérateurs?
Est-il susceptible de subir des variations, et sous l'influence de quelles causes? En outre des indications qu'il
nous donne sur les aptitudes parapsychiques des individus
chez lesquels nous l'observons, produit-il dans l'état nerveux ou dans l'état mental de ces individus des modifications

plus ou moins profondes, plus ou moins durables, quoique
peut-être latentes, qu'il serait possible de mettre en évidence par l'emploi de moyens appropriés? Il n'est pas
douteux que la solution de ces différents problèmes jette-
rait une vive lumière sur la question, encore si controver-
sée, de la nature et des rapports de la suggestion, de l'hypnotisme et du magnétisme animal.

On comprendra, d'autre part, quel intérêt présente la
connaissance des différents degrés de suggestibilité pour la
psychologie ordinaire, l'histoire et, en général, pour toutes
les sciences morales, si on réfléchit que contrairement à
l'opinion commune, la suggestibilité n'est pas l'attribut
exceptionnel de quelques rares sujets, mais qu'elle existe
chez un très grand nombre, peut-être même chez le plus
grand nombre des êtres humains.

Son importance n'est pas moindre au point de vue péda-
gogique. « L'éducation logique, dit le docteur Bérillon,
consisterait à tirer le meilleur parti de la malléabilité mentale (c'est-à-dire, en d'autres termes, de la suggestibilité)
et pour arriver à ce résultat il conviendrait de n'exercer
sur les esprits que la pression strictement nécessaire. On
se rend compte de l'intérêt que la connaissance de procédés permettant d'apprécier avec précision la malléabilité
mentale de chacun de leurs élèves pourrait présenter pour
les éducateurs. Il en résulterait certainement la préoccupation de proportionner la pression à exercer sur l'esprit
de l'enfant à l'étendue de sa résistance. Que d'efforts stériles, que de jugements erronés, et aussi que de châtiments
inconsidérés pourraient ainsi être évités! »

De même, au point de vue social et juridique, la question de la responsabilité criminelle et celle de la valeur
du témoignage humain changent singulièrement d'aspect,
selon que l'on connaît ou que l'on ignore l'étendue de la
suggestibilité dans l'espèce humaine.

Enfin, au point de vue médical, il suffit de songer au rôle

énorme joué par la suggestion et l'autosuggestion dans la genèse aussi bien que dans la guérison des maladies pour comprendre combien il importe au médecin d'avoir un moyen pratique de diagnostiquer la suggestibilité des malades. S'il y a exagération à prétendre, comme l'Ecole de Nancy avait tendance à le faire, que la suggestion est l'agent unique, ou même principal, de toute thérapeutique efficace, on n'en doit pas moins reconnaître avec Charcot, que chez un grand nombre de malades, « la foi qui guérit » est le plus puissant des remèdes. La question que tout médecin devrait se poser chaque fois qu'il se trouve en présence d'un malade nouveau est donc celle-ci : « Appartient-il à la classe des individus susceptibles d'être guéris ou améliorés par le traitement psychique, ou est-il, au contraire, de ceux sur lesquels les médicaments seuls, ou les régimes seuls, peuvent agir ? » La connaissance du signe de Moutin permet de répondre immédiatement à la question. Selon que le malade est ou n'est pas un *moutinien*, c'est de façon toute différente qu'il faut établir le diagnostic et le traitement de son affection. De même donc qu'il est utile ou nécessaire d'examiner un malade au point de vue de l'état de ses poumons, de son cœur, de son foie, etc., par les procédés classiques de l'auscultation, de la percussion, etc., il serait également utile ou nécessaire de l'examiner au point de vue spécial de sa sensibilité nerveuse par le procédé neurocritique, et même, comme nous l'avons montré plus haut, les deux examens devraient se faire en même temps. A notre avis, le signe de Moutin doit être envisagé comme une acquisition précieuse de la science médicale, et il mérite d'avoir une place dans la séméiologie à côté des signes classiques, signe de Sheyne-Stockes, de Romberg, de Lasègue, de Kernig, etc., qui ont immortalisé les noms de ceux qui les ont découverts.

CHAPITRE VII

La distinction des états parapsychiques.

I

On sait l'importance que Charcot et l'Ecole de la Salpêtrière attribuaient à la notion des différents états hypnotiques, et bien que la prédominance croissante des doctrines
adverses de l'Ecole de Nancy l'ait singulièrement atténuée
dans l'opinion du monde médical contemporain, on peut
se demander si cette notion, dûment précisée et généralisée, ne demeure pas quand même un des principes direc-
teurs auxquels doivent nécessairement avoir recours tous
ceux qui se préoccupent de faire rentrer l'étude des phénomènes parapsychiques dans le domaine de la science positive.

Charcot semble être parti de cette idée que l'hypnotisme
— ou l'hypnose, comme on voudra l'appeler — constitue
un état particulier, *sui generis*, du système nerveux et de
l'organisme humain tout entier, provoqué par certains
agents ou certaines manœuvres, et qui, une fois qu'il existe
et aussi longtemps qu'il dure, est défini par un certain
nombre de caractères plus ou moins étroitement liés entre
eux. Cet état diffère de l'état de veille, de ce que nous nom-
mons l'état normal, et aussi de l'état de sommeil, bien
qu'il participe à certains égards des caractères de l'un et
de l'autre. Il est lui-même susceptible de revêtir différentes
formes qui peuvent être considérées comme autant d'états
hypnotiques secondaires, ayant chacun leurs excitateurs

spéciaux et leurs caractéristiques spéciales, mais dépendant évidemment de conditions communes et se substituant
les uns aux autres avec une certaine facilité. Les principales de ces formes sont au nombre de trois : la catalepsie,
le somnambulisme et la léthargie. Elles peuvent d'ailleurs
se présenter spontanément au cours de certaines maladies
ou sous l'influence de certains agents physiques, comme
on peut aussi les faire apparaître artificiellement et d'une
façon en quelque sorte expérimentale. C'est même à l'hypnose ainsi produite, à l'hypnose expérimentale ou artifi-
cielle, que l'usage semble surtout réserver le nom d'hypnotisme.

Réduite à ces termes, la théorie de l'Ecole de la Salpêtrière nous semble être un simple exposé des faits, tels
qu'ils se révèlent à notre observation, et les objections
qu'on lui adresse d'ordinaire ne l'atteignent pas, croyons-
nous. Le tort de Charcot a été de prétendre que l'hypnose
provoquée reçoit toujours et nécessairement une de ces
trois formes nettement tranchées : catalepsie, somnambulisme ou léthargie; alors qu'il existe souvent des formes
frustes, intermédiaires, qui ne rentrent complètement dans
aucune de ces trois formes classiques; un tort plus grave
encore a été de se croire en possession de lois quasi-
mathématiques formulant les conditions déterminantes des
différents états hypnotiques et l'ordre dans lequel ils se
succèdent invariablement les uns aux autres. Sur ces deux
points la critique de l'Ecole de Nancy nous paraît avoir
victorieusement établi l'erreur de l'Ecole de la Salpêtrière,
mais il n'en reste pas moins vrai, premièrement, que l'hypnose constitue un état spécial, distinct de l'état de veille
normale tout comme celui-ci est distinct du sommeil;
deuxièmement, que la catalepsie, le somnambulisme et la
léthargie, de quelque façon d'ailleurs qu'ils se produisent,
nous présentent trois modalités distinctes de l'hypnose
répondant à trois types suffisamment définis et constants.

Pour contester cette double affirmation, il faudrait pousser le paradoxe jusqu'à soutenir qu'un homme hypnotisé, incapable de penser et d'agir par lui-même, dont les sens sont presque entièrement fermés à la plupart des impressions extérieures et qu'une volonté étrangère meut comme un véritable automate, est, en réalité, dans le même état qu'un homme en pleine possession de toutes ses facultés physiques et mentales, ou encore, qu'il n'y a pas de différence essentielle entre les poses rigides du cataleptique, les libres mouvements du somnambule et la complète résolution musculaire du léthargique. Autant soutenir l'identité de la veille et du sommeil ou de la nuit et du jour.

Il est vrai que d'un point de vue philosophique, sinon scientifique, on peut prétendre que toutes choses dans la nature se continuent et se confondent les unes dans les autres, de telle sorte que toutes les séparations, toutes les distinctions que nous mettons entre elles sont nécessairement plus ou moins relatives, arbitraires, artificielles. Qui pourra dire exactement où finit dans le spectre solaire telle couleur, violet, bleu, vert, jaune, orangé, rouge, et où commence la couleur suivante ? Les anciens connaissaient déjà cette façon de raisonner, et ils l'appelaient l'argument du chauve ou l'argument du monceau. Voici une tête couverte d'une épaisse chevelure ; j'arrache un cheveu, puis un autre, puis un autre encore ; à quel moment pourrai-je dire que la tête est devenue chauve ? Un grain de blé ne fait pas sans doute un monceau, ni deux grains de blé, ni trois, ni quatre. Combien faut-il donc de grains de blé pour faire un monceau ? De même, quand un homme s'endort, il est impossible d'indiquer à quel moment précis le sommeil a remplacé la veille ; et d'une manière générale, entre deux états extrêmes, on peut toujours imaginer une infinité d'états intermédiaires par lesquels s'opère le passage d'un de ces extrêmes à l'autre. Mais tous ces raisonnements

spécieux, auxquels conviendrait peut-être assez justement
la qualification de sophisme, n'empêchent pas qu'il y a
dans la nature des différences tranchées et même des
oppositions irréductibles, qui nous crèvent pour ainsi dire
les yeux et dont nous sommes bien forcés de tenir compte
si nous voulons y voir clair dans nos pensées et surtout si
nous voulons adapter notre pratique au monde réel.

La question qui nous occupe en ce moment à propos de
l'hypnose est d'ailleurs d'ordre très général et se retrouve,
sous d'autres formes, dans toutes ou presque toutes les branches de la science. C'est ainsi que la physique admet trois
états différents des corps ou de la matière : l'état solide, l'état
liquide et l'état gazeux, dont chacun est caractérisé par un
ensemble défini de propriétés. A ces trois états, les recherches de la science en ajouteront peut-être un quatrième :
William Crookes a en effet parlé d'un quatrième état de la
matière, qu'il a dénommé l'état radiant, et on peut même
supposer que la liste des états possibles de la matière en
contient d'autres encore. Il y a aussi très certainement
entre l'état solide et l'état liquide, entre l'état liquide et
l'état gazeux une certaine marge intermédiaire où ces différents états se touchent, se continuent, se confondent.
Mais tout ceci accordé, il n'en faut pas moins reconnaître
que la distinction des trois états : solide, liquide et gazeux
est une des bases indispensables de la physique. La chimie,
la biologie, etc., donneraient lieu très certainement à des
considérations analogues.

Nous n'avons jusqu'ici envisagé la notion d'*état* que dans
son rapport avec l'hypnose. Mais l'hypnose n'est elle-même
qu'une espèce d'un genre plus étendu, le genre des phénomènes parapsychiques. Il convient donc de généraliser
cette notion pour l'appliquer à tous ces phénomènes. En

7

d'autres termes, nous devons admettre qu'il existe en puissance dans le système nerveux et l'organisme des êtres humains un certain nombre d'états plus ou moins nettement caractérisés qui, une fois qu'ils sont actualisés, rendent possibles des phénomènes parapsychiques de diverses sortes. Ce sont ces différents états qu'il s'agirait avant tout de déterminer et d'étudier si l'on veut que les sciences psychiques reposent désormais sur de solides assises.

Nous ne pouvons ici qu'indiquer quelques-uns d'entre eux.

Les phénomènes qu'on observe au cours des séances de spiritisme peuvent-ils se ramener entièrement aux phénomènes d'hypnotisme? C'est là un problème très obscur, qui est encore bien loin de sa solution ; mais sans affirmer l'identité des deux états, il est permis de signaler de grandes analogies entre la *transe* des médiums et l'*hypnose* des sujets. De même que les différents phénomènes hypnotiques n'apparaissent chez ces derniers que lorsqu'ils ont été mis par des moyens appropriés dans un état particulier, de même, semble-t-il, les facultés spéciales des médiums ne se manifestent que lorsqu'ils sont entrés, eux aussi, dans un état qui n'est certainement pas leur état normal, nous entendons par là celui qu'on observe chez eux dans la vie habituelle, en dehors des séances spiritiques. Chez beaucoup d'entre eux cet état est nettement apparent et ressemble beaucoup au somnambulisme ; chez d'autres, il est latent et pour ainsi dire *larvé* ; mais nous savons qu'il en est parfois de même de l'hypnose somnambulique. Un sujet peut avoir toutes les apparences d'un individu parfaitement éveillé, en état tout à fait normal, et cependant, si on cherche bien, on finit par reconnaître à tel ou tel signe, qu'il est en réalité dans ce qu'on a parfois appelé un « état second ».

Pareillement, sous l'influence de très vives excitations

physiques et mentales, on voit se produire chez certains individus des états singuliers qui paraissent bien rentrer dans la catégorie de ceux dont nous nous occupons ici. Par des mouvements et des cris indéfiniment répétés, les Aïssaouas arrivent, dit-on, à mettre leur système nerveux dans un tel état d'insensibilité qu'ils peuvent supporter impunément des brûlures, des blessures qui dans d'autres conditions seraient d'une gravité souvent mortelle. Les fakirs de l'Inde doivent, dit-on, à l'emploi de tout un système de moyens ascétiques, jeûnes, exercices respiratoires, etc., le développement de facultés supernormales évidemment lié à un état spécial de leurs nerfs et de leur organisme. L'histoire des camisards des Cévennes, des convulsionnaires du cimetière de Saint-Médard, nous montre aussi que l'exaltation religieuse peut produire chez les foules un état générateur des phénomènes parapsychiques les plus extraordinaires et les plus variés. Il serait intéressant, à ce point de vue, de rechercher dans quelle mesure l'extase, l'inspiration prophétique, etc., qui sont des phénomènes extrêmement fréquents dans l'histoire de toutes les religions, peuvent être rapprochées des états précédemment énumérés.

Des causes morbides, encore mal connues, provoquent aussi l'apparition d'états similaires. Les visions de Mahomet s'expliquent, peut-être au moins en partie, par l'épilepsie dont il eut plusieurs fois des attaques. On sait que dans l'épilepsie et peut-être aussi dans quelques autres affections nerveuses, les malades sont sujets à des crises qui peuvent durer des semaines et des mois, et même revenir périodiquement, et pendant lesquelles ils vont et viennent, parlent, agissent avec toutes les apparences de l'état normal, sans avoir conscience de leur personnalité habituelle et comme si un autre *moi* avait pris chez eux la place de l'ancien. Le cas a été mis récemment au théâtre (dans la pièce *Le Procureur Haller*). Le docteur Azam, de Bordeaux,

a décrit en détail la singulière alternance de deux personnalités distinctes chez une de ses malades, Félida, devenue
fameuse dans les annales de la psychologie morbide : il
est impossible de comprendre cette alternance si on ne
suppose pas que chacune de ces deux personnalités était
liée à un état nerveux et organique particulier qui la faisait
apparaître ou disparaître en raison de ses propres vicissitudes. Le docteur Pierre Janet rapporte de même l'aventure, entre plusieurs autres, d'un jeune homme qui, sans
que rien pût faire prévoir cette fugue, abandonna tout à
coup sa famille, ayant complètement oublié tout son passé,
chemina de Paris à Melun et au delà, en faisant toutes
sortes de métiers et se retrouva finalement trois mois
après en Auvergne, en compagnie d'un vieux raccommo-
deur de vaisselle, totalement incapable de se rappeler
comment il y était arrivé et tout ce qui s'était passé dans
l'intervalle (1).

Ces exemples suffiront sans doute pour donner une idée
de la multiplicité et de la diversité des états parapsychiques, car nous n'avons pas la prétention d'en faire ici
le dénombrement complet ni même d'en essayer la classification. Notre seul objet est de montrer que de tels états
existent et de faire comprendre combien il serait intéressant et nécessaire de les soumettre à une étude méthodique.

A notre avis, ceux par lesquels cette étude devrait commencer, ce sont les états hypnotiques proprement dits,
attendu que ce sont justement ceux que nous pouvons le
plus facilement susciter et modifier à volonté, ceux qui,
par conséquent, se prêtent le mieux à l'application de la
méthode expérimentale.

(1) *Névroses et idées fixes*, II, p. 256.

III

Il importe tout d'abord de prévenir une équivoque en grande partie causée par l'imperfection de notre vocabulaire technique.

Comme les deux états normaux, habituels, qui se succèdent régulièrement dans la vie de tous les hommes sont la *veille* et le *sommeil*, il en résulte que ces deux états sont devenus pour nous les types, les étalons auxquels instinctivement nous comparons et rapportons les autres et que nous nous efforçons toujours de décrire ces derniers par des termes empruntés à la description courante des premiers. C'est ainsi qu'au lieu de considérer tous les états autres que la veille et que le sommeil comme constituant un troisième genre, un troisième état, susceptible d'ailleurs de revêtir des formes multiples et diverses, mais qui serait désigné par un terme spécial sans rapport nécessaire avec les idées de veille et de sommeil (1), nous les rapprochons plutôt du sommeil en les désignant par les mots d'hypnose, hypnotisme, somnambulisme, etc., qui dérivent de racines grecques et latines se rapportant à l'idée du sommeil. D'un homme en état d'hypnose, on dit couramment qu'il dort, et qu'il s'éveille quand il sort de cet état : hypnotiser quelqu'un ou l'endormir sont deux expressions qu'on emploie indifféremment l'une pour l'autre. De là une tendance générale à envisager l'hypnose comme une espèce de sommeil ; et par là même à attacher une importance exa-

---

(1) Il n'y a pas dans la langue usuelle de mot qui puisse servir à cet usage, même par voie d'adaptation ou de dérivation, et d'autre part on ne peut guère forger de toutes pièces un mot technique dérivé du grec tel que *trithexie* (τρίτη ἕξις, troisième état), *allothése* (ἄλλη θέσις, autre disposition, autre manière d'être) qui contrasterait par trop singulièrement avec les mots de veille et de sommeil et n'aurait aucune chance d'être généralement adopté.

gérée à ceux de ses caractères par lesquels elle ressemble en effet au sommeil ; de là, au contraire, chez quelques-uns, notamment chez les partisans de la doctrine de l'Ecole de Nancy pour lesquels la suggestion ou plutôt la suggestibilité, considérée comme une propriété naturelle, fondamentale, permanente de l'être humain est la clé de tous les phéno-mènes hypnotiques et sans doute aussi parapsychiques, une tendance à ôter toute signification et toute valeur aux caractères hypnoïdes de l'hypnose, ceux-ci ne pouvant être que des effets accidentels de la suggestion. Pour ceux qui se placent à ce point de vue, le sommeil hypnotique n'est en réalité que le sommeil naturel provoqué par sugges-tion : si l'opérateur n'avait pas cette idée préconçue que son sujet doit dormir et ne lui imposait ou ne lui insinuait lui-même cette idée, tous les phénomènes dits hypnotiques se dérouleraient aussi bien dans l'état de veille.

A notre avis, bien des controverses oiseuses, bien des difficultés s'évanouissent dès que l'on s'assure que l'état d'hypnose n'est en réalité ni un état de veille, ni un état de sommeil, mais un troisième état, d'ailleurs multiforme, qui réunit dans des proportions variables les caractères du sommeil et les caractères de la veille en y ajoutant d'autres caractères qui lui sont propres et dont le principal se trouve être justement une suggestibilité anormale, certainement très différente, quoi qu'en dise l'Ecole de Nancy, de la suggestibilité normale commune à tous les êtres humains. Il est sans doute fâcheux que le terme d'hypnose, étymolo-giquement synonyme de sommeil, serve à désigner un état qui n'est pas en réalité un sommeil ; mais il est tout aussi fâcheux que le mot de suggestion s'emploie indifférem-ment pour des faits aussi différents que l'acceptation plus ou moins réfléchie, mais en tous cas facultative, d'un conseil, d'un ordre, d'une autorité et l'obéissance automa-tique à des impulsions irrésistibles.

En résumé, les différents états par lesquels peut passer

le système nerveux de l'être humain constituent, selon nous, une sorte de spectre dont les deux couleurs extrêmes sont la veille et le sommeil, correspondant en quelque sorte au rouge et au violet du spectre solaire, et notre vie mentale est alternativement colorée par l'une et par l'autre. Mais il existe dans l'intervalle, et peut-être aussi par delà les extrémités de ce spectre, une multitude d'autres couleurs, d'autres nuances dont notre vie se teinte parfois d'une façon accidentelle et plus ou moins transitoire sous l'action de causes encore indéterminées. Les procédés hypnotiques et magnétiques dégagent et fixent quelques-unes de ces couleurs habituellement latentes ou fugitives et nous permettent de les étudier expérimentalement.

Nous avons déjà indiqué les trois états hypnotiques à peu près généralement admis : catalepsie, somnambulisme et léthargie ; mais il en existe au moins un quatrième, sur lequel l'accord, croyons-nous, pourrait aussi se faire assez facilement : c'est celui que certains auteurs ont décrit sous les noms d'état de *charme* ou de *crédulité*. Le sujet dans cet état présente toutes les apparences de la veille : ses yeux sont ouverts ; il a la complète liberté de ses mouvements ; ses bras, si on les soulève, retombent d'eux-mêmes ; sa sensibilité, le plus souvent, reste entière, mais il ne dispose plus normalement de ses facultés mentales ; il est incapable d'évoquer volontairement un souvenir : demandez-lui son nom, son adresse, ce qu'il a fait la veille, il ne pourra vous répondre ; devenu d'une extrême suggestibilité, il ne contrôle plus ses sensations ni ses actes et croit ou fait aveuglément tout ce qu'on lui dit de croire ou faire. Souvent, mais non toujours, une fois sorti de cet état, il n'en conserve aucune trace dans sa mémoire.

Il existe, croyons-nous, un état encore plus superficiel, tellement léger, tellement peu caractérisé que nous avons douté pendant longtemps de sa réalité. On pourrait l'appeler état de *torpeur* ou de *passivité*. Les sujets qui le pré-

sentent sont habituellement incapables d'être menés plus
loin. Soumis aux manœuvres hypnotiques de la fixation du
regard, des passes, de la suggestion verbale, ils paraissent
n'en ressentir aucun effet. Leurs yeux restent indéfiniment
ouverts; ils peuvent mouvoir leurs membres à volonté.
On a beau leur suggérer des sensations ou des actes, ils ne
ressentent rien, ils ne font rien de ce qu'on leur suggère.
Et cependant ils ne sont pas dans leur état habituel, dans
ce qu'on nomme l'état normal. D'abord leur pensée est,
pour ainsi dire, arrêtée. Si on leur demande à quoi ils
pensent, ils répondent invariablement : à rien, et cet état
de *farniente* me ˙ ˙l leur est, disent-ils, fort agréable.
Ferme-t-on leurs paupières, elles restent fermées, à moins
qu'on ne les défie de pouvoir les ouvrir; leurs membres
obéissent aux plus légères impulsions qu'on leur imprime,
et ils restent immobilisés dans les attitudes les plus incom-
modes ou les plus ridicules, sans avoir l'idée d'en changer.
Ils se prêtent pendant des heures entières à toutes les
manœuvres, à toutes les manipulations qu'il plaît à l'opérateur de leur faire subir, sans que leur complaisance se
révolte ou se lasse, sans que, comme on dit vulgairement,
le temps leur semble long. Cet état se dissipe d'ailleurs
avec une extrême rapidité et laisse après lui des souvenirs
très fidèles. En raison de ses caractères presque entièrement
négatifs, il n'est pas étonnant qu'il soit resté inaperçu de
la plus grande partie des observateurs.

IV

On peut se rendre compte maintenant de l'étendue et de
la complexité du champ d'études offert aux savants par
l'ensemble des phénomènes parapsychiques. Il y aurait
lieu, après en avoir dénombré et défini les principales
espèces, d'analyser chacun d'eux en y distinguant trois

moments successifs : celui où il se prépare, celui où il se constitue, celui où il se résout.

La préparation ou incubation d'un état psychique peut être extrêmement rapide, paraître même instantanée, comme elle peut demander une assez longue durée; par l'effet de la répétition ou de l'habitude, cette période initiale tend toujours à se raccourcir. Dans bien des cas, on dirait que pour que l'état se produise, un certain *quantum* d'énergie de nature spéciale soit nécessaire, exactement comme zéro degré ou cent degrés de chaleur sont nécessaires pour congeler l'eau ou pour la faire bouillir. Dès que ce *quantum* est atteint et seulement alors, l'état se trouve tout à coup constitué. C'est seulement après un certain nombre de passes que tel sujet entre en somnambulisme. L'insensibilité de l'Aïssaoua n'est *à point* qu'après qu'il s'est excité pendant un temps suffisant et avec une suffisante intensité. Le plus souvent, au moment où l'état se déclenche, l'observateur en est averti par quelque signe apparent : les yeux du sujet qui entre en hypnose se ferment ; sa poitrine se soulève et laisse échapper un soupir, etc. Mais parfois il survient insensiblement et il existe déjà depuis un temps plus ou moins long sans que rien fasse soupçonner sa présence. Le sujet continue à tenir ses yeux ouverts, rien n'est changé dans sa physionomie, son attitude : aussi l'opérateur, croyant n'être encore arrivé à aucun résultat, prolonge la fixation du regard, multiplie les passes, jusqu'au moment où quelque circonstance fortuite le fait s'apercevoir que le sujet est depuis quelque temps déjà passé à l'état d'hypnose.

En quoi consiste cette constitution, tantôt lente, tantôt brusque, de l'état parapsychique? C'est là un problème extrêmement difficile à résoudre, car de l'état une fois constitué, nous pouvons bien constater et décrire les manifestations extérieures (encore beaucoup d'entre elles nous échappent-elles, si nous ne connaissons ou ne possédons

pas les réactifs propres à les susciter) ; mais nous ne péné-
trons pas sa nature intime. Or, il faut bien nous dire que
lorsqu'un sujet, par exemple, est en somnambulisme, ce
qu'il y a de plus important dans son état, ce ne sont pas
les différents phénomènes par lesquels cet état se révèle à
nous : clôture des paupières, insensibilité des téguments,
extrême suggestibilité, etc., c'est justement ce que nous ne
voyons pas et ne pouvons pas voir, l'état particulier de son
cerveau et de ses nerfs, au point de vue de la distribution
et de la tension de la force nerveuse, de l'activité chimique
et vitale, de la circulation sanguine, etc. Ce sont tous ces
facteurs internes et inconnus qui constituent, à proprement parler, l'état parapsychique, qui en sont le *substratum*
effectif, et non tel ou tel phénomène externe plus ou moins
impressionnant, comme la suggestion, cette « tarte à la
crême » de l'Ecole de Nancy, qui s'imagine pouvoir
répondre par ce mot abstrait à toutes les questions, ainsi
que les scolastiques s'imaginaient pouvoir expliquer toutes
choses par leurs entités et leurs vertus occultes. Tant que
ce *substratum* subsiste sans changement notable, l'état se
continue ; aussitôt qu'il cesse d'être ou qu'il se modifie
dans ses éléments essentiels, l'état s'évanouit, se résout
dans un état différent.

Combien de recherches patientes et minutieuses s'imposent encore aux sciences psychiques pour tirer au clair
tous ces problèmes !

CHAPITRE VIII

La suggestion comme fait et comme hypothèse.

I

Les travaux de l'Ecole de Nancy ont définitivement mis hors de doute le rôle important que joue la suggestion dans la plupart des phénomènes parapsychiques. Que la suggestion soit un *fait* dont il n'est plus possible de contester la réalité, c'est là un point désormais acquis à la science ; mais il reste peut-être à s'entendre d'une façon absolument nette et précise sur la nature et les conditions de ce fait ; il reste surtout à déterminer avec une rigueur suffisante dans quels cas la suggestion intervient manifestement sans qu'aucun doute soit possible sur sa présence effective et dans quels cas cette présence est simplement supposée à titre d'explication ou d'interprétation plus ou moins vraisemblable : ce qui revient à dire, selon une distinction que nous avons déjà signalée dans un précédent chapitre (1), dans quel cas elle est véritablement un *fait* immédiatement prouvé par sa constatation même et dans quel cas elle est simplement une *hypothèse* dont la preuve reste à faire.

II

Il importe tout d'abord de bien préciser ce qu'on doit entendre par suggestion dans l'ordre particulier de

(1) V. chap. V : « L'hypothèse dans les sciences psychiques ».

recherches dont nous nous occupons en ce moment, car le mot peut s'entendre en plusieurs sens.

Comme nous l'avons fait remarquer ailleurs (1), il y a suggestion, selon l'acception ordinaire du mot, chaque fois qu'une personne évoque, le plus souvent par la parole, dans l'esprit d'une autre personne, une idée à laquelle celle-ci n'aurait pas été conduite par le cours naturel de sa pensée, idée susceptible d'exercer quelque influence sur ses sentiments ou sur sa conduite.

Mais dans ce sens, on ne préjuge nullement l'effet final produit par l'idée ainsi évoquée : il se peut qu'elle détermine des sentiments et des actes conformes ; il se peut aussi qu'elle soit écartée soit immédiatement, soit après examen, par la personne à qui on la suggère, mais dans l'un comme dans l'autre cas, le mot n'implique pas nécessairement l'idée d'une influence irrésistible.

Au contraire, dans l'acception spéciale que nous lui donnons ici, le mot suggestion implique l'idée d'une obéissance involontaire ou même automatique de la personne à l'idée qui lui a été suggérée, et ce qu'il y a de remarquable dans le phénomène, c'est justement cette impossibilité où se trouve la personne de ne pas faire ou de ne pas croire ce qu'on lui dit. De là, le nom de *sujet*, qu'on donne le plus souvent à l'individu ainsi suggestionné pour marquer l'état de sujétion dans lequel il se trouve en effet par rapport à celui qui lui fait une suggestion de cette sorte, et aussi le nom d'*hypotaxie* (littéralement : subordination, soumission) donné par Durand de Gros à l'état supposé du système nerveux qui rend possible cette obéissance forcée du sujet à la suggestion.

Par exemple, il y aura suggestion en ce sens, si je dis à une personne : « Avant cinq minutes vos jambes ne pourront plus vous porter, vous tomberez à genoux », et qu'elle

---

(1) *Psychologie inconnue*, chap. V.

tombe, en effet, comme je l'ai dit, malgré son incrédulité et sa résistance ; « Ce fauteuil vous attire, vous serez forcée d'aller vous y asseoir... » et qu'elle y aille: « Vous avez oublié votre nom, votre profession, votre adresse », et qu'elle ne s'en souvienne plus. « Vous avez très chaud, très froid ; vous avez envie de rire, de pleurer, de courir, etc. », et qu'elle éprouve toutes ces sensations. « Vous allez dormir, dormez », et qu'elle s'endorme, etc.

Quelques singuliers que puissent paraître ces phéno-mènes à ceux qui n'en ont jamais été témoins, il n'est pas possible de douter de leur réalité, du moins en thèse géné-rale, car dans tel ou tel cas particulier on peut évidem-ment se demander si l'individu est bien suggestionné ou s'il ne simule pas la suggestion. Mais ce serait pousser bien loin le scepticisme que de prétendre avec tel neurolo-giste contemporain (1) qu'on ne peut pas être sûr qu'il y ait jamais eu aucun cas de suggestion authentique.

Pour distinguer la suggestion ainsi comprise de la sug-gestion *ordinaire*, on la nomme souvent suggestion *hypno-tique*. La première, en effet, c'est-à-dire celle à laquelle la personne peut normalement résister, ou bien à laquelle elle obéit soit en vertu d'un consentement plus ou moins réfléchi, soit par un effet de sa crédulité et de sa docilité naturelle, se produit à l'état de veille, pendant que la per-sonne a la pleine conscience et le complet usage de toutes ses facultés ; la seconde, au contraire, à laquelle le sujet ne peut pas résister, quand bien même il en aurait le désir et à laquelle il obéit en dehors de tout consentement réfléchi par l'effet d'une crédulité et d'une docilité en quelque sorte artificielles et anormales, se produit pendant l'hypnose ou pendant un état de veille apparente plus ou moins foncière-ment analogue à l'hypnose.

A ce point de vue, la caractéristique de la seconde sorte

(1) V. chap. Iᵉʳ, p. 31.

de suggestion serait sa liaison avec un état ou une disposition *sui generis* du système nerveux, l'état ou la disposition hypnotique. En d'autres termes, la suggestion ainsi comprise serait fonction de l'*hypnotisme*, lequel pourrait donc se définir, au moins partiellement : « un état qui développe une suggestibilité spéciale absolument automatique et irrésistible ».

Pour définir plus complètement l'hypnotisme, il faudrait pouvoir le caractériser en lui-même, abstraction faite de toute relation avec la suggestion et la suggestibilité ; mais nous n'avons pas encore, dans l'état actuel de nos recherches, une connaissance suffisamment complète de ses caractères et de ses effets pour pouvoir établir cette définition.

Le nom qu'on lui donne, et qui l'assimile au sommeil, montre qu'on le conçoit généralement comme « un état de torpeur ou de stupeur cérébrale où la plupart des fonctions supérieures sont suspendues ou frappées d'inhibition », tandis qu'il se produit une dynamogénie exceptionnelle dans les centres inférieurs de l'axe céphalo-rachidien.

Telle nous paraît être la conception de la suggestion hypnotique, résultant de la simple description des faits tels que tout le monde peut les observer. Pourtant, elle se heurte à une conception toute différente qui prétend, elle aussi, se réclamer de l'observation, bien qu'elle nous semble plutôt le produit de l'esprit de système et qu'il nous soit difficile d'y voir autre chose qu'une pure construction *a priori*. Cette conception est celle de l'Ecole de Nancy.

D'après le professeur Bernheim, qui est le théoricien de cette Ecole, la suggestion hypnotique ne diffère pas, en réalité, de la suggestion ordinaire, ou, pour mieux dire, il n'y a qu'une seule sorte de suggestion qui se définit : « l'acte par lequel une idée est introduite dans le cerveau et acceptée par lui ». Donc il y a suggestion toutes les fois qu'une idée étant introduite dans l'esprit d'un individu, celui-ci l'accepte, y croit, y obéit, sent et agit en conséquence. Dès lors, la suggestion est partout dans la vie humaine : l'exemple, l'éducation, l'éloquence, l'autorité morale, autant de formes de la suggestion qui ne diffèrent pas essentiellement de la suggestion hypnotique.

Celle-ci, tout comme l'autre, dépend directement et exclusivement d'une propriété générale et normale du cerveau humain, la suggestibilité, c'est-à-dire cette crédulité et docilité naturelle, commune à tous les êtres humains, qui les porte à croire et à faire ce qu'on leur dit sous l'impression immédiate de toute idée qui leur est présentée avec une force ou une insistance suffisante.

Il est donc inutile, dans ce point de vue, de supposer que la suggestion a pour condition préalable un certain état du système nerveux, plus ou moins analogue au sommeil, et dénommé hypnotisme. Loin que la suggestion soit fonction de l'hypnotisme, c'est l'hypnotisme qui est fonction de la suggestion. La suggestion, dit le docteur Bernheim, est la clé de tous les phénomènes de l'hypnotisme. Pour mieux dire, il n'y a pas d'hypnotisme, il n'y a que la suggestion. Le soi-disant sommeil hypnotique n'est qu'un sommeil suggéré, identique en essence au sommeil ordinaire. De même qu'on peut produire par suggestion le rire, le bâillement, le vomissement, etc., on peut produire le sommeil, mais il n'y a pas de raison pour accorder une importance prépondérante à cet effet particulier de la suggestion et pour le considérer comme plus caractéristique que n'importe quel autre. Encore une fois, c'est la suggestion qui explique tout le reste et qui s'explique par elle-même.

Cependant, de l'opposition même de ces deux conceptions, on peut, croyons-nous, conclure que si la suggestion est, à certains égards, un fait, elle est à certains autres égards, une énigme qui pose un problème ou plusieurs problèmes à résoudre, et qui, par conséquent, avant d'être employé ou pour pouvoir être employé avec quelque sûreté comme hypothèse, demande à être minutieusement étudié dans ses différentes formes et analysé par tous les procédés de la méthode expérimentale.

Il ne nous semble pas que jusqu'ici ce travail préliminaire ait été fait ou du moins qu'il ait été poussé suffisamment loin.

Quoi qu'en dise l'Ecole de Nancy, les différences qui séparent la suggestion hypnotique de la suggestion ordinaire sont trop saisissantes pour qu'il soit possible de les faire disparaître par une négation pure et simple. Bon gré mal gré, ce problème s'impose à l'esprit : comment se fait-il que dans le cas de la suggestion hypnotique le sujet perde tout contrôle sur ses sensations, ses idées, ses actes mêmes et devienne comme un automate entre les mains de celui qui le suggestionne ?

L'artifice auquel a recours l'Ecole de Nancy pour supprimer la difficulté consiste, en somme, à abuser du principe de continuité. Comme nous l'avons montré dans le chapitre précédent, il est toujours possible, en se plaçant à un point de vue philosophique, sinon scientifique, de prétendre que toutes choses dans la nature se continuent insensiblement et se confondent les unes dans les autres. C'est le sophisme bien connu que les anciens nommaient le *chauve* et le *monceau*. Entre deux états extrêmes, tels que l'état normal et l'état de suggestibilité hypnotique, on peut imaginer une infinité d'états intermédiaires par lesquels s'opère le passage de l'un à l'autre. Mais il en est ainsi dans tous les ordres de faits naturels, et néanmoins cette continuité universelle n'empêche pas la science d'établir dans tous ces faits des distinctions ou même des oppositions sans lesquelles il nous serait impossible de les soumettre aux prises de notre pensée et de notre action.

D'autre part, la doctrine de l'Ecole de Nancy, si nous la

comprenons bien, ne voit dans la suggestion qu'un phénomène exclusivement psychologique, ou en tous cas si elle
ne nie peut-être pas qu'il y ait dans la suggestion des éléments extra-psychologiques, elle en fait complètement
abstraction. La définition donnée par Bernheim, que nous
avons rappelée plus haut, parle, il est vrai, du cerveau, ce
qui lui donne une apparence physiologique. Mais ce n'est
là qu'une apparence. Cette formule : « La suggestion est
l'acte par lequel une idée est introduite dans le cerveau et
acceptée par lui » ne saurait être prise au pied de la lettre.
D'un point de vue strictement physiologique, il n'y a pas
d'idée dans le cerveau, mais des cellules, des fibres, du
sang, des humeurs diverses, peut-être aussi des courants,
des décharges plus ou moins analogues aux courants et
aux décharges électriques. Pareillement, on ne voit point
comment le cerveau pourrait accepter ou rejeter une idée,
de même qu'un estomac accepte ou rejette un aliment. Le
mot « cerveau » est mis ici improprement à la place du
mot « esprit » et la définition qu'on nous donne est, en
réalité, purement psychologique. Elle ne contient aucune
indication, elle ne nous apporte aucune lumière sur ce qui
peut se passer parallèlement dans le cerveau, quand une
idée est introduite dans l'esprit et acceptée par lui.

Les analyses, d'ailleurs trop rares et trop superficielles,
que l'Ecole de Nancy a faites de la suggestion, restent toujours confinées sur le terrain psychologique. Il s'agit de
croyance, de *persuasion*, d'*attention expectante*, d'*imagination*, etc., tous termes qui se rapportent exclusivement à
des états de conscience. De même, les procédés employés
habituellement par l'Ecole de Nancy pour produire la suggestion sont, ou du moins prétendent être, d'ordre purement moral. Sans doute, on nous dit bien qu'on regarde
plus ou moins fixement le sujet, qu'on pratique de légers
attouchements sur son front, sur ses paupières, etc., mais
tous ces gestes n'ont, croit-on, aucune importance, ils ont

8

simplement pour but de fixer l'attention et de frapper l'imagination du sujet ; le véritable agent, le seul qui soit réellement efficace, c'est la parole de l'opérateur qui insinue ou impose l'idée ; et la suggestion se réalise finalement quand l'esprit croit.

L'essentiel est donc d'amener le sujet à croire, la croyance une fois installée dans son esprit emporte tout le reste.

Remarquons que la théorie des maîtres de l'Ecole de Nancy est en somme l'expression de leur pratique et de leur technique personnelles. Ce ne sont pas des savants qui expérimentent dans des laboratoires en vue de recherches entièrement désintéressées : ce sont des médecins qui opèrent dans des cliniques avec la préoccupation de guérir ou de soulager des malades ; les malades eux-mêmes viennent à eux, sachant qu'ils vont être traités par la suggestion, déjà convaincus, ou peu s'en faut, de l'efficacité du traitement, impressionnés par le pouvoir mystérieux qu'ils attribuent à celui qui va le leur appliquer.

On comprend que, dans ces conditions, n'employant ou ne croyant employer que le ressort de la persuasion, l'Ecole de Nancy, de très bonne foi, s'imagine qu'il n'en existe pas d'autre ; mais il convient de regarder ce qui se passe ailleurs que chez elle et, ce faisant, on constatera peut-être que leur formule est vraiment trop étroite pour cadrer avec tout l'ensemble des faits observés.

Tout d'abord, un assez grand nombre d'opérateurs prétendent obtenir un état particulier dit état hypnotique, le plus souvent accompagné d'une suggestibilité anormale, par des procédés purement physiques, sans l'intervention d'aucune idée. C'est ainsi que Braid dit avoir provoqué l'hypnose par la fixation prolongée d'un point brillant, indépendamment de toute suggestion.

« Je fis monter, dit Braid, un de mes domestiques qui ne connaissait rien du mesmérisme, et dans les instructions que je lui donnai, je lui fis croire que son attention fixe m'était nécessaire pour surveiller une expérience chimique devant servir à la préparation d'un médicament. Cette recommandation lui était assez familière ; il n'en fut donc pas étonné. Deux minutes et demie plus tard, ses paupières se fermaient lentement avec un mouvement vibratoire ; sa tête retomba sur sa poitrine, il poussa un profond soupir et fut instantanément plongé dans un sommeil bruyant. » De quelque façon qu'on explique ce fait, il est en tout cas impossible d'y découvrir les éléments de la suggestion proprement dite, car Braid n'avait pas suggéré à son domestique qu'il s'endormirait, mais tout au contraire lui avait recommandé de se tenir bien attentif pour surveiller une expérience de chimie. Voici un autre fait, rapporté par le docteur Lajoie, de Nashua-New, Hampshire : « Je fus appelé, il y a seize mois, auprès d'un enfant qui dormait depuis vingt heures ; très alarmés, les parents me demandent ce que cela veut dire. Je réveillai l'enfant (douze ans) assez difficilement en lui suggérant l'idée du réveil. Et ce garçon me montra sur la table une boule reluisante ; « Je m'amusais à essayer de regarder le soleil » qui donnait sur cette boule, je me suis fatigué et je ne » me rappelle plus rien. » Il est vrai que le docteur Lajoie ajoute, sans doute pour se mettre en règle avec la doctrine suggestionniste : « Il n'y a eu là évidemment pas de suggestion autre que celle due à la fatigue. » Resterait à expliquer comment la sensation de fatigue a pu suggérer à cet enfant l'idée qu'il devait s'endormir d'un sommeil susceptible de durer pendant vingt heures et au delà, tellement profond que ses parents ne pouvaient pas le réveiller et qui ne pourrait cesser que par la suggestion du réveil.

Un autre cas du même genre a été observé par le docteur Auguste Voisin. Il s'agit d'une jeune fille de vingt ans, affectée d'attaques convulsives, qu'il a hypnotisée par le moyen du miroir rotatif du docteur Luys, sans aucune suggestion.

De même le docteur Crocq (1) raconte qu'il a hypnotisé une hystérique à l'hôpital de Molenbeek par la simple fixation du regard ; on ne savait pas dans cet hôpital qu'il s'occupait de la question, et aucune manœuvre de ce genre n'y avait été provoquée. Cette malade a présenté, dès la première séance, le somnambulisme véritable, avec insensibilité complète. « Il n'y a pas, dit le docteur Crocq, de suggestion inconsciente possible dans ces conditions », et il ajoute : « Depuis lors, à tout instant, il m'est arrivé d'endormir, par la fixation d'un objet brillant, des sujets ignorant absolument ce qu'on leur voulait. »

Enfin l'hypnotisation des animaux s'explique bien difficilement dans l'hypothèse de la suggestion. Lorsqu'on hypnotise un coq par le procédé du père Kircher, c'est-à-dire en tenant son bec fixé pendant quelques instants sur une raie blanche, il faut vraiment être bien décidé à se payer de mots pour voir là une suggestion, c'est-à-dire un effet produit par une idée, comme si le coq comprenait qu'on veut qu'il dorme et se persuadait *ipso facto* qu'il lui est impossible de ne pas dormir. Mieux vaut encore se résigner à constater le fait et à confesser qu'on n'en connaît pas encore le mécanisme ; mais rien n'est plus dur pour certains esprits, cependant formés par une culture scientifique, que d'avouer ingénuement leur ignorance.

Il nous paraît donc infiniment probable qu'il existe un état particulier du système nerveux, l'hypnotisme, lié sans doute par des rapports étroits avec la suggestion, mais qui ne saurait s'y ramener entièrement. Cet état, qui ressemble au sommeil parce qu'il s'accompagne comme lui d'une sorte de stupeur ou de torpeur de l'activité psychologique de la personne, d'une diminution de son énergie mentale, d'un rétrécissement de sa conscience, d'une paralysie plus ou moins complète de sa volonté, peut-être originellement

(1) *L'hypnotisme scientifique*, p. 251.

produit par des causes purement physiques ; et il a lui-
même pour effet le plus ordinaire, mais non constant, l'apparition d'une suggestibilité anormale, excessive qui, une
fois déterminée, peut réagir sur sa propre cause et contri-
buer à susciter à son tour l'état hypnotique ou à le ren-
forcer.

L'Ecole de Nancy prétend, il est vrai, que le sommeil
hypnotique, entendons l'hypnose sous la forme classique
du somnambulisme, ne diffère pas du sommeil ordinaire,
qu'elle n'est qu'un sommeil provoqué par suggestion. Mais
cette assertion est, croyons-nous, absolument contredite
par les faits. Dans le sommeil ordinaire, le dormeur ou
n'entend pas celui qui lui parle, ou, s'il l'entend, se réveille ;
sa sensibilité tactile peut être atténuée, mais elle subsiste,
et si on le touche un peu rudement, si on le pince, si on le
pique, il réagit en s'éveillant. D'où vient que dans le sommeil hypnotique, le sujet continue à entendre son hypnotiseur, à lui répondre et surtout à lui obéir en réalisant
toutes ses suggestions, même les plus extravagantes ou les
plus absurdes ? D'où vient qu'il présente souvent une insensibilité complète, à tel point qu'on peut le toucher, le
pincer, le piquer, etc., sans qu'il paraisse rien ressentir ?
D'où vient qu'il ne se réveille que sur l'ordre de son hypnotiseur et qu'il n'ait plus à son réveil, en règle générale,
aucun souvenir de tout ce qui lui est arrivé pendant son
sommeil ou même parfois de tout ce qui l'a immédiatement
précédé ? On trouve, en effet, des sujets, et nous avons
maintes fois observé le cas, qui, une fois éveillés, ne se
souviennent pas d'avoir été endormis et soutiennent, de la
meilleure foi du monde, qu'ils ont victorieusement résisté
aux manœuvres de leur hypnotiseur, de telle sorte qu'on est
obligé, pour les convaincre, de les endormir à nouveau et
de produire soit sur eux, soit autour d'eux, quelque changement visible qui leur prouve, une fois réveillés, qu'ils
ont bien été endormis en effet.

Notons encore cette particularité du sommeil hypnotique, étrangère au sommeil ordinaire, qu'il présente parfois, chez certains sujets, le phénomène du *rapport*. Voici ce qu'il faut entendre par là. Le sujet hypnotisé semble n'avoir de relation qu'avec son hypnotiseur : c'est lui seul qu'il entend, auquel il répond ; toute autre personne est pour lui comme si elle n'existait pas, à moins qu'elle ne se mette elle-même en rapport avec l'hypnotiseur en touchant celui-ci ; mais dès que le contact cesse, elle cesse d'être en rapport avec le sujet.

La situation est donc tout autre que celle qu'on observerait, si le sujet s'endormait par l'effet de sa conviction qu'il va dormir du sommeil ordinaire ; car, en ce cas, il n'entendrait pas celui qui l'a endormi ou entendrait aussi bien toute autre personne, il se mettrait à rêver spontanément, il ronflerait, s'il le faisait d'habitude, il présenterait en un mot, dans cet état, tous les symptômes de son sommeil habituel. D'ailleurs, il s'en faut de beaucoup que les sujets hypnotisés aient conscience de dormir d'un sommeil quelconque : nous en avons rencontré en assez grand nombre qui, plongés dans un état d'hypnose profonde, à cette question : « Dormez-vous ? », nous répondaient avec une expression d'étonnement : « Mais non, je ne dors pas ».

Les partisans de la suggestion quand même essaieront sans doute de se tirer d'affaire en alléguant que toutes les différences qui distinguent en apparence le sommeil hypnotique du sommeil ordinaire sont, en réalité, des effets de la suggestion. Si le sujet soi-disant hypnotisé continue à entendre son hypnotiseur, à lui répondre, à lui obéir, c'est parce que celui-ci le lui a suggéré à lui-même. S'il ne se souvient plus de rien à son réveil, c'est encore parce que cette amnésie lui a été suggérée. Pareillement le phénomène du *rapport*, s'il est bien réel (car les suggestionnistes préféreront en général le nier que d'en donner une explication même conforme à leur théorie), ne peut être qu'un effet d'une suggestion préalable. Par malheur, toutes ces assertions sont, répétons-le, formellement contredites par les faits. Il se peut que les opérateurs de l'Ecole de Nancy suggèrent à leurs sujets de continuer à entendre et à parler une fois endormis, de n'avoir plus aucun souvenir à leur réveil, et ainsi de suite ; mais en ce qui nous concerne, et il en est certainement de même pour la grande majorité des opérateurs, nous ne faisons aucune suggestion de cette sorte à nos sujets, pas même du moins verbalement, explicitement, celle de dormir. Nous nous bornons soit à les regarder fixement dans les yeux, soit à pratiquer des passes, et nous attendons qu'un résultat se produise. Il est vrai que la fixation du regard et les passes peuvent être considérées comme suggérant implicitement le sommeil ; mais, en tous cas, le sommeil qu'elles suggèrent ne saurait être que celui dont le sujet a idée, c'est-à-dire le sommeil ordinaire. Dès lors, il faut en venir à dire que toutes les modifications et additions faites au sommeil ordinaire dans le sommeil hypnotique résultent de suggestions tout à fait indépendantes de l'action de l'opérateur. C'est le sujet qui se suggère à lui-même la continuation du rapport et même du rapport exclusif avec son hypnotiseur, l'insensibilité, l'amnésie consécutive au réveil, etc. Ceci revient à dire qu'il existe un type traditionnel du sommeil hypnotique, à l'avance connu du sujet, qui s'endort désormais sous la suggestion de ce type, et non plus sous celle du sommeil ordinaire.

Resterait à expliquer comment ce type a pu se former et s'imposer ainsi à tous les sujets. Il faudrait sans doute en rechercher les origines dans les premières expériences du magnétisme animal, car les somnambules des disciples de Mesmer, de Puységur, des Deleuze, des Dupotet présentaient déjà, avec les hypnotisés de Charcot, tous ces caractères de l'anesthésie généralisée, de l'amnésie consécutive, etc. Ce serait donc la fantaisie ou l'illusion d'un pre-

mier opérateur qui aurait, en quelque sorte, créé de toutes
pièces ce type de sommeil hypnotique, lequel se serait
ensuite perpétué par suggestion, tout sujet qu'on va
endormir sachant par tradition qu'il s'agit pour lui de
dormir non du sommeil ordinaire, mais d'un sommeil tout
à fait spécial dont il connaît bien les diverses particularités.

On aura de la peine, croyons-nous, à prendre au sérieux
tout cet échafaudage de suppositions gratuites dont la plupart sont même manifestement fausses. Le premier cas de
somnambulisme authentique constaté et décrit par les magnétiseurs est, semble-t-il, celui du fameux Victor Viélet,
qui s'endormit spontanément sous l'action des passes
faites par le marquis de Puységur et qui, d'emblée, à la
grande surprise de ce dernier, présenta tous les symptômes
du sommeil hypnotique. Il nous est arrivé plus d'une fois
d'opérer sur des sujets qui ignoraient tout de l'hypnotisme,
au point de ne pas se douter du but des manœuvres que
nous pratiquions devant eux (passes, contact des mains
sur les omoplates, etc.) et qui, cependant, tombaient d'emblée dans un sommeil profond avec anesthésie, amnésie,
rapport exclusif, etc. En revanche, il nous est arrivé aussi
très fréquemment d'opérer sur des sujets très au courant
de l'hypnotisme, très heureux d'être hypnotisés, et qui, ou
restaient complètement réfractaires à toutes nos tentatives
d'hypnotisation et de suggestion, ou ne s'endormaient que
d'un sommeil hypnotique incomplet. Tel conserve sa sensibilité intacte, et ne la perd que si on lui en fait la suggestion ; tel autre, bien qu'en apparence aussi complètement
suggestible, continue à sentir les contacts, pincements,
piqûres, etc., pratiqués sur son corps, même si on lui suggère qu'il ne les sentira pas. Presque tous, une fois éveillés,
n'ont gardé aucun souvenir de ce qui s'est passé pendant
qu'ils dormaient, bien qu'on ne leur ait nullement suggéré l'amnésie ; certains autres, auxquels on dit : « Vous ne

vous souviendrez pas », ont des souvenirs très fidèles et très lucides. Beaucoup sont en rapport non seulement avec l'opérateur, mais encore avec tous les assistants ; quelques-uns, cependant, ne communiquent qu'avec l'opérateur ou avec les seules personnes mises en contact avec celui-ci, sans qu'aucune suggestion intervienne. C'est souvent le hasard qui découvre le fait à l'opérateur lui-même, un des assistants ayant pris l'initiative de parler au sujet, lequel, par son immobilité et son silence, fait soupçonner d'abord puis vérifier qu'il ne l'avait pas entendu.

D'où viennent ces inégalités, ces différences entre les différents individus dans la manière de réagir aux manœuvres hypnotiques ou suggestives et de réaliser l'hypnose ? C'est encore une fois se payer de mots que d'invoquer ici la suggestion, même sous la forme si facile à supposer, mais si difficile à prouver, de l'autosuggestion. Si tel sujet, malgré son désir d'être endormi, malgré la complaisance avec laquelle il se prête aux tentatives de l'hypnotiseur, reste rebelle à toute suggestion, c'est sans doute qu'il s'est suggéré inconsciemment qu'on ne l'endormirait pas, qu'on ne le suggestionnerait pas. Si tel autre, même endormi, conserve sa sensibilité, c'est qu'il s'était suggéré inconsciemment qu'il resterait sensible. Et ainsi de suite. Avec cette manière de raisonner, on expliquera et on prouvera tout ce qu'on veut sans aucun frais d'observation ou d'expérience.

Consentons pourtant à nous placer sur le terrain même où se cantonne l'École de Nancy et essayons de suivre jusqu'au bout les conséquences de sa thèse. La suggestion, dirons-nous, doit sa puissance à la suggestibilité naturelle du cerveau, ou, pour mieux dire, de l'esprit humain, elle est une conséquence normale de la crédulité et de la docilité naturelle à l'espèce humaine tout entière. Pour aller plus profondément, elle est une suite de cette loi psychologique en vertu de laquelle toute idée tend à s'affirmer et

à se réaliser, à moins qu'elle n'en soit empêchée par l'égale
tendance d'une autre idée contradictoire, loi que Spinoza
semble avoir le premier énoncée, qui a été reprise depuis
par divers auteurs tels que Herbart, Dugald-Stewart,
Taine et qu'on pourrait appeler avec le philosophe français
Fouillée la loi des *idées-forces*. Toutefois nous devons
prendre garde que cette loi, qui rend possibles les suggestions proprement dites rend également possibles les autosuggestions et que celles-ci peuvent, doivent même dans
bien des circonstances être en opposition avec celles-là.
Tout individu humain est, pourrait-on dire, autosugges-
tionné sur un très grand nombre de points par ses penchants
innés ou héréditaires, ses habitudes, ses souvenirs, l'éducation qu'il a reçue, les expériences qu'il a faites au cours
de sa vie passée ; et toutes ces autosuggestions peuvent
constituer autant de contre-suggestions à l'égard de telle
ou telle suggestion particulière venant d'un individu étranger. Parmi ces autosuggestions permanentes, il convient
sans doute de ranger la foi dans le témoignage de nos
sens et de notre mémoire, la confiance dans la constance
de l'ordre de la nature au moins dans ses grandes lignes,
l'instinct de conservation et de défense personnelle qui
fait le fond de ce que nous appelons dans la pratique notre
volonté et notre liberté. Si une suggestion venue du dehors
ne contredit pas, ne heurte pas de front ces autosuggestions fondamentales, elle a des chances de se faire accepter
par nous et d'emporter notre croyance, notre consentement, ou même notre obéissance ; aussi proposerions-nous
volontiers pour toute suggestion de ce genre, le nom de
suggestion *plausible*. Que s'il s'agit, au contraire, d'une
suggestion à laquelle conviendrait le nom de *paradoxale*,
comme par exemple celle qui voudrait nous faire croire
qu'il fait nuit en plein midi, que telle personne que nous
savons être morte depuis longtemps va venir nous rendre
visite, qu'une bougie va s'allumer simplement en soufflant

dessus, que nous ne pourrons plus ouvrir ni fermer les yeux, plier les bras, remuer les jambes, etc., simplement parce qu'on nous le dit, une telle suggestion ne peut manquer d'éveiller en nous une contre-suggestion immédiate et énergique résultant justement de nos autosuggestions fondamentales. Normalement, à celui qui me ferait des suggestions de ce genre, je répondrais soit en lui riant au nez, soit en lui demandant s'il ne se moque pas de moi ou s'il n'a pas perdu la raison. Or, dans le cas d'un sujet hypnotisé, le ressort de la contre-suggestion normale ne joue pas ; les autosuggestions fondamentales sont comme paralysées, le sujet croit aveuglément l'invraisemblable, l'impossible. Le problème de la suggestion hypnotique est précisément de savoir pourquoi cette suggestion ne rencontre pas l'opposition des réducteurs habituels de toute suggestion paradoxale, et il est bien évident que ce « pourquoi » ne réside pas lui-même dans la suggestion. Tout se passe comme si une influence inconnue avait momentanément fait le vide dans l'esprit de manière à y laisser libre carrière à l'idée suggérée qui peut ainsi se développer sans obstacle. C'est cette influence inconnue sans laquelle la suggestion n'aboutirait pas, que Durand de Gros appelait *hypotaxie* et que l'on désigne plus généralement sous le nom d'hypnotisme. Ainsi, il nous a suffi de suivre assez loin la doctrine suggestionniste pour la dépasser et nous convaincre que la suggestion présuppose elle-même un autre principe.

Ceci paraîtra plus évident encore si on considère les cas où les réducteurs habituels de la suggestion paradoxale, bien qu'éveillés et agissants, se trouvent néanmoins impuissants à la réduire. Dans la pratique de l'École de Nancy, ces réductions sont, pour ainsi dire, hors de jeu ; les malades sont prévenus de la puissance du suggestionneur et disposés d'avance à en subir les effets ; les suggestions même qu'on va leur faire et qui se rapportent toutes, ils le savent, à la guérison ou au soulagement de leur mal, sont à leurs yeux non paradoxales mais plausibles. Il en va tout autrement avec un opérateur agissant sur les premières personnes venues, qui se prêtent à son action par simple curiosité, mais avec l'idée bien arrêtée qu'il n'obtiendra aucun effet. Comment retrouver les éléments de la suggestion, telle que la définit l'Ecole de Nancy, dans un cas commé celui de « Laverdant », si curieusement analysé par Durand de Gros dans son *Cours de Braidisme* (1)?

« Le sujet, dit-il, assiste pour la première fois à une séance d'hypnotisme, et en se mettant à la disposition de l'expérimentateur, il se propose de « boucher un trou » et rien de plus. Il ne se trouve actuellement sous l'influence d'aucune préoccupation suggestrice, il ne s'attend aucunement à être suggestionné, il ne sait même pas au juste en quoi doivent consister les expériences auxquelles il est venu prendre part; et toute sa pensée, c'est de profiter de l'occasion pour faire son « petit somme » habituel. Il suit toutefois l'instruction qui lui a été donnée de regarder attentivement l'objet placé dans sa main, et cela suffit pour qu'au bout d'un instant il se sente pris et qu'il le soit réellement. L'hypnotisé, qui n'a pas cessé d'être pleinement éveillé, *ne croit pas* à la réalisation possible des affirmations de son hypnotiseur, et c'est presque de l'indignation qu'il ressent, quand celui-ci pousse l'impertinence jusqu'à lui affirmer qu'il vient de le réduire à ne plus connaître une des lettres de son nom. Et quand le fait annoncé se réalise, il s'en montre stupéfait et consterné non moins qu'aucun des assistants. »

Durand de Gros croit pouvoir en conclure que, dans un cas pareil, celui qui obéit à la suggestion n'est pas le même que celui qui, la recevant, lutte contre elle de toutes ses

<hr />

(1) Sous le pseudonyme de Dr Phillps, *Cours théorique et pratique de Braidisme*, Paris, 1860.

forces. « D'une part, dit-il, la volonté propre du sujet, la volonté dont il a conscience reste entière, puisqu'il veut résister à l'expérience mystérieuse, et qu'il le veut très énergiquement jusqu'au bout. D'autre part, ce qui fait acte de foi et d'obéissance dans le sujet, ce n'est donc pas lui, à proprement parler ; c'est un autre moi que son moi (1) ».

En d'autres termes, la suggestion, dans des faits de ce genre, nous révèle un mécanisme autrement compliqué que celui que la doctrine simpliste de l'Ecole de Nancy monte et démonte avec une si belle assurance. Ce serait le cas de dire qu'il y a dans la suggestion plus de mystères que cette Ecole n'en a rêvé. Nous avons déjà montré ailleurs (2) le rôle très important joué par la cryptopsychie dans la suggestion. Il ne semble pas que les partisans de la suggestion entendue à la manière de Bernheim s'en soient doutés.

Quelle conclusion pouvons-nous tirer de toute cette discussion ? Tout d'abord la méthode qui consiste à expliquer des faits concrets par des termes abstraits tels que suggestion et suggestibilité, nous paraît antiscientifique au premier chef ; c'est un vieux reste de la méthode scolastique, un recours aux entités, aux qualités et vertus occultes. Voilà un sujet à qui je donne à ma volonté les hallucinations les plus invraisemblables, dont je paralyse à mon gré tous les organes. Quelle peut être la cause d'effets aussi extraordinaires ? C'est bien simple : tout cela c'est de la suggestion. Mais encore cette suggestion, comment s'explique-t-elle ? D'où lui vient sa puissance ? C'est bien simple encore : elle est une conséquence de la suggestibilité, propriété naturelle du cerveau humain. Ainsi on croit expliquer les faits en les affublant d'un nom, tout comme les scolastiques croyaient expliquer le sommeil produit

(1) Durand de Gros, *Le merveilleux scientifique*, Paris, Alcan, 1894.
(2) *Revue philosophique*, 1907, t. II, p. 113, « La cryptopsychie ». — *Psychologie inconnue*, chap. VI : « La cryptopsychie ».

par l'opium en disant que l'opium a une vertu dormitive.
A ce compte, il serait inutile de chercher la cause particulière de chacune des maladies dont souffre l'humanité ; il
suffirait de dire : c'est une maladie, et si l'on insistait,
d'invoquer la *morbidité*, c'est-à-dire la propriété naturelle
que possède tout organisme humain de devenir malade.
Dans cette question comme dans toutes les autres, la vraie
méthode scientifique consiste à rechercher la cause d'un
phénomène dans ses conditions matérielles, dans ses antécédents ou concomitants physiques. La suggestion et la
suggestibilité ne sont pas des causes réelles ; ce sont de
simples noms pour désigner les faits mêmes dont il s'agit
de rechercher les causes, en d'autres termes ce sont des
causes verbales, provisoires, conventionnelles, derrière
lesquelles se cachent les causes réelles, qui restent à découvrir et qui, lorsque nous les connaîtrons, nous permettront
non seulement de comprendre leurs effets mais encore de
les prévoir et de les maîtriser à notre gré. Puisque l'expérience nous montre que tous les individus humains ne
sont pas suggestibles, ou tout au moins qu'ils le sont à des
degrés différents, que même tel individu suggestible aujourd'hui dans certaines circonstances ne le sera plus
demain dans des circonstances apparemment identiques (1),
il faut bien admettre que la suggestibilité n'est pas un fait
subsistant par lui-même, un fait absolu dont il est inutile
de chercher la cause et qui peut seulement lui-même être
invoqué comme cause de toutes les suggestions particulières, mais qu'elle est au contraire un effet dépendant de
conditions encore inconnues que la recherche scientifique
a précisément pour but de connaître.

Or, nous sommes suffisamment avertis des lois générales
de la vie physiologique pour savoir que cette vie a, au

---

(1) Il existe en effet des sujets qu'on pourrait nommer *intermittents*.
Cf. *Revue philosophique*, 1886, 1, p. 325 : Ch. Richet, « De quelques
phénomènes de suggestion sans hypnotisme ».

moins en partie, ses conditions dans l'organisme, notamment dans le système nerveux et le cerveau. Il y a peut-être des cas où les phénomènes psychologiques peuvent paraître se conditionner les uns les autres, sans qu'il soit besoin, pour les rendre intelligibles, de sortir de leur série ; telle est, par exemple, une longue démonstration algébrique ou géométrique dans laquelle l'esprit semble n'avoir affaire qu'à lui-même et obéir exclusivement à ses propres lois. Mais tel n'est assurément pas le cas de la suggestion hypnotique. Pour que la parole prononcée devant un sujet, pour que l'idée introduite par cette parole dans sa conscience déclenche automatiquement des hallucinations, des amnésies, des paralysies, etc , il faut évidemment chercher la cause de tels effets en dehors de l'esprit même, dans quelque modification (de nature encore inconnue) de l'état circulatoire et nerveux des centres cérébraux et de tout le système cérébro-spinal. Tant que cette modification n'est pas produite, j'ai beau dire à quelqu'un : « Vous ne pouvez plus ouvrir les yeux, vous ne pouvez plus plier les bras et les jambes », il se moque de mes suggestions. En revanche, dès qu'elle se produit, malgré son incrédulité, malgré ses efforts pour me résister, comme on a pu le voir dans l'exemple de Laverdant, il est forcé d'obéir à mes suggestions. C'est dans cette modification nerveuse et cérébrale, dans cet état hypotaxique de l'organisme du sujet que réside la cause profonde et suffisante des phénomènes dont la suggestion de l'opérateur n'est que l'occasion, la condition déterminante.

Or, il n'y a à *priori* aucune raison de supposer que cette modification de nature physique ou physiologique, ne puisse être produite que par la suggestion, qui est d'ordre psychologique. Là où elle est possible, car elle ne l'est pas chez tout le monde, et il faut aussi que le sujet y soit disposé, elle semble bien plutôt pouvoir être produite par un grand nombre de causes différentes (on sait combien sont

nombreux et divers les différents procédés d'hypnotisation)
par toutes celles du moins qui troublent assez profondément l'équilibre habituel du système. D'autre part, comme
nous l'avons déjà montré, l'expérience prouve que des
manœuvres purement physiques, telles que, par exemple,
la fixation prolongée du regard sur un point unique (expériences de Braid, de Grimm et du docteur Philips) — sans
parler des passes — la produisent très rapidement chez un
grand nombre de sujets et préparent ceux-ci à subir les
effets de la suggestion.

Il est donc faux que l'hypnotisme, qui se confond avec
l'état hypotaxique, puisse se ramener à la suggestion, puisque bien au contraire la suggestion, dans la grande majorité des cas, a pour condition préalable l'hypnotisme. Ce
sont deux faits connexes mais distincts qui ne sont pas
nécessairement en proportion l'un de l'autre. On trouve,
en effet, des sujets qui sont suggestibles au plus haut degré,
et chez lesquels l'hypnotisme ne se produit que difficilement et reste plus ou moins superficiel, et, d'autre part, on
rencontre aussi parfois des individus qui s'hypnotisent
avec la plus grande facilité et sur lesquels la suggestion
n'a guère de prise (1). Il y aurait grand intérêt à démêler
toutes ces anomalies, non au hasard des observations
faites dans une clinique, mais par des recherches expérimentales méthodiquement poursuivies dans un laboratoire.

Faute de cette étude, la suggestion restera longtemps
encore un fait certain mais énigmatique, et son usage
comme hypothèse devra s'entourer de beaucoup de précautions et de réserves.

(1) Nous croirions volontiers que l'apparition de la suggestibilité est
une caractéristique de l'hypnotisme, mais seulement dans sa phase
initiale ou moyenne, et qu'à mesure que celui-ci s'approfondit, celle-là
s'affaiblit et tend finalement à disparaître. Il n'y a là qu'une hypothèse,
mais qui vaudrait la peine, pensons-nous, d'être vérifiée et qui, en
tous cas, pourrait servir de fil conducteur pour des recherches expérimentales.

III

Nous avons distingué deux emplois différents de l'hypothèse, l'un théorique, l'autre expérimental, selon qu'on la fait servir à expliquer des faits déjà connus ou à expérimenter pour découvrir des faits nouveaux ou prouver une loi nouvelle.

La suggestion peut jouer dans les sciences parapsychiques ce double rôle, et nous devons l'envisager tour à tour comme hypothèse théorique et comme hypothèse expérimentale.

C'est surtout — peut-être même exclusivement — au premier de ces deux points de vue que s'est placée l'Ecole de Nancy; la suggestion a été surtout entre ses mains un procédé d'explication par lequel elle s'est efforcée de rendre compte des divers phénomènes hypnotiques et de leurs différentes particularités, en d'autres termes de systématiser ces phénomènes en les faisant tous dériver d'un principe unique, et dans l'accomplissement de cette tâche elle a eu recours beaucoup plus au raisonnement qu'à l'expérience proprement dite.

On s'étonnera peut-être de cette assertion et on en contestera l'exactitude en faisant observer que les partisans de cette Ecole font un usage constant de la suggestion dans leur pratique. C'est par la suggestion qu'ils endorment leurs malades; c'est par elle qu'ils provoquent chez eux toutes sortes de phénomènes aussi bien d'ordre physique ou physiologique que d'ordre mental; par elles qu'ils instituent le traitement des affections les plus diverses. Cet usage pratique de la suggestion n'a rien à voir avec l'hypothèse expérimentale qui est tout autre chose qu'un simple procédé opératoire. Sachant que la suggestion produit tels et tels effets, il est tout naturel qu'on l'emploie quand on

désire les obtenir, et il n'entre là dedans aucune espèce
d'hypothèse, à moins cependant qu'on n'essaie d'obtenir
par le moyen de la suggestion quelque effet dont on ignore
si elle est réellement capable de le produire.

Toutefois il ne sera pas inutile, pour la clarté de cette
étude, d'envisager d'abord la suggestion comme procédé
opératoire avant de l'envisager comme hypothèse soit théorique soit expérimentale. Cette considération préliminaire
aura l'avantage de déblayer le terrain pour la discussion
qui suivra.

Le premier et principal usage qui ait été fait de la suggestion dans l'Ecole de Nancy, notamment par le docteur
Liébeault, fondateur de cette Ecole, avait pour but la guérison ou le soulagement des malades. Quand le docteur
Liébeault demandait à ses malades pourquoi ils venaient
à lui, chacun d'eux lui faisait invariablement cette réponse :
« Je viens pour être guéri. » De même dans la clinique du
docteur Bernheim, il s'agissait avant tout de traitement.
Il semble bien que la technique opératoire nancéienne
comporte deux opérations successives, la première servant
simplement à préparer et, pour ainsi dire, à amorcer la
seconde. On doit toujours endormir le malade ou du moins
l'influencer, le mettre dans un état qui le rende apte à
recevoir la suggestion et à la réaliser. Puis, une fois que
les voies ont été ouvertes, on imprime dans son esprit l'idée
qui, par un processus assez mystérieux, provoquera elle-
même dans l'organisme les réactions d'où résultera le
retour à la santé. Il est manifeste que dans cette seconde
opération, c'est la suggestion qui occupe seule la scène,
sous sa forme la plus authentique, suggestion verbale et
directe : « Ta fièvre va tomber, commande-t-on au malade;
tu n'auras plus de transpiration excessive ; tu auras grand
appétit, etc. » Dans la première opération, la suggestion
peut être renforcée par des adjuvants qui parfois la dissi-
mulent, la masquent plus ou moins complètement ; c'est ce

qu'on a appelé la suggestion *armée*. Sur le malade déjà influencé par la réputation, par l'entourage, etc., l'opérateur agit non seulement par la parole mais encore par le regard, par les attouchements sur les paupières, sur les tempes, voire même par les passes. Tout cela d'ailleurs dans sa pensée n'est au fond que de la suggestion, suggestion indirecte, tacite, destinée à compléter la suggestion directe, celle qui se fait par la parole et qui consiste dans l'énumération des symptômes qu'on veut faire apparaître : « Vous ne pensez plus qu'à dormir ; vos paupières sont lourdes ; elles vont se fermer, elles se ferment, etc. »

D'ailleurs, quand il s'agit d'obtenir un résultat pratique, peu importe la nature, théoriquement connue ou inconnue, du procédé que l'on emploie ; l'essentiel, c'est qu'il soit efficace. Pour se servir de la suggestion, il n'est pas nécessaire de savoir ce qu'elle est au fond, pas plus que l'électricité. Souvent même, si un procédé ne réussit pas, on le remplace par un autre ; selon l'expression populaire on fait flèche de tout bois. C'est ainsi que Liébeault et Bernheim, ayant vainement essayé de guérir une femme de douleurs d'estomac par la suggestion directe, n'hésitèrent pas à recourir aux passes dont ils attribuèrent d'ailleurs le succès à la suggestion. Pareillement des partisans exclusifs du magnétisme animal ou de l'hypnotisme usent dans bien des cas de la suggestion quand il s'agit pour eux non de prouver telle ou telle théorie, mais simplement d'obtenir un résultat. C'est qu'alors l'important est de réussir.

Cependant, si l'École de Nancy a surtout employé la suggestion pour des fins thérapeutiques ou médicales, elle l'a aussi employée, quoique moins fréquemment, pour des fins expérimentales, par exemple dans ses controverses avec l'École de Paris. Mais ce second usage, comme le premier d'ailleurs, n'est possible que parce qu'on a pu d'avance être informé par des observations suffisamment répétées et variées de la liste des principaux effets que la suggestion

est capable de produire. Inutile d'avoir recours à la suggestion pour produire chez un sujet une certaine modification physique ou mentale si l'on sait d'avance qu'elle est
impuissante à la susciter, comme, en revanche, on l'em-
ploiera délibérément s'il s'agit d'un effet qui rentre dans
le champ de son action. Il est donc extrêmement intéressant pour l'opérateur de savoir jusqu'où s'étend et où s'arrête le pouvoir de la suggestion; car, évidemment, si
étendu qu'il puisse être, il ne peut manquer d'avoir ses
limites.

La suggestion a sans doute pour limites les possibilités
et les nécessités résultant des lois naturelles; vraisemblablement, elle ne peut pas faire de miracles. Par exemple,
si je suggère à un sujet qu'il ne mourra jamais, je peux
faire qu'il croie absolument à son immortalité, qu'il s'imagine être désormais à l'abri de la mort; mais ferai-je pour
cela qu'il devienne immortel en effet? Si je suggère à un
sujet qu'il a très chaud ou très froid, il ressentira, en effet,
subjectivement ces sensations; mais il n'est pas certain que
la température de son corps haussera ou baissera à proportion et qu'un thermomètre mis en contact avec sa peau
marquera quarante degrés ou zéro degré; à plus forte
raison personne ne supposera que la température de la
chambre va effectivement s'élever ou s'abaisser conformément aux imaginations et à la croyance du sujet.

Peut-être introduirons-nous un premier élément de
clarté dans la question en distinguant deux grandes classes
d'effets de la suggestion, effets subjectifs et effets objectifs,
bien que dans la pratique ils soient inséparablement liés
les uns aux autres.

Etant donnée la nature de la suggestion, telle que nous
l'avons définie d'après l'Ecole de Nancy, à savoir comme
en état de conviction, de persuasion, de foi absolue, il n'y
a, semble-t-il, rien d'étonnant à ce qu'elle ait des effets
subjectifs d'une puissance en quelque sorte illimitée; mais

ses effets objectifs ne sont pas également faciles à comprendre.

Ainsi, pour reprendre l'exemple donné plus haut, si je suggère à un sujet qu'il fait un froid intense, un froid de dix degrés au-dessous de zéro, il semble naturel que le sujet croie ce que je lui dis et qu'il éprouve ou s'imagine éprouver une sensation de froid tellement vive qu'il frissonne, claque des dents, etc. (1), mais il n'y a dans tout cela qu'un effet subjectif ; à savoir une croyance et une sensation ou plutôt une hallucination impliquée dans cette croyance même. Il est vrai que le frisson, le claquement des dents, etc., sont des phénomènes objectifs ; mais ces phénomènes sont-ils bien des effets directs de la suggestion ? Ne sont-ils pas immédiatement liés à la sensation, et par conséquent aussi à l'image hallucinatoire, de quelque façon que celle-ci surgisse dans l'esprit, avec ou sans suggestion ? Il y aurait au contraire un effet objectif incontestable si le thermomètre mis en contact avec la peau du sujet accusait un abaissement sensible de température, surtout un abaissement jusqu'à dix degrés au-dessous de zéro, et comme un tel effet ne s'observe certainement pas dans le cours ordinaire des choses, il faudrait bien en ce cas l'attribuer à la suggestion. Mais alors il faudrait admettre en même temps que la suggestion fait apparaître ou développe dans l'être humain des pouvoirs nouveaux vraiment *extraordinaires*, par lesquels sont profondément modifiées les relations habituelles du subjectif et de l'objectif. En fait, c'est bien ce que nous constatons dans la plupart des cas de thérapeutique suggestive. Nous ne semblons

(1) Notons cependant que nous avons rencontré un sujet qui, sous l'effet de cette suggestion d'un froid intense, ne pouvait s'empêcher de frissonner, de claquer des dents, etc., tout en nous déclarant qu'il ne ressentait pas subjectivement la sensation de froid, celle-ci restant à l'état de simple idée. Cf. *Revue philosophique*, 1886, I, p. 325, dans l'article déjà cité de M. Richet : « De quelques phénomènes de suggestion sans hypnotisme ».

pas avoir dans l'état normal la faculté de régler à notre
gré nos différentes fonctions physiologiques, ou en tout,
cas cette faculté reste en nous latente et inactive. Mais qu'un
individu soit mis en état d'hypnose ou, si on aime mieux, de
suggestibilité effective, et le voilà devenu capable de déterminer à volonté, sur un simple mot de l'hypnotiseur ou du
suggestionneur, l'anesthésie complète de tel de ses organes
ou de son organisme tout entier, à moins que ce ne soit
une hyperesthésie qui tient du prodige, la paralysie de
toutes ses forces musculaires ou leur exaltation paroxys-
tique, la mise en jeu de toutes les énergies vitales pour
la lutte contre les microbes ou la réparation des tissus
altérés par des causes morbides, etc. Ici encore nous
touchons au mystère, ou plus exactement, à l'énigme de
la suggestion, car on ne peut s'empêcher de penser que
derrière ce qu'*on voit* dans la suggestion, à savoir la
parole de celui qui suggère l'idée et la foi de celui qui l'accepte (et nous savons que cette foi peut à la rigueur faire
défaut, si nous nous rappelons le cas de Laverdant), il y
a aussi ce qu'*on ne voit pas*, c'est-à-dire l'état inconnu du
subconscient et du système nerveux du sujet, peut-être
même quelque influence inconnue émanant de l'opérateur
dont il ne se doute pas lui-même.

Il est vrai que, comme nous l'avons remarqué plus haut,
il n'importe pas, pour l'usage pratique de la suggestion, que
nous sachions ou que nous ignorions en quoi consiste sa
véritable nature; mais, d'autre part, s'il est une fois admis,
comme un grand nombre de faits paraissent nous autoriser
à le faire, que la suggestion met au jour dans l'être humain
des puissances inédites, on ne voit pas pourquoi on impo-
serait *à priori* une limite à ce qu'il est possible d'en attendre
et pourquoi, par conséquent, on n'essaierait pas de lui
demander même les effets les plus invraisemblables, l'expérience seule pouvant nous renseigner *à postériori* sur ce
dont elle est ou n'est pas capable. C'est sans doute pour

ce motif que les anciens magnétiseurs n'hésitaient pas à suggérer à leurs sujets de percevoir des choses situées hors du champ d'action normal de leurs sens, et prétendaient faire ainsi apparaître chez eux la double vue, sans toutefois affirmer que leur suggestion fît autre chose que révéler une faculté naturelle préexistante et en elle-même indépendante de la suggestion.

Quelle que soit sur ce point particulier l'opinion des différentes Écoles, il n'y a pas lieu, nous semble-t-il, de limiter dans la pratique l'usage de la suggestion à telle ou telle catégorie d'effets ; seule l'expérience peut nous apprendre ses véritables limites.

IV

Il nous faut maintenant examiner ce que vaut la suggestion comme principe d'explication de tout cet ensemble de phénomènes que nous désignons sous le nom de parapsychiques, car, en disant que la suggestion est la clé de tous ces phénomènes, les partisans exclusifs de la suggestion veulent dire, à notre avis, que tous ceux de ces phénomènes qui sont réels doivent pouvoir s'expliquer par la suggestion et, inversement, que tous ceux qu'elle n'explique pas doivent être tenus pour inexistants et apocryphes.

On nous permettra d'opposer à cette assertion catégorique trois objections préjudicielles.

La première, c'est que dans un ordre de recherches aussi difficile et encore aussi peu avancé, la prétention ou même la préoccupation d'expliquer, de théoriser, de tout ramener à un seul principe, n'est rien moins que scientifique. Une besogne plus urgente s'impose : observer un nombre de faits toujours croissant dans des conditions de certitude et d'exactitude aussi rigoureuses que possible, les comparer, les classer, les analyser, les soumettre en un mot à tous les procédés de la méthode scientifique pour tâcher d'en découvrir les lois. Peut-être, avons-nous dit ailleurs (1), n'est-ce pas un paradoxe, mais la simple expression de la vérité, de prétendre que le véritable esprit scientifique consiste à se désintéresser du besoin d'explication et à se réduire volontairement à la seule recherche du déterminisme des phénomènes. Il est vrai que l'hypothèse intervient nécessairement dans cette recherche, mais il s'agit alors de l'hypothèse expérimentale, qui a pour but non d'expliquer des faits et des rapports déjà connus, mais de découvrir de nouveaux faits et de nouveaux rapports et qui d'ailleurs, loin de se suffire à elle-même, n'a sa raison d'être que dans l'expérimentation qu'elle suscite et qui la contrôle. Au contraire, l'hypothèse théorique, celle qui a pour but la coordination et l'intégration des résultats acquis, se place au dernier terme des opérations de la méthode, non dans le cours même de la science en train de se faire, mais quand celle-ci est au bout de ses recherches. Peut-on croire que l'étude des phénomènes parapsychiques en soit vraiment arrivée là?

En second lieu, toute tentative pour rendre compte d'un ensemble de faits aussi nombreux et aussi variés que ceux dont nous nous occupons ici se heurte à la difficulté résultant de la pluralité ou de l'intersuppléance des causes. Les partisans exclusifs de la suggestion raisonnent toujours comme si le même phénomène était toujours produit par la même cause. Or, dit Stuart Mill « il n'est pas vrai que le même phénomène est toujours produit par la même cause : l'effet peut venir quelquefois de A, quelquefois de B. Il y a souvent plusieurs façons indépendantes dont le même phénomène peut avoir pris naissance. Beaucoup de causes peuvent produire le mouvement mécanique ; beaucoup de causes peuvent produire certaines espèces de sensations ; beaucoup de causes peuvent produire la

(1) *Psychologie inconnue*, p. 192.

mort. Un effet donné peut réellement être produit par une certaine cause et cependant être parfaitement capable de se produire sans elle. » Ainsi, de ce que la suggestion produit en effet certains phénomènes parapsychiques (comme par exemple le somnambulisme), il ne s'ensuit pas *ipso facto* que ces mêmes phénomènes ne puissent pas être produits par une cause autre que la suggestion.

Troisièmement enfin, on conviendra sans doute qu'un principe d'explication est d'autant plus satisfaisant, d'autant plus sûr qu'il est plus clair, plus lumineux ou, pour parler sans métaphores, qu'il contient une moindre part d'inconnu. Or, l'analyse que nous avons faite plus haut de la suggestion, soit comme fait, soit comme procédé opératoire, nous a montré qu'il est peu de faits plus obscurs et où la part de l'inconnu soit plus considérable. Expliquer tel ou tel fait parapsychique par la suggestion, c'est dans bien des cas expliquer *obscurum per obscurum*, sinon même *per obscurius*.

Toutes ces objections, qui nous paraissent très fortes si on les adresse à la suggestion-hypothèse théorique, perdraient singulièrement de leur force si elles visaient la suggestion-hypothèse expérimentale, car, dans ce cas, il s'agirait non plus d'une explication qui se donne pour complète et définitive de tout un ordre de phénomènes, mais d'une simple interprétation provisoire de tel phénomène particulier ou de tel groupe particulier de phénomènes, qui, même erronée, porte avec elle son correctif puisqu'elle enveloppe en elle-même le projet et le plan d'une expérimentation par laquelle elle pourra être immédiatement confirmée ou infirmée.

Or, il ne nous semble pas que jusqu'ici les suggestionnistes se soient donné la peine, sauf dans de rares exceptions, d'étayer leurs affirmations et leurs déductions par des épreuves et surtout par des contre-épreuves expérimentales. Leur méthode consiste en général à montrer que la suggestion peut produire et, par conséquent, expliquer tous les phénomènes parapsychiques, si on la suppose présente et agissante parmi les circonstances qui les accompagnent et à conclure que c'est elle, en effet, qui les produit et les explique dans tous les cas, même dans ceux où il est impossible de prouver qu'elle y soit présente et agissante ; et même si on pouvait prouver qu'elle en était certainement absente et qu'elle n'a pu y agir en aucune façon, on en devrait conclure, selon eux, que ces phénomènes dont on cherche l'explication sont en réalité imaginaires, illusoires, pour tout dire en un mot, non-scientifiques.

Ainsi, considérons tout d'abord la suggestion elle-même ; contient-elle sa propre explication ? Oui, répondent les suggestionnistes, car elle s'explique par la suggestibilité naturelle de tout cerveau humain. D'une part, tout être humain est porté à croire ce qu'on lui dit, et, d'autre part, il lui suffit de croire pour être porté à réaliser sa croyance, soit dans le domaine de la perception, soit dans celui de l'action. Ainsi s'explique théoriquement la suggestion, et pour vérifier expérimentalement la théorie on se contente de montrer qu'en mettant en jeu par la parole la crédulité de tel ou tel sujet, on lui fait effectivement voir ou faire les choses les plus invraisemblables. Cette façon de raisonner et d'expérimenter est celle que Bacon appelait une induction « *per enumerationem simplicem, ubi non reperitur instantia contradictoria* », induction par simple énumération, où on ne s'inquiète pas de rechercher les faits contradictoires. Oui, il y a des gens qui sont suggestionnés avec la plus grande facilité par la parole d'autrui ; mais est-ce que ce sont toujours et nécessairement des gens d'un naturel crédule ? N'en trouve-t-on pas aussi, comme des Laverdant, qui ne sont nullement disposés à croire et sur lesquels cependant la suggestion mord, malgré leur incrédulité ? Inversement, n'y a-t-il pas des gens qui,

croyant à la toute-puissance de la suggestion, ardemment
désireux d'être suggestionnés, ne réussissent pas cependant
à réaliser les suggestions qu'on leur fait ? Ce sont justement ces cas négatifs — dont on croit trop souvent pouvoir
se débarrasser en les qualifiant d'*exceptionnels* — qui sont
les cas vraiment significatifs et instructifs, ceux qui,
nous empêchant de nous arrêter aux causes apparentes,
orientent nos recherches vers la détermination des causes
réelles.

Nous avons déjà fait voir combien l'hypothèse de la
suggestion est insuffisante à expliquer toutes les particularités de l'hypnotisme. Elle n'explique, en effet, ni le
rapport exclusif du sujet avec l'hypnotiseur, ni la transmissibilité de ce rapport à l'assistant mis en contact avec
l'hypnotiseur, ni l'anesthésie spontanée du sujet, ni l'amnésie consécutive, ni la mise en jeu des puissances cura-
tives de l'organisme et peut-être d'autres puissances plus
mystérieuses encore, ni tant d'autres circonstances qui ne
se rencontrent pas sans doute dans tous les cas, mais qui
s'observent assez fréquemment pour qu'on ait le droit d'en
demander l'explication à toute hypothèse qui se prétend
en mesure de nous donner « la clé de tous les phénomènes
de l'hypnose ».

Sans doute, une fois ces particularités connues, il est
toujours possible d'essayer de les reproduire, nous dirions
volontiers de les imiter, de les simuler au moyen de la
suggestion. Il faut, en effet, reconnaître que la suggestion
est un principe d'imitation et de simulation tout à fait
extraordinaire. Par exemple, on peut suggérer à un sujet
qu'une fois endormi il ne sera en rapport qu'avec son
hypnotiseur, et dans ce cas le rapport exclusif, œuvre
de la suggestion, imitera, simulera ce même rapport tel
qu'il se produit spontanément dans d'autres cas en
dehors de la suggestion ; de même on peut suggérer à un
sujet que toute sensibilité sera abolie dès qu'il sera

endormi ; et, dans ce cas, l'anesthésie totale, œuvre de la suggestion, imitera, simulera cette même anesthésie telle qu'elle se produit spontanément dans d'autres cas en dehors de la suggestion, et ainsi de suite. Mais, dirons-nous, on peut de même imiter, simuler chez un sujet les effets purgatifs de l'huile de ricin en lui faisant avaler de l'eau claire : en conclura-t-on que celui qui prend de l'huile de ricin en dehors de toute suggestion expresse n'est en réalité purgé que par la vertu d'une suggestion tacite? Or, c'est un raisonnement ou plutôt un sophisme de ce genre qui est à la base de toutes les prétendues démonstrations expérimentales des suggestionnistes exclusifs. D'autre part, quelque grand que soit ce pouvoir d'imitation et de simulation, il n'est pas sans défaillances ni sans limites. Il nous est arrivé plus d'une fois d'affirmer impérativement à un sujet qu'une fois endormi il ne serait en rapport qu'avec nous-même, ou qu'il aurait perdu toute sensibilité tactile, ou qu'une fois éveillé il n'aurait aucun souvenir de tout ce qui se serait passé pendant son sommeil, et de constater que malgré nos suggestions, le sujet continuait à être en rapport avec tous les assistants, à sentir tous les contacts, à se rappeler tout ce que nous avions pu lui dire ou lui faire. Enfin il est telle particularité du somnambulisme profond, telle que la transmissibilité du rapport par contact ou conduction, telle aussi que l'extériorisation de la sensibilité, que la suggestion seule, sans le concours d'une certaine fraude, sera toujours impuissante à imiter.

Aussi, la grande tactique des suggestionnistes purs consiste-t-elle à nier tous les phénomènes qu'ils ne peuvent expliquer ni reproduire par la seule suggestion. « Nous n'avons jamais constaté, disent-ils, l'extériorisation de la sensibilité, la transmissibilité du rapport par contact ou conduction, la clairvoyance, etc. ; donc, à nos yeux, ces phénomènes n'existent pas. Ceux qui ont cru les observer ont été dupes de la fraude des sujets ou de leur propre illusion. » Reste à savoir s'ils ont jamais essayé de se placer dans les conditions qui leur auraient permis de les constater. Systématiquement décidés à n'employer jamais dans leurs expériences que la suggestion, ils se sont ainsi condamnés à jamais voir autre chose que la suggestion et les effets de la suggestion ; et c'est de la meilleure foi du monde qu'ils déclarent qu'il n'y a pas et ne peut pas y avoir autre chose. C'est ainsi que le docteur Bernheim a tenu pour nul et non avenu le curieux travail sur le *Zoomagnétisme*, où son maître, le docteur Liébault, confessait l'existence d'un principe analogue par ses effets à la suggestion, mais différent par sa nature et qui n'était autre que le vieux magnétisme animal de Mesmer, Puységur, Deleuze, du Potet, etc. C'est ainsi encore que tout le domaine de la cryptopsychie, de la télépathie, de la suggestion mentale et, à plus forte raison, du spiritisme demeure fermé aux partisans d'une école qui prend les bornes de sa doctrine pour celles de la science et de la réalité.

CHAPITRE IX

Le magnétisme animal ou « biactinisme ».

I

L'organisme humain possède-t-il réellement la propriété de rayonner et d'agir à distance, ou tous les faits dans lesquels on a cru constater cette propriété se réduisent-ils à des observations mal faites ou mal interprétées ? C'est là une question sur laquelle on discute encore, et il ne semble pas que l'accord soit près de se faire sur ce point entre les savants, dont la grande majorité, il faut bien le dire, semble plutôt pencher pour la seconde solution. Pourtant le problème est assez intéressant et il présente, au point de vue de l'orientation générale des recherches psychiques, une trop grande importance pour qu'il ne soit pas nécessaire de l'examiner ici en détail.

Mesmer paraît avoir le premier affirmé l'existence de ce rayonnement de l'organisme, comparé par lui à celui de l'aimant, ou plutôt considéré par lui comme étant, ainsi que le rayonnement de l'aimant, un cas particulier, une forme particulière d'une énergie universelle. En tout cas, c'est avec lui qu'a commencé l'usage de désigner ce rayonnement par l'expression de *magnétisme animal*, quelquefois modifiée en celle de *magnétisme vital*. Peut-être une partie de la défaveur qui s'est attachée et s'attache encore dans le corps des savants officiels à toute affirmation ou même à toute étude du rayonnement humain vient-elle justement de cette dénomination. Ce ne serait pas la seule fois où les mots auraient fait tort aux idées. L'expression *magnétisme animal*, en effet, ne désigne pas seulement un certain ensemble de faits, elle implique en même temps une hypothèse, elle préjuge l'explication de ces faits. Par suite, tous ceux à qui cette hypothèse répugne, tous ceux qui jugent cette explication inadmissible rejetteront en bloc les faits eux-mêmes qu'ils se refuseront à examiner ou qu'ils déclareront *a priori* impossibles, illusoires, inexistants. N'est-ce pas cè qui arriva aux commissaires du roi chargés de contrôler officiellement les assertions de Mesmer? Nous remarquons de nos jours une confusion toute pareille et qui a les mêmes fâcheuses conséquences, à propos du spiritisme. Ce mot a aussi le tort de désigner deux choses très différentes et en réalité tout à fait distinctes l'une de l'autre : d'une part, un certain ensemble de faits, ceux que nous avons proposé de nommer spiritiques ou spiritoïdes ; d'autre part, une doctrine proposée par un groupe particulier de gens pour l'explication de ces faits. Admettre l'existence de ces faits, au moins comme objets d'étude possible, ce n'est nullement affirmer la vérité de cette doctrine, et néanmoins ceux qui rejettent la doctrine se croient *ipso facto* autorisés à nier les faits.

De même le mot *magnétisme animal* a le tort de désigner tout à la fois : 1° cet ensemble de faits où semble se manifester une sorte d'action à distance de l'organisme humain et que nous avons nommés *magnétoïdes* sans prétendre d'ailleurs préjuger en rien leur nature, et 2° une théorie, celle de Mesmer et de ses disciples, qui se présente à nous comme une explication systématique de ces faits plus ou moins assimilés aux phénomènes du magnétisme physique. Ne saurait-on admettre les faits du magnétisme animal, au moins, répétons-le, comme objets d'étude possible, sans être obligé du même coup de professer la doctrine du magnétisme animal, sous la forme que Mesmer lui a donnée ou sous telle autre forme particulière?

Le moyen de remédier à cet inconvénient serait peut-être de renoncer résolument, pour désigner les faits dont il s'agit, à ce vocable traditionnel de *magnétisme animal* et à tous ceux qui s'y rattachent, même à celui de *magnétoïde* et d'employer des mots entièrement nouveaux, des néologismes tirés du grec ou du latin, comme l'ont fait Braid et Bernheim en groupant sous les noms d'*hypnotisme* et de *suggestion* les phénomènes décrits par eux et qu'ils considéraient, à tort ou à raison, comme réellement différents de ceux du magnétisme animal. Malheureusement, il est bien difficile de lutter victorieusement contre l'usage et la tradition et même nous ne voyons pas que beaucoup d'efforts aient été faits dans ce sens. Les seuls qu'on puisse citer, à notre connaissance, sont celui de Reichenbach appelant *od* ou *odyle* (1) l'agent supposé du rayonnement humain (capable d'ailleurs de produire en dehors de l'homme et dans toute la nature des effets du même genre) et celui du professeur Thury (de Genève) donnant à ce même agent le nom de *psychode* (2). Mais ces dénominations sont restées confinées dans les ouvrages de leurs inventeurs, et elles ont, en quelque sorte, séché sur pied. Il en a été de même du terme *ecténéique* (3) (état ecténéique, force ecténéique), par lequel ce même professeur Thury désigne l'état dans lequel l'être humain peut étendre hors de son organisme les limites de son action et la force qui se développe dans cet état. Aucun de ces mots, bien qu'ils eussent tous l'avantage de n'impliquer aucune hypothèse

(1) C'est ce dernier nom qu'emploie de préférence William Gregory dans son intéressant ouvrage *Letters to a candid inquirer on animal magnetism*.

(2) *Les tables tournantes considérées au point de vue de la question de physique générale qui s'y rattache*, Genève, 1855.

(3) Du mot grec ἐκτενεία, extension. On a proposé, croyons-nous, une forme abrégée du mot, *eclen*, pour désigner la force, et *eclénique*, pour qualifier tout ce qui se rapporte à cette force, mais sans beaucoup plus de succès.

sur la nature essentielle et la cause profonde de faits envi-
sagés, n'a réussi à supplanter dans l'usage courant la
vieille appellation de magnétisme animal. Nous en avons
une preuve dans le titre donné par le docteur Baréty à son
grand ouvrage *Le magnétisme animal étudié sous le nom
de force neurique* (1), où la dénomination nouvelle de *force
neurique* n'ose en quelque sorte se produire que sous le
couvert et le patronage de l'ancienne, malgré tout le dis-
crédit qui s'attache dans les milieux scientifiques à cette
dernière.

Il serait pourtant bien nécessaire de rompre avec toutes
les associations d'idées qu'entraîne avec elle cette expression de magnétisme animal et qui contribuent certainement, pour une bonne part, à entretenir les préventions
défavorables de la majorité des savants en cette matière.
Il n'est pas douteux que les faits dits de magnétisme animal présentent de prime abord des analogies singulières
avec les faits du magnétisme physique; mais ces analogies
peuvent n'être qu'apparentes et superficielles; il est fort
possible qu'une étude plus approfondie nous amène à
conclure qu'il n'y a aucune ressemblance essentielle entre
ces deux ordres de faits; et d'ailleurs la conception que
nous nous faisons du magnétisme physique est elle-même
provisoire et en grande partie hypothétique; elle a déjà
changé plusieurs fois et changera sans doute encore avec
les progrès de la science. Est-il prudent, est-il rationnel de
lier ainsi par les dénominations mêmes qu'on leur donne,
deux ordres de phénomènes qui n'ont peut-être au fond
rien de commun, comme si on prétendait les expliquer
l'un et l'autre par un seul et même principe?

Aussi, sans espérer pour cette tentative un sort plus heureux que celui qu'ont eu les tentatives de nos devanciers,
proposerions-nous volontiers de remplacer ou tout au

(1) Publié en 1887.

moins de doubler l'expression de magnétisme animal par
une expression nouvelle, vierge de toute idée préconçue,
par un néologisme tiré du grec, hélas ! (mais comment
faire autrement ?) qui ne signifierait rien de plus que
« rayonnement humain » ou « rayonnement vital ». C'est
dans ces conditions que se présente à notre esprit le mot
biactinisme lequel signifie exactement « rayonnement de
vie », des deux mots grecs βίος, vie et ἀκτίς, rayon (1).

Le biactinisme pourrait dès lors se définir l'ensemble des
faits où se manifeste chez les êtres vivants et en particulier
chez l'homme une influence rayonnante, une énergie
radio-active, susceptible de s'exercer à distance sur d'autres
êtres vivants ou même sur des objets inanimés, l'observation et l'expérience pouvant seuls nous faire connaître progressivement les différentes propriétés de cette énergie, les
différents effets de cette influence, dont on peut cependant
dire dès maintenant qu'ils présentent de grandes analogies
avec ceux des forces naturelles rayonnantes déjà connues,
chaleur, lumière, électricité, magnétisme. Mais il n'entre
dans la constatation de ces analogies, il importe de le
répéter, aucune prétention de théorie, aucune velléité d'explication : jusqu'à nouvel ordre, le biactinisme doit être
considéré comme constituant un ordre spécial de faits,
qui doit être étudié en lui-même et pour lui-même et dont
les rapports avec les autres ordres de faits naturels ne
doivent pas être préjugés en vertu de conceptions *a priori*,
mais déterminés expérimentalement au fur et à mesure des
progrès de leur étude.

(1) Peut-être le mot *Zoactinisme* serait-il plus correct, car ainsi
qu'on l'a fait remarquer, le βίος grec désigne plutôt la vie morale et
sociale ; la vie organique, attribut commun des animaux et des végé-
taux, était plutôt désignée par le mot ζώη. Mais l'usage a déjà prévalu
dans toutes les langues modernes d'employer la racine *bio* avec le
second sens, comme le prouve l'existence des mots *biologie*, *aérobie*,
microbe, qui se rapportent tous, sans contestation possible, à la vie
organique.

II

La première question qui se pose à l'égard du biactinisme est évidemment celle-ci : le biactinisme existe-t-il?
Y a-t-il véritablement des faits où un organisme vivant
dégage, dans des conditions qui permettent de s'en rendre
compte avec certitude, une force rayonnante susceptible
d'agir, même à distance, sur un autre organisme?

Nous avons indiqué ailleurs (1) les raisons qui, selon
nous, permettent de répondre affirmativement à cette question en même temps que les procédés et la méthode par
laquelle les effets et les conditions du biactinisme pourront
être scientifiquement étudiés. Nous y reviendrons d'ailleurs
dans le cours du présent chapitre. Considérons pour le
moment la question comme résolue dans le sens de l'affirmation et demandons-nous ce qu'il faut entendre par « ce
rayonnement d'un organisme opérant à distance » dans
lequel consisterait, d'après la définition que nous venons
d'en donner, le biactinisme ou magnétisme animal.

Si on se place à un point de vue strictement métaphysique, on peut sans doute, avec Leibnitz et l'auteur
d'un récent ouvrage dont nous avons nous-même rendu
compte (2), prétendre que les notions de rayonnement et
d'action à distance sont illusoires, entièrement relatives à
de fausses apparences, et qu'en réalité, dans le fond des
choses, il n'y a ni action à distance ni rayonnement.

« Toutes les fois, dit l'auteur de *L'univers-organisme* (3),
qu'un corps semble agir à distance, c'est qu'il existe, entre

---

(1) V. *Psychologie inconnue*, chap VII : « L'hypothèse du magnétisme animal d'après des recherches récentes », et chap. VIII : « Une
nouvelle méthode d'expérimentation en hypnologie ».

(2) Bardonnet, *L'univers-organisme* (V. *Revue philosophique*, nov. 1914).

(3) *La psychologie inconnue ou les phénomènes parapsychiques et la
doctrine de l'univers-organisme* (travail inédit).

le corps qui agit et le corps qui réagit, un agent intermédiaire qui transmet l'excitation, parce qu'il la subit lui-
même. Cet intermédiaire, dans les phénomènes acousti-
ques, nous le connaissons, c'est l'air atmosphérique, mais
il existe aussi dans tous les autres ordres de phénomènes,
et c'est alors la *matière cosmique*. » A proprement parler,
la force ne rayonne pas, ne se transmet pas, ou, comme
dirait Leibnitz, il n'y a pas d'action vraiment transitive,
d'action qui passe d'un sujet à l'autre comme un cavalier
qui sauterait d'un cheval sur un autre parce que « la force,
c'est l'acte et que l'acte est nécessairement inhérent à son
agent. Un acte ne peut pas voyager loin de son agent (1). »

Remarquons que ce qu'on dit ici de la « force », on peut
également le dire du « mouvement », de l' « excitation », de
la « sensation », de la pensée. Prise au pied de la lettre, une
expression comme celle-ci : « le mouvement se transmet
d'un corps à un autre », est un non-sens, une absurdité.
Le mouvement d'un corps ne se sépare pas, ne peut pas
se séparer de ce corps lui-même : il est un état de ce corps,
il est ce corps lui-même en train de se mouvoir. Donc le mouvement d'un premier corps A ne peut pas devenir le mouvement d'un second corps B; mais B peut être amené à se
mouvoir comme A et parce que A s'est déjà mû. Il y a là
non un seul mouvement passant d'un sujet à un autre,
mais deux mouvements se produisant successivement l'un
à cause de l'autre dans deux sujets différents. Si on l'entend
autrement, le mouvement devient un troisième corps, une
sorte de substance invisible qui passe à travers les corps
comme une muscade à travers des gobelets. Pareillement,
il est inexact de parler d'une excitation qui se transmet.
A la suite et à cause d'une première excitation dans un
sujet A se produit une seconde excitation plus ou moins
pareille dans un sujet B, et ainsi de suite; mais il n'y a pas

(1) *Ibid.* Cf. *L'univers-organisme*, t. II, p. 101 et 107.

une excitation abstraite, impersonnelle, anonyme, que les sujets se passent en quelque sorte de main en main à la manière du jeu du furet. Pareillement encore, quand nous disons qu'un nerf transmet une sensation, nous ne devons pas plus prendre cette expression au pied de la lettre que lorsque nous disons que le télégraphe transmet une dépêche ou qu'une lettre nous transmet la pensée de son auteur. La sensation de piqûre n'est pas un je ne sais quoi qui part du bout de l'aiguille, chemine telle quelle le long du nerf, puis entre telle quelle dans le cerveau et de là dans la conscience de l'individu. Il s'agit là en réalité d'une suite d'états distincts et même spécifiquement différents les uns des autres qui se suivent dans un certain ordre et dont chacun est, pour ainsi dire, le promoteur, l'excitateur du suivant.

Tout cela est vrai ; mais il est vrai aussi que dans la pratique il n'y a pas d'inconvénient grave, le plus souvent, à employer le langage des apparences, pourvu qu'on ne s'y laisse pas duper. L'astronome lui-même, qui sait bien que le soleil ne tourne pas autour de la terre, n'hésite pas à parler, comme tout le monde, du lever et du coucher du soleil. Aussi ceux-là même qui font des objections contre le rayonnement de la force et l'action à distance finissent-ils par avouer qu' « évidemment, en gros, les choses se passent à peu près comme si la matière cosmique n'existait pas et comme si la force rayonnait à distance » (1). C'est pourquoi, sans doute emportés par la force de l'habitude, ils emploient eux-mêmes les expressions qu'ils viennent de proscrire et parlent couramment d'*excitation qui se transmet* (2). Ces expressions, en effet, précisément parce

_____

(1) Bardonnet, *loc. cit.*
(2) *Ibid.* « Nos nerfs périphériques aboutissent à des centres nerveux, et toutes les fois qu'ils sont excités, ils n'ont rien de plus pressé que de *transmettre leur excitation* au centre auquel ils sont reliés, lequel à son tour le transmet aux autres et en particulier au moi. »

qu'elles présentent les choses *en gros*, ont l'avantage d'une brièveté et d'une commodité qu'on obtiendrait difficilement avec d'autres plus précises et plus exactes.

Remarquons d'ailleurs que l'objection qu'on nous oppose ici porte moins contre la conception du biactinisme ou du magnétisme animal en particulier que contre toutes les conceptions actuelles de la physique ou plutôt contre le vocabulaire qui sert habituellement à les exprimer (1). Or il nous paraît fort douteux que la grande majorité des physiciens, lorsqu'ils parlent d'action à distance, de force qui rayonne ou se propage ou se transmet d'un corps à un autre, etc., entendent toutes ces expressions dans un sens littéral et y voient autre chose que des façons abrégées et plus ou moins métaphoriques, en tout cas pratiquement commodes, de représenter des réalités qu'on sait être sensiblement différentes de cette représentation même. Ainsi, c'est enfoncer une porte ouverte que d'objecter à un physicien contemporain qu'il n'y a pas d'action à distance, au sens propre du terme ; car il sait fort bien que toute action entre deux corps distants l'un de l'autre, qu'il s'agisse de chaleur, de lumière ou d'électricité, suppose un intermédiaire, et c'est justement cet intermédiaire qu'il désigne par le nom de milieu éthéré ou d'éther cosmique. L'appeler *matière cosmique*, ce n'est qu'ajouter un nom de plus à tous ceux qu'il a reçus, depuis que Descartes, qui paraît en avoir eu l'idée le premier, l'a dénommé *matière subtile* (2). A plus forte raison est-ce prêter à ceux de nos

---

(1) « Cette conception d'un magnétisme animal qui se dégage de l'individu et rayonne est imitée des conceptions classiques de la force, mais elle est fausse ici comme en physique. » Bardonnet, *ibid.*

(2) C'est par le mouvement de la matière subtile que Descartes explique non seulement toutes les particularités du feu (lumière et chaleur) et de l'aimant, mais encore « une infinité d'effets entièrement rares et merveilleux » et notamment ceux qu'on désigne aujourd'hui sous le nom de phénomènes psychiques, « comme peuvent être de faire saigner les plaies d'un mort, lorsque le meurtrier s'en approche ;

contemporains qui, à propos de chaleur, de lumière ou
d'électricité ou même de magnétisme animal, parlent de
forces circulantes et rayonnantes, une absurdité toute gra-
tuite que de prétendre qu'ils conçoivent réellement chacune de ces forces comme « une quintessence, un fluide,
un élément impondérable, qui pourrait circuler, s'écouler
ou être arrêté » comme « un principe mobile, conductible,
qui se dégage, qui rayonne, qui se raréfie ou s'accumule ;
s'emmagasine, se concentre, se transforme », etc. C'est
faire bien de l'honneur à toute cette phraséologie que la
croire capable de duper à ce point un esprit tant soit peu
scientifique. Sachons donc distinguer dans toute description, dans toute expression des faits de la nature, ce qui
est essentiel et ce qui est accessoire, les vrais rapports des
phénomènes et les images plus ou moins grossières par
lesquelles nous nous les représentons, et comprenons qu'il
n'y a pas d'inconvénient irrémédiable à employer cette
langue d'images, pourvu que nous conservions toujours
la possibilité de la traduire, chaque fois qu'il sera besoin,
dans la langue des vrais rapports.

C'est à la même conclusion qu'aboutit en somme l'auteur
dont nous venons de discuter les objections lorsqu'il dit :
« La doctrine du magnétisme animal est donc fausse en
ce qu'elle affirme un magnétisme, c'est-à-dire un principe
qui se dégage et se propage hors de l'individu ; mais vraie
en ce qu'elle affirme une *action extérieure*, une *influence
physique* de l'opérateur », et plus loin : « On voit ce que
devient la querelle entre les suggestionneurs, les magné-

d'émouvoir l'imagination de ceux qui dorment, ou même aussi de
ceux qui sont éveillés et leur donner des pensées qui les avertissent
des choses qui leur arrivent loin d'eux en leur faisant ressentir les
grandes afflictions ou les grandes joies d'un intime ami, les mauvais
desseins d'un assassin, et choses semblables. » Ce curieux passage des
Principes de la philosophie (4ᵉ partie, § 187) montre bien que Descartes,
comme il nous en avertit lui-même dans la 1ʳᵉ partie du *Discours de
la méthode*, n'avait pas dédaigné de s'initier aux sciences dites occultes.

tiseurs et les hypnotiseurs. *Au fond, ce sont les magnétiseurs qui ont raison*, du moins en ce qu'ils affirment une influence physique sortant de l'ordinaire. Cette influence physique consiste non dans un magnétisme animal, mais dans une autre méthode d'excitation. » On se rend bien compte, par ce dernier passage, que toute la difficulté vient ici des associations d'idées inséparablement attachées au terme traditionnel de « magnétisme animal », bien que ce terme ne désigne plus essentiellement pour nous qu'une « méthode d'excitation » qui, au lieu d'employer, comme la suggestion et l'hypnotisme, la voie des sens ordinaires, emploie celle d'une sensibilité spéciale, la sensibilité à certaines excitations de l'éther ou de la matière cosmique. Entre la doctrine qu'on nous oppose et la nôtre, il n'y a que l'épaisseu d'un mot.

Il faut prendre garde, en effet, qu'une doctrine ou hypothèse, et notamment celle du magnétisme animal, ne peut se définir, dans l'état actuel de la question, que par comparaison avec d'autres doctrines ou hypothèses qui se trouvent, pour ainsi dire, en concurrence avec elle et la contredisent sur certains points où réciproquement elle-même les contredit. Peut-être n'en était-il pas ainsi du temps de Mesmer et de Puységur ou même de Deleuze et Du Potet ; mais actuellement ce qu'il y a d'essentiel, d'uniquement essentiel dans l'hypothèse du magnétisme animal, c'est ce par quoi cette hypothèse s'oppose à celles de la suggestion et de l'hypnotisme ; tout le reste est accessoire et négligeable. Or les doctrines de la suggestion et de l'hypnotisme s'accordent pour placer uniquement, exclusivement, dans l'état physique ou psychologique des sujets la raison nécessaire et suffisante de tous les phénomènes parapsychiques et pour refuser toute action véritable et directe à l'opérateur. La doctrine du magnétisme animal ou du biactinisme — si ce terme de magnétisme animal paraît décidément inadmissible — consistera donc avant tout à attribuer à l'opérateur, à sa personnalité, à son action propre, une importance au moins égale à celle du sujet dans la production d'un certain nombre de phénomènes parapsychiques, à savoir de tous ceux qui justement ne paraissent pas pouvoir s'expliquer par les seules données de l'hypnotisme et de la suggestion.

Les partisans de la suggestion pourraient prétendre, il est vrai, qu'ils reconnaissent cette action de l'opérateur, puisqu'en somme c'est la parole ou le geste du suggestionneur qui est, selon eux, la cause de tous les effets observés. Mais une telle action est d'ordre moral et social : elle n'a rien de physiologique, rien de physique ; elle est d'ailleurs indirecte, puisqu'elle se borne à susciter une idée dans l'esprit du sujet et que c'est, à vrai dire, cette idée qui est la cause véritable. Supprimez l'intervention de l'opérateur et faites susciter l'idée de n'importe quelle autre façon : le phénomène n'en continuera pas moins à se produire. Tout au contraire, dans l'hypothèse du biactinisme, c'est par une action *spéciale*, tout à fait indépendante de la parole et du geste, une action d'ordre physiologique et physique, quoique tout élément psychologique n'en soit pas nécessairement exclu, que l'opérateur influe sur le sujet.

Evidemment cette hypothèse a le désavantage d'introduire une inconnue dans le problème, à savoir la nature, encore presque indéterminée, de cette action spéciale attribuée à l'opérateur, mais il ne s'agit pas pour le moment de la critiquer, de l'apprécier, il s'agit simplement de la concevoir avec exactitude, de la comprendre. Vraie ou fausse, elle consiste à croire que certains phénomènes parapsychiques sont fonction non seulement d'un état physique et psychologique spécial du sujet, mais aussi d'un état physique et psychologique spécial de l'opérateur. Affirmer cela, c'est affirmer le magnétisme animal, de quelque nom qu'on l'appelle d'ailleurs et de quelque façon qu'on en imagine le détail ; nier cela, c'est le nier. Rien de ce qui s'ajoute à ce postulat fondamental ne peut, du moins pour le moment, être considéré comme essentiel.

III

Est-ce à dire cependant qu'il soit interdit d'essayer de se faire une idée moins vague et moins abstraite de cette action *sui generis* qu'on suppose exercée par l'opérateur sur le sujet où elle détermine tels et tels effets parapsychiques? Tout au contraire l'avantage de cette hypothèse, c'est qu'elle ouvre devant nous un vaste champ de recherches ayant précisément pour objet de déterminer de plus en plus l'inconnue qui s'y trouve enveloppée. Mais cette détermination progressive, c'est par l'observation et l'expérience qu'elle doit se faire avant tout, non par l'imagination et le raisonnement livrés à eux-mêmes; et les résultats qu'elle dégage graduellement doivent toujours demeurer sujets à revision et correction, comme tout ce qui est élaboré par la méthode expérimentale.

Il est donc naturel et inévitable que ceux qui admettent une action biomagnétique ou biactinique sur la foi de certains faits observés par eux, essaient de se la représenter plus ou moins concrètement d'après ce qu'ils savent de ces faits, sans se dissimuler pour autant ce que cette représentation enfermera vraisemblablement de factice et de provisoire. C'est ainsi qu'ils sont amenés à chercher les analogies qu'une telle action peut présenter avec d'autres actions ou forces déjà connues, d'une part avec la force nerveuse, d'autre part avec les forces dites rayonnantes et circulantes, chaleur, lumière, électricité, magnétisme, etc.

Il ne paraît guère possible de nier l'existence de la force nerveuse; mais il faut bien avouer que sa nature nous est profondément inconnue. Nous connaissons ses principaux effets : nous savons qu'elle est l'agent qui transmet aux centres nerveux les excitations venues de la périphérie et y fait naître les sensations ; c'est elle aussi qui transmet aux muscles les ordres de la volonté et détermine les mouvements des organes extérieurs ; c'est elle enfin qui excite et règle les différentes fonctions vitales : respiration, circulation, assimilation et désassimilation, etc. ; mais nous ignorons ce qui la constitue. La plupart du temps on se l'imagine sur le modèle de l'électricité galvanique, comme une force qui circule dans ses conducteurs entre des centres ou foyers où elle serait accumulée et condensée ; mais on se rend bien compte que c'est là une image assez grossière et qui ne répond sans doute que de très loin à la réalité.

Quoi qu'il en soit, si on suppose que cette force est susceptible, sous certaines conditions, d'agir au delà des limites de l'organisme où elle est habituellement enfermée, et d'opérer ainsi une sorte de transfusion ou de communication de sensibilité, de volonté, de vitalité, entre deux organismes différents, on obtient une conception de la force biactinique qui résume à peu près les principaux faits sur lesquels s'appuie l'affirmation de ceux qui croient à sa réalité. Cette force serait en somme la force nerveuse rayonnant d'un organisme à un autre, circulant d'un organisme à un autre.

Mais, comme nous venons de le dire, notre conception de la force nerveuse est elle-même très vague, très indéterminée, et le seul moyen que nous ayons de la préciser davantage, c'est de la rapprocher des forces physiques avec lesquelles elle présente certaines analogies, principalement de l'électricité. Dès lors, il n'y a peut-être pas grand inconvénient, peut-être même y a-t-il quelque avantage à essayer de se représenter directement la force biactinique d'après ce que nous savons de ses analogies avec ces forces physiques, abstraction faite de toute spéculation sur la force nerveuse. Si on se place à ce point de vue, qui rappelle celui des partisans de l'ancien magnétisme animal, la force

biactinique pourra être considérée, sinon comme une
forme de l'électricité ou du magnétisme, du moins comme
une force électroïde ou magnétoïde dont les effets et les
lois sont comparables, *mutatis mutandis*, à ceux de ces
modes de l'énergie universelle; et l'on pourra parler à son
sujet de conductibilité, de polarité, tout comme s'il s'agissait de phénomènes électriques et magnétiques.

Dès lors, il va sans dire que l'idée qu'on se fera de la
force biactinique subira elle-même des variations correspondantes à celles de la conception générale de l'électricité
et du magnétisme, et c'est en effet ce qui a lieu historiquement. Par exemple, du temps où les physiciens assimilaient
l'électricité à un fluide, les magnétiseurs attribuaient également à un fluide les effets produits par les passes, le
regard, etc: De nos jours, il n'est plus question de fluide,
mais de vibrations, d'ondulations, etc. : c'est donc une
phraséologie, ou, si on nous permet cette expression, une
idéologie du même genre qui tend de plus en plus à
s'appliquer aux phénomènes biactiniques. Si dans l'avenir
une conception nouvelle et toute différente de l'électricité
doit s'imposer à la généralité des savants, elle ne manquera
pas de modeler à son image la conception de cet ordre particulier de phénomènes.

IV

Les questions que nous avons examinées jusqu'ici, dans
la première partie de ce chapitre, sont plutôt relatives aux
mots et aux idées qu'aux choses mêmes. Elles reviennent,
en somme, à nous demander comment nous devons
nommer et nous représenter l'action à distance, le rayonnement d'un système nerveux sur un autre système nerveux,
supposé qu'une telle action soit possible (et nous avons fait
voir qu'il n'y a *a priori* aucune impossibilité de concevoir
une telle action); mais la question fondamentale subsiste :

le biactinisme existe-t-il? et cette question-là ne peut être résolue que par les faits. Il s'agit de prouver, non par des définitions et des raisonnements, mais par des observations et surtout par des expériences, la réalité du rayonnement nerveux, dans des conditions qui ne laissent plus de place au doute.

Nous avons exposé ailleurs (1) les faits qui nous ont donné la conviction de cette réalité, et nous ne craignons pas d'affirmer que quiconque voudra bien expérimenter, en prenant les précautions que nous avons indiquées et ayant eu la patience de continuer ses recherches, même si les premiers résultats paraissent négatifs, arrivera inévitablement à se faire la même conviction.

La grosse difficulté, on le sait, réside dans la possibilité de confondre les effets de la suggestion avec ceux du magnétisme animal ; et c'était déjà, on s'en souvient, l'objection que faisaient à Mesmer et à ses partisans les commissaires du roi lorsqu'ils attribuaient à l'imagination tous les phénomènes dont ils avaient été témoins. Pourtant cette difficulté n'est pas insurmontable, et il suffit pour en venir à bout de s'appliquer, en expérimentant, à suivre rigoureusement quelques règles très simples (2).

Pourtant, même du temps de Mesmer, certains observateurs, parmi lesquels Antoine-Laurent de Jussieu, avaient pu constater des cas d'action biactinique entièrement purs de tout élément suggestif ou imaginatif, et nous avons trouvé dans un livre d'un contemporain (3) le récit d'un cas de ce genre qui vaut peut-être la peine d'être rapporté ici.

« Vers la fin de novembre 1778, raconte l'auteur, j'enga-

(1) V. *Psychologie inconnue*, chap. VII : « L'hypothèse du magnétisme animal d'après des recherches récentes ».

(2) *Loc. cit.* chap. VIII : « Une nouvelle méthode d'expérimentation en hypnologie ».

(3) *Dictionnaire des merveilles de la nature*, par A.-J.-S. D., professeur de physique, t. II, Paris, Delaplace, 1802.

geai le docteur Mesmer à venir dîner avec moi dans une maison où il était attendu avec la même impatience que j'avais d'être témoin de quelques grands effets de son magné-tisme... Or, voici ce qui se passa après le dîner et ce que je puis attester comme un fait que j'ai suivi avec tout le soin possible, et que tous les témoins ont étudié avec toute la défiance imaginable.

» La compagnie rassemblée dans le salon, le docteur Mesmer toucha successivement plusieurs personnes dont quelques-unes surtout avaient les *nerfs* extrêmement irrita-bles; mais aucune n'éprouva de sentiment qui fût assez sensible pour qu'on pût en faire honneur au magnétisme animal. Le gouverneur des enfants de cette maison, homme d'un tempérament fort, robuste, bien constitué, *fort peu crédule*, et fortifié dans son incrédulité par les tentatives infructueuses qu'il venait de voir, se plaignait depuis quelque temps d'une douleur vers les épaules. Il s'offrit au docteur Mesmer pour sujet d'une dernière épreuve, mais avec une forte persuasion que le magné-tisme animal n'agirait pas davantage sur lui que sur ceux qu'il venait de toucher. Pour dire la vérité, c'était moins, il faut en convenir, une nouvelle épreuve qu'il désirait qu'une nouvelle occasion de persifler cette pratique; mais cette dernière tentative tourna à la gloire du docteur magnétiseur.

» Celui-ci s'aperçut sans doute du motif qui amenait ce nouvel acteur sur la scène et voulant, s'il était possible, lui donner la preuve la plus convaincante de son savoir-faire, il refusa de le toucher; mais il voulut bien diriger contre lui, et à une certaine distance, son pouvoir magnétique. L'expérience devint plus curieuse et plus intéressante; le sujet présenta le dos au docteur Mesmer, et celui-ci pré-senta le doigt à 8 pieds (environ 2^{m}30 ou 2^{m}60) de distance. Tant que le doigt du docteur resta fixe et immobile dans la direction et à la hauteur de ses épaules, il n'éprouva

aucun sentiment, et les questions réitérées que lui fit le
docteur magnétisant, pendant l'espace de deux minutes ou
environ qu'il continua son jeu, ne firent que l'affermir de
plus en plus dans son incrédulité. Il ne put même s'empêcher de le faire paraître par quelques plaisanteries. Les
choses en étaient là, lorsque Mesmer fit quelques signes
de la tête pour engager les assistants à fixer plus particulièrement leur attention sur le sujet de cette singulière opération. Alors il fit mouvoir son doigt de haut en bas et
même un peu circulairement, et à l'instant le patient dit
qu'il croyait éprouver un certain frémissement vers le
haut du dos. Le docteur Mesmer suspendit son opération.
Le magnétisé se retourna et attribua l'effet qu'il venait
d'éprouver à la contention où il était depuis quelques
moments et à l'action du feu de la cheminée devant laquelle
il s'était établi. On recommença l'expérience; le patient
s'éloigna de la cheminée et se tenant de pied ferme, il présenta de nouveau son dos. Mêmes mouvements, mais plus
vifs, plus pressés de la part du docteur Mesmer : aussitôt,
mêmes impressions dans le dos magnétisé, mais moins équivoques, plus sensibles; notre magnétisé convient alors de
leur réalité et dit qu'il ne pouvait mieux les comparer qu'à un
filet d'eau chaude qui circulerait dans les veines de ses
épaules et de toute la partie supérieure de son dos. On réitéra
deux ou trois fois de suite la même expérience avec le même
succès, et l'impression devint telle qu'il refusa de se prêter
plus longtemps à l'expérience. On l'y engagea cependant
encore une fois: Le maître de la maison le saisit d'une part
par un bras et moi de l'autre. Le docteur recommença son
opération, et il nous échappa des mains en protestant que
la chaleur qu'il éprouvait devenait insupportable. Le
moment d'après il nous dit qu'il se sentait couvert d'une
sueur locale qui s'échappait de toute l'étendue de la surface de la partie qui avait été affectée. J'y portai la main,
toute la compagnie en fit autant, et on trouva effectivement

sa chemise mouillée vers le milieu du dos et vers les épaules.

» Après quelques moments de repos, le docteur Mesmer le prit en face et posa ses deux doigts, un de chaque main, sur les deux parties latérales de la poitrine ; il ressentit en ces endroits, et même dans toute l'étendue de la poitrine, une impression semblable, mais un peu moins forte que les précédentes. Bientôt une chaleur incommode lui monta au visage et nous vîmes son front tout couvert de sueur.

» Frappé de plus en plus de ces phénomènes, le magnétisé voulut bien se prêter à ce que le docteur voulait tenter de nouveau sur lui. Il présenta son doigt index et son pouce de chaque côté, les autres doigts restant fléchis dans la main, le docteur lui présenta les mêmes doigts très près des siens, mais sans les toucher. Alors il commença par éprouver un petit frémissement, une espèce de chatouillement dans les paumes des mains. Ce chatouillement fut suivi d'un engourdissement ; la chaleur succéda bientôt, et ses mains furent couvertes de sueur, non cependant aussi abondante que celle que nous venions de remarquer sur son front et encore moins que celle qui avait imbibé sa chemise derrière les épaules.

» Tels sont les effets dont j'ai été témoin, sans avoir aperçu ni avoir pu suspecter aucune cause mécanique qui les ait produits. Son incrédulité vaincue par ses effets, et ne pouvant revenir de la surprise où ils l'avaient jeté, le nouveau converti se transporta le lendemain matin chez le docteur ; là, il éprouva encore les mêmes impressions, ce dont il m'assura par une lettre datée du 2 décembre, dans laquelle il me marque :

« Ma douleur d'épaule (car on doit se souvenir que nous
» avons observé ci-dessus qu'il se plaignait depuis quelque
» temps d'une douleur en cet endroit) augmentait sensi-
» blement lorsqu'il dirigeait sur moi l'action de son *je ne*
» *sais quoi*. J'ai ressenti de plus une chaleur comparable à

» celle de la vapeur d'eau bouillante ; des élancements
» prompts et rapides dans les membres, de légers spasmes
» et des frissonnements très vifs dans les doigts. Quand
» il retirait sa main, il me semblait qu'on soufflait dans la
» mienne un air très froid. J'ai réitéré plus de vingt fois
» cette expérience. »

Et l'auteur de cette relation conclut par ces paroles très
sensées : « En attendant, ne soyons pas aussi pyrrhoniens
qu'on affecte de l'être sur quantité de phénomènes que nous
ne pouvons comprendre, et soyons en même temps plus
circonspects sur la cause d'une multitude d'effets qui ne
doivent peut-être qu'à notre ignorance tout le merveilleux
que nous leur trouvons. »

Nous avons jugé bon de reproduire intégralement ce
récit, parce que l'observation qu'il rapporte nous semble
avoir toute la valeur d'une véritable expérience. Remarquons, en effet, que les circonstances mêmes dans lesquelles s'est manifestée l'action biactinique se sont en
quelque sorte chargées d'éliminer la suggestion. Le milieu
dans lequel va opérer Mesmer l'accueille avec une curiosité polie mais défiante ; les personnes qu'il essaie d'abord
d'influencer, bien qu'elles aient les nerfs « extrêmement
irritables » et soient vraisemblablement suggestibles, ne
ressentent rien ou presque rien, peut-être à cause de la
contre-suggestion de l'ambiance. C'est à ce moment-là
qu'il s'attaque au précepteur des enfants de la maison,
qui, au point de vue physique comme au point de vue
moral, ne semble guère susceptible de lui servir de sujet,
car d'une part, c'est un « homme d'un tempérament fort
robuste, bien constitué », donc peu nerveux, peu impres-
sionnable, et d'autre part, il est naturellement « fort peu
crédule et de plus il est fortifié dans son incrédulité par
les tentatives infructueuses qu'il vient de voir. » Mesmer
cependant veut jouer la difficulté ; il ne touchera pas son
sujet, il agira à distance, par derrière, en dirigeant sim-

plement un doigt vers le dos. Bien que le sujet ne le voie
pas, on peut supposer qu'il devine le geste de Mesmer,
mais loin d'en être suggestionné, tant que le doigt reste
immobile, il n'éprouve rien, et aux questions réitérées que
lui fait Mesmer pendant deux minutes et qui sont autant
de suggestions, il témoigne par ses réponses négatives, et
même par ses plaisanteries, de son incrédulité persistante.
Tout à coup la scène change : Mesmer a imprimé des mouvements à son doigt, sans rien dire qui puisse informer
le sujet de ce qui se passe, et « à l'instant, celui-ci dit
qu'il croit éprouver un certain frémissement dans le haut
du dos ». Cependant son incrédulité n'est pas vaincue ; il
attribue l'effet qu'il vient de ressentir à la fatigue, à la
chaleur du feu devant lequel il se trouve, bref, à toute
autre cause qu'à l'action de Mesmer. Il faut une nouvelle
expérience où le même effet se renouvelle avec plus de
force, bien qu'il soit cette fois éloigné du feu, pour qu'il
renonce à son scepticisme. Sans doute, à partir de ce
moment-là, on pourrait à la rigueur parler de suggestion,
car il est désormais persuadé ; mais quelque part qu'on
veuille faire à la suggestion dans les phénomènes qui ont
suivi (et à dire vrai, nous ne croyons pas qu'elle y ait joué
un beaucoup plus grand rôle que dans ceux qui ont précédé), il est évident que cette persuasion a été l'œuvre non
de la suggestion mais d'une cause toute différente, agissant
même en sens contraire de la suggestion, et cette cause,
dans l'espèce, ne peut être que l'action personnelle exercée
par Mesmer, ce que le sujet appelle son « je ne sais
quoi ».

Nous avons nous-même observé plus d'une fois des
faits du même genre que celui que nous venons d'analyser.
On en trouvera un certain nombre dans notre livre *La
psychologie inconnue*. Tout récemment encore, nous avons
pu nous rendre compte que la réceptivité des sujets à
l'égard de l'action biactinique n'est pas nécessairement

proportionnée à leur suggestibilité ou à leur sensibilité hypnotique. Voici, par exemple, un jeune homme de seize ans, employé dans une fabrique, qui n'a jamais été témoin d'aucune expérience de cette sorte et qui ignore à peu près tout de la question; il consent à se prêter à un essai d'hypnotisation, par simple curiosité. Il réagit très rapidement et avec grande force au diagnostic de Moutin et à celui que nous avons signalé plus haut comme une variante de ce diagnostic (1); soumis à l'action des passes et du regard, il ferme les yeux et tombe dans un état de torpeur ou plutôt de passivité manifeste; mais cet état est évidemment très superficiel, car il rouvre les yeux à l'improviste et revient spontanément à son état ordinaire. Sa sensibilité cutanée reste entière; on a beau lui suggérer qu'il ne sent rien; il continue à sentir tous les contacts. Les suggestions du chaud et du froid, même répétées avec insistance, ne produisent aucun effet. Bref, il paraît très peu suggestible. L'hypnotisme proprement dit (procédé de Braid) ne donne pas de résultat appréciable. Il n'y a pas d'amnésie au réveil, si on peut parler de réveil là où il n'y a rien qui ressemble au sommeil. Toutefois, certains indices me font soupçonner que le sujet est particulièrement sensible à l'action biactinique. Aussi, lors d'une seconde séance, après l'avoir mis en état de torpeur et lui avoir clos les yeux (je m'assure que les prunelles sont entièrement révulsées sous les paupières), je tâche de vérifier ma conjecture. Etant assis en face du sujet, comme je l'étais d'ailleurs à la séance précédente, et tout en causant avec le camarade qui l'a accompagné chez moi, je fais glisser lentement sur le tapis mon pied droit dont la pointe est dirigée vers celle de son pied gauche. Je remarque aussitôt un léger mouvement, une sorte de tressaillement dans ce pied; de nouveau mon pied droit glisse très lentement et sans bruit;

(1) V. chap. VI : « Le diagnostic des états parapsychiques ».

cette fois le pied du sujet glisse visiblement vers le mien; puis ses glissements, qui répondent à chaque fois à ceux de son vis-à-vis, deviennent si marqués que le camarade, qui jusque-là ne s'était aperçu de rien, s'interrompt et regarde avec surprise ce pied qui s'avance ainsi par saccades sur le tapis et finit par quitter le sol et monter en l'air, comme s'il était lié au mien, qui se lève en même temps, par un fil invisible. Interrogé, le sujet déclare qu'il a senti dans le pied une sorte d'attraction qui le forçait à se mouvoir. Je place ensuite ma main droite à huit ou dix centimètres de distance de la main gauche du sujet qui repose à plat sur le bras du fauteuil; puis, après quelques secondes de présentation, je la retire lentement en arrière, et je renouvelle ce mouvement à plusieurs reprises. J'observe tout d'abord un léger tressaillement dans la main du sujet, qui bientôt s'éloigne de plus en plus de sa position première en reproduisant à chaque fois les mouvements de la mienne. Je fais, toujours à distance, des mouvements en sens inverse; la main revient lentement se poser sur le bras du fauteuil. Brusquement je transporte mon action du côté gauche au côté droit; la main droite du sujet répond aux appels muets de la mienne exactement comme avait fait la main gauche. Bref ce sujet, pourtant si peu suggestible et si peu hypnotisable, se comporte comme si son système nerveux était — au point de vue des mouvements volontaires — en communication directe avec le mien.

Évidemment toutes ces expériences seraient à reprendre dans des conditions qui permettraient de les rendre plus précises et plus variées, et c'est ce qui ne dépend pas toujours du désir de l'expérimentateur, lequel ne peut pas disposer des personnes comme on dispose des objets matériels dans des expériences de physique et de chimie ou même des animaux dans des expériences de physiologie. Il y aurait lieu, si l'occasion s'en présentait, de rechercher

notamment si un sujet sensible à l'action biactinique d'un
certain opérateur l'est également à celle de tout autre individu ; quelles sont les circonstances qui augmentent ou
diminuent l'efficacité de cette action ; si elle peut être
exercée à travers des intermédiaires, etc. Toutes ces
recherches, nous les avons nous-même amorcées autrefois, et si nous n'avons pu les poursuivre, comme nous
l'aurions souhaité, d'autres y réussiront sans doute, quand
les savants seront bien convaincus qu'il s'agit là de faits
réels, soumis comme tous les autres faits de la nature à
des lois générales et constantes, et entièrement justiciables
de la méthode expérimentale.

Trop rares cependant ont été jusqu'ici, parmi nos
contemporains, ceux qui ont eu le courage d'en aborder
l'étude. En dehors de l'école des anciens magnétiseurs, qui
d'ailleurs ignore ou méconnaît l'intervention perturbatrice
et simulatrice de la suggestion dans la plupart des phénomènes parapsychiques, nous ne voyons guère parmi les
plus récents observateurs que le docteur Baréty qui ait
soumis le biactinisme à une investigation systématique
dont les résultats furent publiés par lui en 1887 dans son
livre : *Du magnétisme animal étudié sous le nom de force
neurique ;* mais bien que le docteur Pierre Janet, rendant
compte de ce livre dans la *Revue philosophique* (1), l'ait
loué d'avoir fait œuvre utile en « réveillant l'attention sur
des phénomènes importants qu'on était trop disposé à
négliger »; aucun savant, à notre connaissance, n'a jugé à
propos de refaire des expériences dont le contrôle était
pourtant facile ; et ces phénomènes « importants » ont
continué à être négligés comme devant.

Nous devons cependant faire une exception pour un
savant suédois, M. Sydney Alrutz, professeur à l'Université d'Upsal, qui a publié en 1914, dans les comptes rendus

(1) *Revue philosophique*, 1888, p. 91.

du VIᵉ Congrès de psychologie expérimentale de Gôttingen, un article intéressant où il exposait les résultats de ses recherches personnelles sous ce titre : « Contribution à la dynamique du système nerveux ».

Le problème qu'il se proposait de résoudre expérimentalement était celui-là même que nous énoncions au début de ce chapitre. « Il s'agit avant tout de savoir, dit M. Alrutz, si un système nerveux peut exercer sur un autre système une influence directe, ou si les systèmes nerveux sont si bien isolés les uns des autres qu'on ne peut, même dans des conditions spéciales, constater entre eux aucune action à distance. »

Pour résoudre ce problème, M. Alrutz emploie la méthode suivante, dont on remarquera les analogies avec celle que nous avons nous-même employée et qu'on trouvera exposée dans le chapitre de la *Psychologie inconnue* qui porte pour titre : « Une nouvelle méthode d'expérimentation en hypnologie ».

On s'assure que le sujet, mis en état d'hypnose légère, est dans l'impossibilité de voir et même d'entendre ce qui se passe autour de lui, et à cet effet on lui jette sur la tête une étoffe non transparente et au besoin on lui bouche les oreilles. Il est bien entendu d'ailleurs qu'on ne fait aucune suggestion verbale. On dispose au-dessus de sa main et de son avant-bras nus une plaque de verre d'environ 5 millimètres d'épaisseur, soutenue par un support à quelques centimètres au-dessus de la peau. C'est dans ces conditions que l'expérimentateur fait avec sa main droite, le plus silencieusement possible, des passes lentes et régulières (environ vingt passes par minute) à une faible distance au-dessus de la plaque mais sans contact. Ces passes « descendantes » se font dans une direction centrifuge, c'est-à-dire en allant de l'articulation du coude du sujet à la pointe de ses doigts.

Or, voici les phénomènes qu'on observe en expérimen-

tant comme nous venons de le dire. Tout d'abord la sensibilité cutanée est complètement abolie (1), alors qu'avant
l'expérience, le sujet étant toutefois en état d'hypnose, elle
était un peu supérieure à la normale (hyperalgésie et
hyperesthésie légère) ; en même temps, comme par une
sorte de compensation, elle est nettement augmentée sur
les parties correspondantes du membre opposé. Les mêmes
effets se produisent si on remplace la plaque de verre par
une plaque de zinc, de cuivre, de plomb et d'autres métaux
ou par un alliage tel que le laiton. Par contre, avec une
plaque de carton, un morceau de carton ou de laine, ces
substances font l'effet d'un isolant, la plaque exerce une
influence plus ou moins protectrice.

Maintenant, si au-dessus de la peau insensibilisée par
les passes descendantes, on fait des passes remontantes,
c'est-à-dire dans la direction centripète, bien entendu
avec une plaque de verre ou de métal, la sensibilité se
rétablit, et son retour s'accompagne d'une sensation de
malaise : le sujet se frotte avec son autre main et déclare
spontanément ou après interrogation que « ça pique » et
aussi, quoique plus tard, qu'il éprouve de la chaleur ou du
froid. Ces sensations correspondent souvent aux excitations faites pendant la période précédente d'analgésie. Par
exemple, si pendant cette période on pique avec une
aiguille la face antérieure des phalanges, le sujet n'accuse
la sensation de piqûre que plus tard, quand la sensibilité
est revenue.

D'une manière générale, les passes remontantes ont sur
la sensibilité une action positive, c'est-à-dire qu'elles réta-
blissent la sensibilité lorsque celle-ci a été abolie par une
action antérieure ou l'augmentent jusqu'à l'hyperesthésie,
lorsqu'elle est primitivement normale ; au contraire, les

---

(1) L'auteur omet malheureusement de dire au bout de combien de
temps.

passes descendantes ont une action négative, c'est-à-dire qu'elles abolissent la sensibilité ou la ramènent à l'état normal, lorsqu'elle a été hyperesthésiée par une action antérieure.

Certaines substances, telles que le verre et différents métaux, se laissent traverser par l'influence des passes; certaines autres, telles que le carton, la laine, etc., l'interceptent au passage.

La présentation de la main *immobile* au-dessus d'une région du corps du sujet, toujours au travers d'une plaque de verre, produit, selon M. Alrutz, des effets différents, selon que le sujet est en état d'hypnose légère ou d'hypnose profonde. Dans le premier cas, au bout de quelques secondes, il dit éprouver de la chaleur, des picotements, qu'il « se sent comme électrisé », et si c'est au-dessus de la main fermée que l'opérateur tient sa main étendue, il étire ses doigts, ou a du moins de fortes velléités de le faire; dans le second cas, la sensibilité, qui était abolie, se réveille à l'endroit visé qui réagit à différentes excitations cutanées, mais à cet endroit seulement, surtout si le temps de la présentation a été exactement mesuré.

L'exploration de la motricité donne des résultats analogues à ceux de l'exploration de la sensibilité. Si l'opérateur dirige ses doigts à quelques centimètres de distance vers des points moteurs, par exemple vers la région palmaire de l'avant-bras, il détermine une excitation de ces points qui amène une flexion dans les articulations des phalanges, tout comme si on les avait faiblement excités par voie électrique à l'aide de courants d'induction.

Enfin, M. Alrutz note que d'autres personnes que l'hypnotiseur peuvent provoquer les mêmes effets que lui en opérant avec le même sujet, au moins pendant la durée de l'état hypnotique ; car « environ vingt personnes, psychologues, physiologistes, médecins, physiciens, etc.,

qui ont reproduit ces expériences, ont complètement réussi
et ont obtenu les mêmes résultats » (1).

Au surplus, le détail des effets produits n'a peut-être
pas l'importance que lui attribue l'auteur, car vraisemblablement ces effets varient dans une large mesure avec l'individualité ou même avec l'état des sujets, peut-être même
avec l'individualité ou l'état des opérateurs. Il faut donc
bien se garder, comme on serait tenté de le faire, de transformer en autant de lois les particularités observées dans
ces diverses expériences. C'est seulement après de longues
et patientes recherches qu'il sera possible de généraliser
avec quelque certitude. Mais ce qui est vraiment important et ce qui peut d'ores et déjà être affirmé parce qu'en
ce point coïncident tous les résultats obtenus par les différents observateurs et expérimentateurs, c'est le fait qu'un
organisme humain rayonne sur un autre organisme, à
distance, et sans intervention possible de la suggestion,
une influence susceptible de provoquer dans cet organisme des réactions sensitives, motrices et peut-être encore
d'un autre ordre, dont il reste à déterminer les modalités
et les conditions par toute une série d'études ultérieures.

Or, ce fait n'est pas lui-même autre chose que la réalité
du biactinisme ou du magnétisme animal.

V

Il serait cependant prématuré de nous croire d'ores et
déjà autorisés à considérer ce fait comme définitivement

(1) Nous avons, nous aussi, dans nos expériences personnelles,
observé que d'autres opérateurs pouvaient comme nous influencer à
divers degrés nos sujets ; mais nous avons aussi observé que certains
opérateurs ne possédaient pas ce pouvoir et n'arrivaient à l'exercer que
par conduction, c'est-à-dire à la condition de se mettre en contact
avec nous-même. Il semble que ce fait ait échappé à l'expérimentateur
suédois, peut-être parce que son attention n'a pas été attirée de
ce côté.

établi au regard de la science, tant que les expériences qui le prouvent n'auront pas été vérifiées et répétées par un très grand nombre de chercheurs. Jusque-là le biactinisme conservera la figure non d'un fait mais d'une hypothèse, partageant ainsi le sort de beaucoup de vérités scientifiques qui, avant d'être universellement acceptées comme telles, n'ont d'abord été reconnues que par un petit nombre et ont dû subir un stage plus ou moins prolongé de négation et de doute.

Du reste un philosophe n'aurait pas, sans doute, grand peine à nous démontrer que dans ce que le commun des hommes, et même les savants, appellent un *fait* il entre une part inévitable d'interprétation et d'hypothèse. C'est un fait, dira-t-on, que la terre tourne autour du soleil, que la chaleur dilate les corps, que l'aimant attire le fer, etc. Mais il suffirait d'analyser chacun de ces faits pour se rendre compte qu'il se résout en deux sortes d'éléments très différents : d'une part, des phénomènes directement perçus par nos sens, ou, pour aller encore plus au fond, des sensations dont nous avons directement conscience, d'autre part des conceptions de notre esprit, conceptions de temps, d'espace, de nombre et surtout de causalité, à l'aide desquelles nous faisons la synthèse de ces phénomènes et donnons à nos sensations une signification et une valeur objectives. A parler à la rigueur, seules nos sensations sont des faits; tout le reste, ce sont des interprétations dans lesquelles nous avons foi parce qu'elles nous ont réussi et qui, plus ou moins conjecturales à l'origine, ont fini par devenir pour nous des certitudes. La distinction du *fait* et de l'*hypothèse* n'a donc théoriquement rien d'absolu, et c'est souvent par une suite indéfinie de transitions insensibles que l'hypothèse d'autrefois s'est finalement transformée en fait.

En tous cas, les partisans du biactinisme peuvent s'en tenir provisoirement aux constatations et aux conclusions

suivantes : « Il existe un grand nombre de faits dans lesquels un organisme humain *paraît* exercer sur d'autres
organismes une influence d'où la suggestion proprement
dite est certainement exclue et qui ressemble fort à un
rayonnement à distance. Ces faits deviendraient encore
plus nombreux si on prenait la peine de les rechercher
expérimentalement. Ce sont ces faits de biactinisme *apparent* que la science doit, selon nous, non écarter *a priori*
par une injustifiable fin de non-recevoir, mais soumettre
impartialement à une investigation méthodique. »

Dans cette investigation, l'hypothèse du « rayonnement
vital ou nerveux » jouera certainement un rôle, puisque
aussi bien, comme nous l'avons répété tant de fois, il est
impossible d'expérimenter utilement sans l'aide d'une
hypothèse directrice; mais nous ne réclamons pour elle
aucun privilège, et toutes les autres hypothèses pourront
et devront être mises en concurrence avec elle. De ces
hypothèses adverses, la plus en faveur de notre temps est
celle de la *suggestion mentale* ou de la *télépathie*, qui serait
mieux nommée *communication de pensée*. La Société
anglaise des recherches psychiques l'a systématiquement
opposée à celle du magnétisme animal dont elle n'est
cependant qu'une forme particulière (1). Mais il faut bien
se rappeler que la discussion comparative de ces diverses
hypothèses doit être *expérimentale* et non simplement
dialectique. En d'autres termes, il s'agira de combiner des
expériences telles que, par exemple, la suggestion télépathique en soit rigoureusement exclue pour ne laisser place
qu'à la seule action biactinique.

Nous reviendrons d'ailleurs sur la question dans le chapitre qui suit à propos des rapports de la communication
de pensée ou *diapsychie* avec le magnétisme animal.

(1) V. sur ce point *Psychologie inconnue*, chap. XII : « La télépathie
et le magnétisme animal ».

CHAPITRE X

La communication de pensée ou « diapsychie ».

I

Il est difficile de trouver un mot qui soit à l'abri de toute objection pour désigner le phénomène que nous nous proposons d'étudier dans ce chapitre et pour lequel nous employons provisoirement, faute de mieux, l'expression composée de « communication de pensée ». On le nomme aussi « transmission de pensée, lecture de pensée, divination ou pénétration de pensée »; mais le terme qui paraît le plus en faveur, auprès de la plupart de nos contemporains est celui de « suggestion mentale », bien que ce dernier ait l'inconvénient d'impliquer une interprétation préconçue et par conséquent hypothétique du phénomène, qui se trouve ainsi assimilé sans preuve à la suggestion ordinaire. Si nous ne craignions d'encourir encore une fois les reproches de tous ceux que les néologismes rebutent, nous proposerions volontiers le recours à un vocable inédit, libre de toute attache avec nos associations d'idées antérieures, tel que le mot *diapsychie*, lequel signifie proprement « passage d'âme à âme » et peut par conséquent suffire, à ce qu'il semble, pour désigner l'apparente transmission d'un état psychologique d'une conscience à une autre.

La plus ancienne observation d'un fait de ce genre est, croyons-nous, celle du marquis de Puységur qui, ayant provoqué pour la première fois le somnambulisme artificiel chez son sujet Victor Viélet, remarqua que celui-ci, dans cet état, paraissait deviner sa pensée, même non exprimée. « Je n'ai pas besoin de parler, écrit-il, je pense devant lui, et il m'entend, me répond. » Depuis lors, pendant toute la période qui a suivi et qu'on pourrait appeler la période des magnétiseurs ou du magnétisme animal, on rencontre très fréquemment des allusions ou des descriptions se rapportant à ce fait.

Dans un livre trop peu connu (1), *Lettres à un chercheur de bonne foi sur le magnétisme animal*, William Gregory en parle explicitement sous le nom de « lecture de pensée » *(thought-reading)* ou de « clairvoyance sympathique » *(sympathetic clairvoyance)*, et il en énumère les différentes formes dont il donne d'intéressants exemples. Il prétend même qu'il peut parfois se produire spontanément, comme dans le cas du romancier suisse Zschokke « qui possédait par moments et tout à fait spontanément le pouvoir de lire dans l'esprit des autres l'ensemble de leur histoire passée. »

La diapsychie est, en effet, un phénomène essentiellement divers et multiforme, et si l'on veut s'en faire une idée juste, il est indispensable de l'envisager sous ses différents aspects. Presque tous ceux qui l'ont étudiée ont eu le tort de se borner à la considération d'une seule de ses modalités et de vouloir cependant en donner une théorie générale. C'est en particulier le reproche que nous adresserions aux savants contemporains qui, n'étant arrivés à considérer la diapsychie qu'à la suite d'expériences systématiquement et exclusivement orientées par l'hypothèse de la suggestion, s'obstinent à ne voir en elle qu'une forme particulière de la suggestion dite « suggestion mentale ». Or, selon nous, la suggestion mentale n'est elle-même

(1) *Letters to a candid inquirer on animal magnetism*, de William Gregory, professeur de chimie à l'Université d'Edimbourg, Londres, Taylor, Walton and Maberly, 1851.

qu'une forme particulière d'un phénomène beaucoup plus général, la diapsychie, qu'on pourrait définir en modifiant un peu les termes de la définition proposée par Cuvier pour le magnétisme animal dans ses *Leçons d'anatomie* (t. II, p. 108) : « une communication quelconque qui s'établit entre deux cerveaux » (1).

II

Peut-être la forme la plus simple et la plus grossière de la communication intercérébrale est-elle cette *sympathie sensorielle* qui, dans certaines conditions encore inconnues, réfléchit en quelque sorte sur le sujet les sensations éprouvées par son hypnotiseur.

« Mme B..., dit le docteur Pierre Janet, semble éprouver la plupart des sensations ressenties par la personne qui l'a endormie. Elle croyait boire elle-même et l'on voyait la déglutition s'opérer sur sa gorge quand cette personne buvait. Elle reconnaissait toujours exactement la substance que je mettais dans ma bouche et distinguait parfaitement si je goûtais du sel ou du sucre » (2). « Le phénomène se passe encore même si je me trouve dans une autre chambre. Si même dans une autre chambre, je me pince fortement le bras ou la jambe, elle pousse des cris et s'indigne qu'on la pince aussi au bras ou au mollet. Mon frère, qui assistait à ces expériences et qui avait sur elle une singulière influence, car elle le confondait avec moi, essaya quelque chose de plus curieux. En se tenant dans une autre chambre, il se brûla fortement le bras pendant que Mme B... était dans cette phase du somnambulisme léthargique où elle ressent les suggestions mentales. Mme B... poussa des cris terribles et j'eus de la peine à la

_____

(1) Le magnétisme animal consisterait, selon Cuvier, dans « une communication quelconque qui s'établit entre deux systèmes nerveux ».

(2) *Revue philosophique*, 1886, 1, p. 198.

maintenir. Elle tenait son bras droit au-dessus du poignet
et se plaignait d'en souffrir beaucoup. Or, je ne savais pas
moi-même exactement l'endroit où mon frère avait voulu
se brûler. C'était bien à cette place-là » (1).

Des faits identiques avaient été déjà observés par les
anciens magnétiseurs. W. Gregory, dans ses *Lettres* déjà
citées sur le magnétisme animal, montre que cette « communication des sensations » peut se produire pour les
sens du goût, de l'odorat et du toucher.

« Si l'opérateur, dit-il, ou une autre personne *en rapport*
avec le sujet met dans sa bouche quelque aliment ou
quelque boisson, le dormeur, en bien des cas, joue instantanément la pantomime de quelqu'un qui mange ou qui
boit et, si on le questionne, il déclare qu'il mange du pain
ou une orange, ou des bonbons, ou qu'il boit de l'eau, du
vin, du lait, de la bière, du sirop, de la limonade, ou une
infusion d'absinthe, ou de l'eau-de-vie, selon que l'opérateur goûte l'une ou l'autre de ces substances. Quand la
chose est amère ou désagréable, la physionomie du dormeur le montre aussitôt, alors que ses yeux sont clos et
que le magnétiseur est derrière lui, de sorte qu'il ne peut
voir ce que l'on goûte. J'ai vu et vérifié le fait dans des cas
si nombreux que je le regarde comme solidement établi: »
De même, « si la personne en rapport avec le sujet flaire
une rose, celui-ci commence à aspirer le délicieux parfum,
s'il flaire de l'*assa fœtida*, le sujet exprime du dégoût », et
ainsi de suite. De même enfin, « quiconque touche la personne en rapport est senti par le sujet précisément au
même endroit. Si le premier donne une poignée de main à
quelqu'un, le second instantanément serre une main imaginaire. Si une épingle est enfoncée au dos de la main du
magnétiseur, le sujet retire en hâte sa main, frotte la place

(1) *Revue philosophique*, 1886, II, p. 222. — Le frère du Dr Pierre
Janet est le Dr Jules Janet.

et se plaint vivement du mal qu'on lui a fait. On peut faire ainsi de très intéressantes expériences, et j'ai, comme pour les faits précédents, vu souvent et minutieusement vérifié le phénomène » (1).

Pouvons-nous ajouter que l'auteur de ce livre a, lui aussi, maintes fois observé, dans des conditions de contrôle absolument satisfaisantes, cette singulière sympathie du sujet pour les sensations de son hypnotiseur, principalement pour les sensations tactiles, au cours d'expériences faites avec son sujet, Ludovic S..., soit dans l'hypnose, soit même dans l'état de veille (2)?

Il ne semble pas que cette sympathie s'étende aux sensations de la vue et de l'ouïe, comme Gregory en fait la remarque : nous ne voyons pas qu'aucun cas en ait été signalé jusqu'ici. Il faudrait peut-être, pour la réaliser ou pour la *révéler* expérimentalement (si elle appartient à la catégorie des phénomènes cryptoïdes), un certain ensemble de conditions dont on n'a encore aucune idée : en tout cas, nous ne connaissons pas d'expérience faite dans cette direction.

On sait que certains psychologues admettent, indépendamment des cinq sens qu'ils nomment *sens extérieurs*, l'existence d'un sixième sens, le *sens intérieur* ou *sens vital*, qui nous renseigne sur l'état de notre organisme. C'est par ce sens, disent-ils, que nous prenons conscience de notre corps et y localisons nos diverses sensations ; c'est par lui que nous sentons plus ou moins confusément respirer nos poumons, circuler notre sang, battre notre cœur, digérer notre estomac, etc. Les sensations de la faim et de la soif, les sensations musculaires, celles qu'on rapporte souvent à un sens génital, celles qui accompagnent les diverses maladies, et bien d'autres encore, lui appar-

---

(1) W. Gregory, *Letters on animal magnetism*, p. 114.
(2) Cf. *Psychologie inconnue*, chap. XII et XIV.

tiennent. On voit combien son domaine est étendu. Peu
importe d'ailleurs qu'on le considère comme un sens spécial ou comme une simple dépendance du toucher, comme
un toucher intérieur. Ces questions de dénomination et de
classification n'intéressent pas le fond des choses. Il suffit
qu'on reconnaisse l'existence de ce groupe spécial de sensations. Mais alors se pose pour nous la question de savoir
si les sensations de ce groupe comportent aussi la diapsychie, c'est-à-dire la communication d'une conscience à
une autre. Il semble bien que la réponse ne soit pas dou-
teuse, au moins pour quelques-unes d'entre elles. « La
sympathie, dit Gregory, qui entend par ce mot la diapsychie sensorielle, s'étend souvent à l'état corporel de l'opérateur ou d'une autre personne en rapport avec le sujet.
Ce dernier sentira et décrira toute peine ou tout malaise
ressentis par le premier, et même dans certains cas sentira
ou percevra intuitivement l'état maladif de certains
organes. Il dira que l'autre a un mal de tête ou une douleur
dans le côté, ou de la difficulté à respirer ; il affirmera que
le cerveau, ou les reins, ou le foie, ou l'estomac, ou le
cœur, etc., sont dérangés de telle ou telle façon ; et dans
beaucoup de cas il dira vrai. » Gregory fait remarquer
qu'il ne parle pas ici d'une *vue* de l'état de ces organes, ce
qui est un phénomène d'un autre ordre, c'est-à-dire un
phénomène de clairvoyance, comme ceux que nous étudie-
rons dans le chapitre suivant, mais une perception intuitive de l'état de santé ou de maladie. Quoiqu'il en soit, les
faits de cette catégorie, dont on a certainement des
exemples, ne paraissent avoir été étudiés que très incidem-
ment, et il conviendrait de les soumettre à une investigation méthodique.

Si l'on se demande par quel mécanisme se produit la
diapsychie sensorielle, il semble qu'on puisse hésiter entre
deux conceptions ou interprétations différentes. Ceux qui
voient dans la suggestion le type essentiel de tous les faits

12

parapsychiques rapprocheront sans doute la communication de sensation de la communication de pensée, ou plutôt, c'est par celle-ci qu'ils s'efforceront d'expliquer celle-là. En apparence, pourront-ils dire, c'est la sensation de l'hypnotiseur qui, par une sorte de répercussion nerveuse, se transmet directement à l'hypnotisé, mais il faudrait pour cela entre les systèmes nerveux de l'un et de l'autre une communication dont la possibilité, dans l'état actuel de nos connaissances physiologiques, nous semble bien difficile à admettre. Le phénomène est en réalité beaucoup plus complexe. Voici comment on peut le décomposer : *Premier moment :* le système nerveux de l'hypnotiseur, sous l'influence d'une excitation extérieure, envoie à son cerveau une sensation, qui est immédiatement transformée en idée ; *second moment :* cette idée se transmet par suggestion mentale au cerveau de l'hypnotisé; *troisième moment :* l'idée ainsi suggérée (à l'état d'ailleurs inconscient ou subconscient) influence le système nerveux de l'hypnotisé, qui se met lui-même en état de reproduire la sensation primitive. Tout se passe comme si le sujet, devinant les impressions et les pensées qui se succèdent dans la conscience de l'hypnotiseur, se disait : « En ce moment, mon hypnotiseur éprouve une sensation de piqûre, de brûlure, etc. ; donc il me suggère ou je me suggère à moi-même d'éprouver une sensation identique». D'après cette conception, la diapsychie sensorielle recouvrirait au fond une diapsychie intellectuelle ; la communication de sensations se ramènerait à une communication d'idées. Resterait seulement à expliquer la communication directe des deux cerveaux, à moins qu'on ne préférât l'admettre comme un fait certain quoiqu'inexplicable.

Il va de soi que les partisans du biactinisme ou magnétisme animal nous proposeront une tout autre interprétation. Selon eux, le fait primitif et général, c'est la communication réciproque des systèmes nerveux, dont la

communication réciproque des cerveaux n'est qu'un cas
particulier et dérivé. Le sujet est directement sensible à
toutes les influences qui viennent à lui non pas seulement
du cerveau, mais de toutes les parties du système nerveux
du magnétiseur; et la transmission des sensations est un
phénomène aussi direct que la transmission des pensées.
Il est donc inutile de supposer un mécanisme aussi compliqué que celui de la suggestion mentale : chez le sujet
aussi bien que chez le magnétiseur, le cerveau ne joue ici
qu'un rôle secondaire : il reçoit, il n'agit pas; le véritable
acteur est le système nerveux, qui, chez l'un comme chez
l'autre, apporte au cerveau l'excitation nécessaire. On
pourrait résumer schématiquement la différence de ces
deux conceptions en disant que, d'après la première, il
s'agit d'un phénomène *centrifuge,* puisque la cause initiale
de la sensation éprouvée sympathiquement par le sujet
part du cerveau de l'hypnotiseur pour se porter ensuite à
travers le cerveau du sujet lui-même à son système nerveux, et que d'après la seconde, il s'agit d'un phénomène
centripète, puisque aussi bien chez le magnétisé que chez
le magnétiseur, le point de départ de la sensation est dans
le système nerveux et son point d'arrivée dans le cerveau.

Laquelle de ces deux conceptions répond à la réalité?
C'est ce qu'il est impossible de déterminer par des analyses
et des raisonnements faits dans l'abstrait. Il faudrait, pour
résoudre le problème, instituer des expériences très précises et très délicates, de véritables *expériences de laboratoire,* qui, dans l'état actuel des recherches psychiques, si
dépourvues de l'organisation nécessaire, sont pratiquement irréalisables. Nous aurons d'ailleurs occasion de
revenir plus loin sur ce problème.

Peut-il aussi exister une communication de *sentiments*
ou d'*émotions* ? W. Gregory l'affirme. « Il y a aussi, dit-il,
mais peut-être à un moindre degré qu'en ce qui regarde les
sens, une communauté d'émotions (*a community of emo-*

tions). Dans les cas de ce genre, toute émotion mentale éprouvée par le magnétiseur ou par d'autres personnes mises en rapport avec le sujet est aussi éprouvée par celui-ci. Je n'ai pas encore examiné ce phénomène aussi minutieusement ni aussi complètement que les autres, à cause de la difficulté de provoquer à son gré une émotion franche et marquée. Sous ce rapport, les observations sont ordinairement accidentelles. Ainsi j'ai vu quelques sujets sourire et rire quand il arrivait à leurs magnétiseurs de le faire; et j'ai vu aussi, ce qui a été très souvent décrit par d'autres observateurs, le sujet péniblement affecté par la nervosité ou l'affolement de l'opérateur» (1). C'est même à cette cause que Gregory attribue les accidents qui se produisent parfois dans les séances où «des personnes qui n'ont aucune expérience ni aucune connaissance du magnétisme animal essaient, par amusement ou par curiosité, de produire des effets magnétiques». Toutefois la principale objection contre l'existence d'une diapsychie émotionnelle, c'est que l'émotion se manifestant, pour peu qu'elle soit vive, par des signes très facilement perceptibles, la sympathie du sujet pour les émotions de l'opérateur paraît rentrer tout naturellement dans les cadres de la sympathie normale. Pour y voir un phénomène diapsychique, il faudrait que le sujet, soit en raison de l'éloignement de l'opérateur, soit par suite d'écrans interposés, fût absolument incapable d'être renseigné sur l'état émotionnel de l'opérateur, ou que celui-ci eût assez d'empire sur lui-même pour supprimer toutes les manifestations extérieures du sentiment qu'il éprouve ou même pour simuler les manifestations d'un sentiment contraire.

On peut concevoir une troisième forme de la diapsychie voisine des deux précédentes, la *diapsychie motrice*, laquelle consisterait dans la communication des mouvements d'un

(1) *Loc. cit.*, lettre VI, p. 117.

individu à un autre; mais nous ne savons pas si cette forme s'est effectivement réalisée dans des cas qui aient pu être observés. Personnellement, nous n'en connaissons pas d'exemple : du moins ceux que nous connaissons nous paraissent très ambigus et fort difficiles à interpréter.

On ne peut tirer aucune conclusion sûre d'une expérience telle que celle-ci, que nous avons faite bien des fois : une personne applique sa main étendue sur la surface d'une table; celui qui se propose de l'influencer applique sa main dans les mêmes conditions en face de la première à la distance de trois ou quatre centimètres, de sorte que le pouce de l'une soit en face du pouce de l'autre et ainsi de suite pour tous les doigts. Puis au bout de quelques instants l'opérateur lève lentement un doigt et le laisse ensuite retomber, puis recommence à le lever pour le laisser retomber encore. Si l'on a affaire à un sujet sensible, on voit le doigt correspondant du sujet se lever graduellement et reproduire les mouvements du doigt de l'opérateur. Mais comme le sujet, qui a les yeux ouverts et qui est d'ailleurs dans l'état de veille, se rend compte de tout ce qui se passe, il semble bien qu'il n'y ait là qu'un phénomène de suggestion ordinaire, suggestion par le geste tout à fait assimilable à la suggestion par la parole.

En est-il de même dans cette autre expérience que nous avons rapportée au chapitre précédent et où le sujet reproduit *sans les voir* les mouvements du pied ou de la main de l'opérateur? Nous avons été témoin du fait dans des conditions bien singulières. Au cours d'une soirée mondaine deux individus causent dans l'embrasure d'une porte, tandis que les couples des valseurs tourbillonnent autour d'eux. L'un des causeurs soupçonne l'autre d'être un sujet; sans éveiller son attention et tout en continuant à causer, il place symétriquement la pointe d'un de ses pieds à quatre ou cinq centimètres de la pointe du pied de son interlocuteur, puis il la fait glisser lentement à plusieurs reprises sur le par-

quet; bientôt le pied de l'autre glisse aussi, d'abord imper-
ceptiblement, puis avec une rapidité croissante au point
de compromettre l'équilibre du causeur ainsi expérimenté à
son insu, qui ne comprend rien à ce qui lui arrive.
Faut-il voir là un cas d'attraction magnétique ou de suggestion mentale ? La réponse demeure incertaine. Elle le
serait peut-être moins si l'attraction avait été involontaire
et inconsciente chez l'opérateur comme chez le sujet,
comme par exemple si on observait une communication
motrice de ce genre se produisant spontanément à leur insu
entre deux individus placés dans deux chambres suffisamment distantes. Mais justement ce cas, si on l'observait
en effet, nous montrerait que la diapsychie se relie insensiblement au biactinisme et qu'à ce degré il est impossible
de les différencier nettement l'un de l'autre.

III

La forme de diapsychie la plus ordinairement citée et
étudiée est celle dont nous allons nous occuper maintenant,
la *diapsychie intellectuelle*, où ce qui se transmet d'un individu à un autre, ce sont des *idées*, des pensées proprement
dites et non pas simplement des sensations, des émotions
ou des mouvements, et où, par conséquent, le rôle prépondérant, au point de vue physiologique, semble appartenir,
non plus à tel ou tel nerf, ou, en général, au système nerveux, mais aux centres supérieurs du cerveau. C'est elle,
surtout, que l'on désigne par les noms de *suggestion mentale* et de *lecture de pensée*, et qui tient, sous ces deux noms
et principalement sous le premier, une place si importante dans les théories des psychistes contemporains.

Remarquons, tout d'abord, que ces deux dénominations
ne sont pas absolument équivalentes : elles répondent, de
part et d'autre, à deux ensembles de faits suffisamment
différents pour qu'il y ait intérêt à les distinguer. Tantôt,

en effet, dans la communication de pensée, le pôle actif, pour ainsi dire, est celui où se trouve placé l'hypnotiseur ou magnétiseur, l'opérateur en un mot, et le pôle passif est celui du sujet. Le premier, plus ou moins volontairement, transmet et impose au second son idée. Le phénomène en ce cas, est tout à fait semblable à la suggestion ordinaire : la seule différence apparente, qui, à notre avis, est, il est vrai, capitale, c'est que dans la suggestion ordinaire, la transmission se fait par les voies normales et connues de la parole ou du geste, tandis qu'elle se fait ici par des voies inconnues et vraisemblablement anormales. Tantôt, au contraire, il semble que l'opérateur se borne à penser, en quelque sorte, uniquement pour son propre compte, sans diriger aucune action sur le sujet, et que ce soit celui-ci qui, par une action *sui generis*, pénètre pour ainsi dire dans la conscience de l'opérateur et y devine, y saisisse sa pensée. Bien entendu, il peut y avoir des cas mixtes où l'effet se produise par les actions combinées de l'opérateur et du sujet, le premier faisant effort pour envoyer sa pensée et le second pour l'attirer et la recevoir; mais le plus souvent chacune de ces deux formes de la diapsychie intellectuelle se présente isolément à l'observation, et il y a bien lieu de les considérer séparément. A la première convient surtout le nom de *suggestion mentale*; le nom de *lecture* ou de *pénétration de pensée* s'appliquerait plus exactement à la seconde. Tandis que les anciens magnétiseurs voyaient dans cette dernière une sorte de clairvoyance, qu'on pourrait appeler clairvoyance *psychologique*, par opposition à la clairvoyance ordinaire toute relative au seul monde physique, c'est en poussant toujours plus loin leur étude de la suggestion que les modernes disciples des Ecoles de la Salpêtrière et de Nancy ont été conduits à soupçonner d'abord, puis à admettre la réalité de la première ; et c'est, par conséquent, à l'image et sur le modèle de la suggestion qu'ils n'ont pas cessé de la concevoir. On en trouvera la preuve dans le cas suivant rapporté par M. H. Beaunis et observé par lui avec le docteur Liébeault (1) :

« Le sujet est un jeune homme très bon somnambule, bien portant, un peu timide. Il accompagnait chez M. Liébeault sa cousine, qui est traitée par l'hypnotisme pour des accidents nerveux. M. Liébeault endort le sujet et lui dit pendant son sommeil : « A votre réveil, vous exécuterez » l'acte qui vous sera ordonné mentalement par les per- » sonnes présentes. » J'écris alors au crayon sur un papier ces mots : « Embrasser sa cousine ». Ces mots écrits, je montre le papier au docteur Liébeault et aux quelques personnes présentes en leur recommandant de lire des yeux seulement et sans prononcer, même des lèvres, une seule des paroles qui s'y trouvent et j'ajoute : « A son » réveil, vous penserez fortement à l'acte qu'il doit exé- » cuter, sans rien dire et sans faire aucun signe qui puisse » le mettre sur la voie. » On réveille alors le sujet et nous attendons tous le résultat de l'expérience. Peu après son réveil, nous le voyons rire et se cacher la figure dans ses mains et ce manège continue quelque temps sans autre résultat. Je lui demande alors : « Qu'avez-vous? — Rien. » — A quoi pensez-vous?» — Pas de réponse. « Vous savez, » lui dis-je, que vous devez faire quelque chose à quoi » nous pensons. Si vous ne voulez pas le faire, dites-nous » au moins à quoi vous pensez. — Non. » Alors je lui dis : « Si vous ne voulez pas le dire tout haut, dites-le moi » bas à l'oreille. » Je m'approche de lui : « A embrasser » ma cousine », me dit-il. Une fois le premier pas fait, le reste de la suggestion mentale s'accomplit. »

Tel est aussi le caractère des expériences rapportées par le docteur Ochorowicz (2) : *Première expérience :* L'expéri-

(1) *Revue philosophique*, 1886, I, p. 204 : « Un fait de suggestion mentale ».
(2) *Revue philosophique*, II, p. 208.

mentateur, qui est à quatre mètres de la malade, en dehors de son champ visuel, feignant de prendre des notes, la tête penchée, pense : « Lève la main droite. » Rien pendant la première minute ; à la seconde, agitation dans la main droite ; à la troisième, l'agitation augmente, les sourcils se froncent, la main droite se lève, puis retombe. — *Deuxième expérience :* « Lève-toi et viens à moi. » Première minute, agitation, froncement des sourcils. Deuxième minute, le sujet se lève lentement, avec difficulté, et vient le bras tendu. — *Troisième expérience :* « Lève-toi, va au piano, prends la boîte aux allumettes, porte-la moi en allumant l'une d'elles, puis retourne à ta place. » Le sujet se lève et s'approche de l'opérateur. « Retourne ! » Il revient à sa place. « Encore en arrière ! » Il va en avant vers la porte. On l'arrête et le reconduit au milieu de la chambre où on le laisse. Il va au piano. « Plus bas, plus bas ! » Sa main s'abaisse. « Prends la boîte. » Il la prend. « Viens à moi. » Il vient. « Allume. » Il veut donner la boîte. « Allume ! » Il retire une allumette. « Allume ! » Il l'allume et la donne. « Retourne à ta place. » Il y retourne. — *Quatrième expérience*, tout à fait pareille à celle de Liébeault et Beaunis : « Va à ton frère et embrasse-le. » La malade se lève, s'avance vers l'expérimentateur, puis vers son frère. Elle tâte l'air près de sa tête, mais ne la touche pas, s'arrête devant lui en hésitant, puis elle se rapproche lentement et l'embrasse sur le front en tressaillant.

L'idée à transmettre et à suggérer dans ces différents exemples était celle d'un *acte* relativement complexe, malgré son apparente simplicité, et cet acte, en somme, consistait dans une suite de mouvements et d'efforts musculaires. C'était, pourrait-on dire, une suggestion mentale *motrice* ; ce qu'on appelle en Angleterre le *willing-game* et qu'on a aussi appelé le cumberlandisme, du nom de celui qui a le premier exhibé publiquement ces phénomènes, repose sur des suggestions mentales de cette sorte.

Un sujet ou médium, les yeux bandés, exécute une série d'actes sous l'influence de la volonté d'un des assistants qui pense constamment à ce que le sujet doit faire, tout en décomposant au fur et à mesure dans sa pensée les différents mouvements dont cette série se compose. Il est vrai que si le médium est en contact par la main avec son conducteur, celui-ci peut le guider inconsciemment par toutes sortes de signes, et le fait, en ce cas, ne comporte pas une véritable communication de pensée. Mais l'interprétation devient plus difficile lorsque l'expérience se fait sans aucun contact entre l'opérateur et le sujet.

L'idée à suggérer mentalement peut aussi être celle d'un *état* qui pourrait être une sensation ou une émotion (par exemple, on pourrait suggérer mentalement au sujet qu'il a très chaud, très froid ; qu'il souffre à telle ou telle partie de son corps, qu'il a peur, qu'il a envie de rire, de pleurer, etc.) ; mais, en général, l'état qu'on a le plus souvent essayé de produire ainsi par suggestion mentale est le *sommeil*, entendons le sommeil magnétique ou hypnotique.

A cet égard, les expériences les plus intéressantes et les plus démonstratives sont celles qui furent faites au Havre, en 1885, par les docteurs Gibert et Pierre Janet, avec le fameux sujet Léonie. On en trouvera le compte rendu détaillé, tel qu'il fut présenté par le docteur Pierre Janet à la Société de psychologie physiologique et publié dans la *Revue philosophique* (1886, t. I et II) en deux notes successives, la première portant ce titre modeste : « Note sur quelques phénomènes de somnambulisme », et la seconde intitulée : « Deuxième note sur le sommeil provoqué à distance et la suggestion mentale pendant l'état de somnambulisme. »

Léonie ou Mme B..., soumise aux procédés hypnotiques habituels, tombait d'abord dans un état très voisin de la léthargie : flaccidité des membres qui, soulevés, retombent de tout leur poids sans aucun mouvement ; insensibilité complète à toutes les excitations, sauf une seule : celui qui a endormi le sujet peut, à l'exclusion de toute autre personne, provoquer à volonté une contracture partielle ou générale en plaçant sa main étendue à une petite distance du corps et la faire cesser en touchant légèrement la partie contracturée. Il y a là comme un signe caractéristique qui servira, au besoin, à distinguer la personne qui a endormi le sujet. Au bout d'une dizaine de minutes, quelquefois plus, le sommeil semble devenir moins profond et le somnambulisme succède à la léthargie. Le sujet est maintenant très sensible à toutes les impressions : il entend tout ce qu'on lui dit et répond avec intelligence, mais il reste plus particulièrement en rapport avec celui qui l'a endormi et qui peut seul le réveiller. Puis, de nouveau, la léthargie reparaît pour céder encore une fois la place au somnambulisme, et ces deux états se succèdent ainsi alternativement presque de quart d'heure en quart d'heure pendant toute la durée du sommeil.

Le procédé le plus habituellement employé pour endormir Léonie était la pression de la main, surtout du pouce. Cependant, « M. Gibert tenait un jour sa main pour l'endormir ; mais il était visiblement préoccupé et songeait à autre chose que ce qu'il faisait : le sommeil ne se produisit pas du tout », et M. Janet répéta cette expérience de diverses manières avec le même résultat. Donc, « pour endormir Mme B..., il fallait concentrer fortement sa pensée sur l'ordre du sommeil qu'on lui donnait, et plus la pensée de l'opérateur était distraite, plus le sommeil était difficile à provoquer ». Cette influence de la pensée de l'opérateur est prépondérante au point qu'elle peut remplacer toutes les autres. « Nous laissâmes, dit M. Janet (1), Mme B... assise au bout de la chambre, puis, sans la toucher et

(1) *Revue philosophique*, 1886, I, p. 193.

sans rien dire, M. Gibert, placé à l'autre bout, pensait qu'il voulait la faire dormir : après trois minutes, le sommeil léthargique se produisit », et la même expérience fut répétée plusieurs fois par M. Janet. Mais, dira-t-on, la présence des expérimentateurs, leur attitude, leur silence ne pouvaient-ils pas provoquer chez le sujet l'idée du sommeil et par suite le sommeil même ? Cependant, « il m'est arrivé plusieurs fois, dit M. Janet, en attendant M. Gibert, de rester près de Mme B... dans la même attitude méditative, dans le même silence, sans penser à l'endormir, et le sommeil ne commençait pas du tout. Au contraire, dès que, sans changer d'attitude, je songeais au commandement du sommeil, les yeux du sujet devenaient fixes et la léthargie commençait aussitôt ». De plus, comment expliquer que *seul*, celui des deux expérimentateurs qui avait provoqué le sommeil par la pensée pouvait provoquer pendant la léthargie le phénomène caractéristique de la contracture ?

Dans les expériences qui précèdent, l'expérimentateur se trouvait dans la même chambre que le sujet. Laissant M. Janet auprès de Mme B... et sans la prévenir de son intention, M. Gibert s'enferme dans une chambre voisine, à une distance de six à sept mètres, et là, il lui donne mentalement l'ordre du sommeil. Au bout de quelques instants, M. Janet constate que les yeux du sujet se ferment et que le sommeil commence. Il n'a sur elle aucune influence, tandis qu'elle obéit entièrement à M. Gibert qui peut seul la contracturer et qui doit la réveiller : preuve manifeste que c'est bien lui qui l'a endormie. Nouvelle expérience encore plus concluante, bien qu'au point de vue de la suggestion proprement dite, elle paraisse avoir échoué : M. Janet demande à l'improviste à M. Gibert d'endormir, de son cabinet, Mme B... qui était alors dans une autre maison, à 500 mètres au moins de distance, et qui n'avait jamais encore été endormie à cette heure de la journée. Il se transporte alors auprès de Mme B... qu'il trouve éveillée et qu'il endort en la touchant. Mais, ce qui montre bien que dans ce cas et dans tous les cas de ce genre, l'élément essentiel est la transmission de la pensée, la diapsychie et non la suggestion, c'est que le sujet, une fois entré en somnambulisme, spontanément, fait voir que s'il n'a pas obéi à la volonté de l'opérateur, il n'en a pas moins senti son influence et reçu communication de sa pensée : « Je sais bien, dit Léonie, que M. Gibert a voulu m'endormir, mais, quand je l'ai senti, j'ai cherché de l'eau et j'ai mis mes mains dans l'eau froide... je ne veux pas que l'on m'endorme ainsi. » Vérification faite, elle avait réellement mis ses mains dans l'eau froide avant l'arrivée de M. Janet. Peut-on dire que cette expérience ait échoué, comme le prétend M. Janet? Il nous semble, au contraire, qu'elle a bien mieux réussi que si le sommeil s'était effectivement produit ; car, ce qui importe, c'est non l'obéissance du sujet à l'ordre qui lui est donné (obéissance qui n'est que le fait banal de suggestion ordinaire), mais la transmission de cet ordre au sujet dans des conditions où il lui est impossible de le recevoir par les voies de la perception normale.

La même expérience est recommencée dans des conditions un peu différentes. M. Janet prie M. Gibert d'endormir Mme B..., non sur le moment même, mais un quart d'heure plus tard, et il se transporte immédiatement auprès d'elle pour la surveiller et l'empêcher de mettre ses mains dans de l'eau froide; mais Mme B... s'est enfermée dans sa chambre. Au moment convenu avec M. Gibert, on monte chez elle et on la trouve renversée sur une chaise dans une position fort pénible et profondément endormie. Ses premières paroles, dès qu'elle entre en somnambulisme, sont une protestation contre la surprise qui vient de lui être faite : « Pourquoi m'endort-il de chez lui, M. Gibert?... je n'ai pas eu le temps de mettre mes mains dans la cuvette. Je ne veux pas... » Ni M. Janet, ni aucun des assistants n'a d'influence sur elle et ne peut provoquer la contracture. On est obligé, pour réveiller le sujet, d'aller chercher M. Gibert.

L'expérience du 14 octobre est peut-être encore plus saisissante. Ce jour-là, M. Gibert est à Granville, c'est-à-dire à deux kilomètres au moins de Mme B... M. Janet sait que le docteur doit endormir Léonie à une heure quelconque de la journée, heure qui lui sera désignée par une tierce personne, mais que lui-même doit ignorer. Il se rend auprès de Mme B... vers 4 h. 1/2 : elle dormait déjà depuis un quart d'heure d'un sommeil profond. A 5 heures, tout en dormant, elle se met à gémir, à trembler et murmure: « Assez... assez... ne faites pas cela.. », se lève sur son séant, se met debout, fait quelques pas, puis, éclatant de rire, se rejette en arrière sur le fauteuil et se rendort profondément. A 5 h. 5, reproduction de la même scène ; tremblements, gémissements, efforts pour se lever, pour marcher, éclat de rire avec ces mots : « Vous ne pouvez pas... si peu, si peu que vous soyez distrait, je me rattrape... », et reprise du sommeil. Même scène encore à 5 h. 10. Quand M. Gibert arrive à 5 h. 1/2, il montre à M. Janet une carte qui lui avait été remise par une tierce personne, M. D..., et par laquelle on lui demandait d'ordonner à Mme B... différents actes assez compliqués de cinq minutes en cinq minutes depuis 5 heures. Cette fois encore, la suggestion proprement dite avait échoué, mais la diapsychie, la communication de pensée, avait pleinement réussi. Aucun exemple n'est mieux fait, à notre avis, pour nous montrer la distinction radicale de ces deux phénomènes que l'appellation de suggestion mentale tend si abusivement à confondre.

Il était possible cependant de réussir avec Mme B... des suggestions mentales proprement dites, pourvu qu'au lieu de lui commander d'exécuter l'ordre immédiatement pendant le sommeil, on lui commandât mentalement une

action à exécuter plus tard quelque temps après le réveil.
M. Janet cite trois expériences faites dans ces conditions.

Dans la première, M. Gibert, sans prononcer une parole,
approche son front de celui de Mme B... et lui ordonne
mentalement de venir entre 11 heures et midi « offrir un
verre d'eau à chacun de ces messieurs. » Il ne dit cet ordre
à personne et se contente de l'écrire sur un papier qu'il
met sous enveloppe. A 11 h. 1/2, Mme B... manifeste la plus
grande agitation, quitte la cuisine, va prendre un vase
qu'elle emporte, puis entre dans le salon et demande à
M. Janet si on ne l'a pas appelée. Enfin elle tombe endormie
à distance par M. Gibert. Dans son sommeil elle s'excuse
en quelque sorte de n'avoir pas accompli la suggestion
jusqu'au bout. « Je tremblais quand je suis venue vous
demander si on m'avait appelée... ce n'était pas commode
de venir avec ce plateau... pourquoi veut-on me faire
porter des verres ? », etc.

Dans la seconde expérience, MM. Gibert et Janet pensent
d'abord à commander au sujet de cueillir une rose et de
visiter la boîte aux lettres placée près de la porte d'entrée,
puis ils fixent leur choix sur la suggestion suivante :
« Demain à midi, fermer à clef les portes de la maison ».
La suggestion est inscrite par M. Janet sur un papier
qu'il garde sur lui et ne communique à personne. Le lendemain, quand M. Janet arrive, à midi moins un quart,
il trouve la maison barricadée et la porte fermée à clef.
C'est Mme B... qui vient de la fermer ; interrogée, elle
explique ainsi son acte : « Je me sentais très fatiguée et
je ne voulais pas que vous puissiez entrer pour m'endormir. » Elle est, à ce moment, très agitée ; elle continue
à errer dans le jardin et on la voit cueillir une rose et
aller visiter la boîte aux lettres.

Enfin, dans une troisième expérience, nous constatons
encore la disjonction possible de l'élément suggestif et de
l'élément diapsychique dans la prétendue suggestion men-

tale. M. Gibert ordonne par la pensée à Léonie d'ouvrir un parapluie le lendemain à midi et de faire deux fois le tour du jardin. Le lendemain, elle fut très agitée à midi, fît deux fois le tour du jardin, mais n'ouvrit pas de parapluie. Endormie par M. Janet, qui désirait mettre fin à son agitation grandissante, elle se plaint qu'on l'ait « fait marcher tout autour du jardin ». « J'avais l'air bête... encore s'il avait fait le temps d'hier... mais aujourd'hui j'aurais été tout à fait ridicule. » Ce jour-là, il faisait fort beau et la veille il pleuvait beaucoup. Donc l'ordre, incomplètement exécuté, n'en avait pas moins été parfaitement compris (1).

On peut se demander, à propos de ces expériences, si le mécanisme du sommeil provoqué à distance par l'action mentale est bien assimilable à celui de la suggestion mentale proprement dite, à celle qui consiste dans la transmission d'une idée. En d'autres termes, est-ce bien l'*idée* du sommeil, présente dans l'esprit de l'opérateur, qui est perçue plus ou moins consciemment par l'esprit du sujet et qui produit elle-même le sommeil, selon les lois bien connues de la suggestion, ou est-ce une *influence* indéfinissable, émanant de l'opérateur, qui est ressentie par le sujet et qui produit en lui le sommeil, sans l'intervention d'aucune idée? Dans cette seconde hypothèse, le phénomène relèverait moins de la suggestion mentale que du magnétisme animal, et l'on comprendrait pourquoi il est souvent si difficile de suggestionner mentalement certains sujets chez lesquels cependant on provoque le sommeil à distance avec une facilité relative. Dans notre *Psychologie inconnue* (2), nous avons déjà signalé la nécessité de dis-

(1) Nous ne croyons pas utile de résumer ici le compte rendu de la seconde série d'expériences faites dans les premiers mois de l'année suivante. Ces expériences ne font d'ailleurs que confirmer les précédentes.

(2) *Loc. cit.*, p. 345. « La véritable transmission de pensée consiste dans le fait que le cerveau de A, en agissant sur le cerveau de B, suscite dans la conscience de B l'apparition d'une *idée* ou d'une série d'idées

tinguer ces deux hypothèses, et si la distinction peut paraître subtile, c'est qu'en réalité, comme nous essaierons de le montrer plus loin, le biactinisme et la diapsychie sont extrêmement voisins l'un de l'autre, ou pour mieux dire, celle-ci n'est qu'un dérivé particulier de celui-là.

IV

Peut-être, en serrant les choses de plus près, arriverait-on à douter que les faits dont nous venons de nous occuper et dans lesquels les idées suggérées mentalement se rapportent toutes à des *actes* ou à des *états* soient, à proprement parler, des suggestions d'ordre intellectuel, de véritables suggestions *d'idées ;* car il semble bien que l'idée de l'acte ou de l'état ne soit ici que le moyen de la suggestion dont la véritable fin est cet acte ou cet état même. Ce que l'opérateur cherche à obtenir, ce n'est pas que le sujet pense à l'action de se lever ou au sommeil, c'est qu'il se lève en effet ou qu'il dorme ; et pour obtenir ce résultat, le facteur

identiques à celles qui occupent au même moment la conscience de A. Or, ce que mon cerveau envoyait au cerveau de B, dans toutes les expériences que j'ai faites avec lui, ce n'était pas l'idée du sommeil ou du réveil, mais une influence purement physique qui produisait le sommeil ou le réveil indépendamment de toute idée. » — Cf. dans la *Revue philosophique*, 1886, I, p. 200, l'observation de M. J. Héricourt, relative à une dame chez laquelle il n'avait jamais pu nettement provoquer la suggestion mentale, mais qui s'endormait uniquement lorsqu'il *voulait* l'endormir et qui ressentait une sensation douloureuse dans la région précordiale lorsqu'il *pensait* à elle. Le Dr Albert Ruault, qui rapporte d'autres faits semblables (*Revue philosophique*, 1886, II, p. 691), insiste sur la différence qu'il y a entre les phénomènes de cet ordre et la suggestion mentale vraie. Parlant d'un jeune homme chez lequel il pouvait lui-même provoquer le sommeil par un simple effort de volonté, il dit : « Ce n'était pas là de la suggestion mentale, car j'ai bientôt reconnu qu'il arrivait au sommeil uniquement par l'intensité et la durée de l'impression qu'il ressentait lorsque je faisais un effort de volonté en pensant à lui. J'entends dire par là qu'il ne s'endormait pas parce que je voulais qu'il dormît, mais seulement parce qu'il sentait vivement que je m'occupais de lui mentalement. »

essentiel, n'est-ce pas sa volonté plus encore que son intelligence? Le véritable type de la suggestion mentale proprement dite ou du moins de la diapsychie purement intellectuelle consisterait, d'après cela, dans la communication d'une idée, sans rien de plus, par conséquent d'une idée qui se réalise dans l'esprit du sujet uniquement à l'état d'idée, ou, si on aime mieux, de représentation, de pensée, et non comme excitation tendant à provoquer chez lui, extérieurement à son esprit, un certain état ou un certain acte.

Le fait se produit quelquefois spontanément lorsque, par exemple, un certain nom vient tout à coup à l'esprit d'une personne sans y être appelé par là suite antérieure de ses pensées, au moment même où une autre personne pense ce nom et va le prononcer ; mais on peut presque toujours se demander si ce n'est pas là une coïncidence fortuite. On a essayé de produire le phénomène expérimentalement, surtout en Angleterre, dans la Société des recherches psychiques. En France, M. Ch. Richet a fait aussi des expériences dans ce sens. Un individu A pense successivement différents *nombres ;* un autre individu B, qui s'est mis autant que possible dans un état de réceptivité spéciale, indique à chaque fois le nombre dont l'idée a surgi tout à coup dans son esprit. Ou bien encore A regarde successivement avec attention les *cartes* d'un jeu qu'il est seul à voir : B nomme successivement les cartes auxquelles il pense. On note combien de fois les idées de A et de B ont concordé, et, d'après le calcul des probabilités, on se rend compte si le nombre des concordances est supérieur à ce qu'il aurait dû être dans l'hypothèse de coïncidences fortuites.

L'expérience paraît un peu plus compliquée lorsqu'il s'agit de transmettre mentalement l'idée d'un *objet* plus ou moins familier : montre, clé, anneau, vase, lampe, ou même maison, arbre, animal, etc. Dans les expériences de ce genre, instituées par la Société des recherches psychiques de Londres, le transmetteur A était dans une pièce, ayant sous les yeux l'image de l'objet ; le récepteur B était dans une autre pièce voisine, essayant de reproduire avec un crayon sur le papier cette image ou du moins celle qui lui venait à l'esprit et qui se trouvait assez souvent conforme dans ses traits caractéristiques à l'image pensée et regardée par A.

Les anciens magnétiseurs avaient déjà observé cette forme de lecture de pensée, sans toutefois la distinguer suffisamment de celle que nous allons étudier tout à l'heure et où la communication des idées se fait involontairement, inconsciemment, de l'opérateur au sujet, celui-ci paraissant plutôt deviner lui-même, sans que le premier fasse aucun effort pour lui rien transmettre. « Le dormeur, dit W. Gregory (1), étant *mis en rapport* avec une personne quelconque, peut souvent décrire, avec la plus grande exactitude, le sujet qui occupe les pensées de cette personne. Ce peut être un ami absent, ou sa maison, ou celle d'un autre, ou sa salle à manger, sa chambre à coucher, son cabinet, etc. Toutes ces choses, le dormeur les perçoit à mesure qu'elles traversent l'esprit de l'expérimentateur et les décrit de façon très minutieuse et très exacte, au point d'exciter notre étonnement. » W. Gregory fait d'ailleurs remarquer que cette forme de lecture de pensée simule souvent la clairvoyance avec laquelle elle risque d'être confondue, ainsi que nous le montrerons nous-même dans le chapitre suivant.

V

Venons maintenant à la vraie lecture ou pénétration de pensée, qui diffère, on s'en souvient, de la suggestion mentale en ce qu'elle se produit indépendamment de la volonté et à l'insu de l'opérateur, le rôle actif paraissant

(1) *Letters on animal magnetism*, p. 123.

cette fois appartenir entièrement au sujet, et qui, justement
en raison de cette circonstance, est beaucoup plus difficile à constater avec certitude. Cependant, au dire de certains psychistes contemporains, notamment de tous ceux
qui font partie de la Société des recherches psychiques ou
qui s'inspirent de ses doctrines, il n'y a pas dans l'ordre
des faits parapsychiques de phénomène plus fréquent que
celui-là : il se glisse, selon eux, dans presque tous les autres
et les rend incompréhensibles pour qui n'y soupçonne pas
sa présence, tandis qu'il suffit d'admettre son intervention
latente pour que toutes les obscurités s'éclaircissent.

Nous pouvons appliquer ici à la pénétration de pensée
une distinction que nous avons déjà appliquée à la suggestion : celle du fait et de l'hypothèse. Autre chose, en effet,
est constater directement la pénétration de pensée comme
un fait que nous observons en dehors de tout raisonnement ; autre chose de supposer qu'elle a dû se produire
en telle ou telle occasion, parce que cette supposition permet seule, à notre avis, de donner une solution plausible
à l'énigme que nous pose un certain cas particulier. Or,
si nous nous reportons à notre expérience personnelle,
nous sommes obligé de confesser qu'il ne nous a jamais
été donné de constater la pénétration de pensée ainsi
entendue dans des conditions qui ne laissent place à aucun
doute, bien que notre attention ait été toujours tournée
de ce côté. Sauf un seul sujet, Ludovic S..., qui dans quatre
occasions différentes réussit, sur notre invitation, à énoncer
tout haut un nom que nous pensions à chaque fois silencieusement (1), nous n'en avons jamais rencontré qui fût
en état, soit d'obéir à nos suggestions non manifestées par
la parole ou par le geste, soit de deviner spontanément nos
pensées, nos intentions non exprimées. Mais il se peut
que nous ayons été mal servi par le hasard ou que nous

(1) V. *Psychologie inconnue*, p. 269. Cf. *ibid*, p. 328.

manquions de l'aptitude spéciale peut-être indispensable pour produire cette sorte de phénomène.

Un jeune membre de notre famille, qui paraissait particulièrement doué sous ce rapport, nous a raconté une expérience faite par lui où il est impossible de ne pas voir un cas absolument caractérisé de pénétration de pensée. Il venait d'achever son service militaire dans un régiment d'infanterie à Bordeaux, et, rentré à Dijon, il avait trouvé dans la femme d'un de ses amis un sujet hypnotique d'une rare sensibilité. L'ayant endormie, il lui suggéra que lorsqu'elle se réveillerait, elle aurait changé de personnalité et serait identifiée avec lui, tel qu'il était pendant son service militaire. « Vous serez le caporal B..., vous aurez devant vous les hommes de votre escouade et vous leur ferez la théorie. » En effet, le sujet étant passé du sommeil à l'état de veille apparente, se mit à interpeller militairement les assistants, leur posa des questions sur la hiérarchie des grades, les signes auxquels on reconnaît chacun d'eux, etc., et sans doute il pouvait tirer de lui-même ces notions que tout le monde peut avoir acquises sans avoir nécessairement appartenu à l'armée. Toutefois, lorsque s'adressant à un des amis de son mari transformé pour elle en soldat, la jeune femme lui demanda : « Comment s'appelle le colonel du régiment ? », l'hypnotiseur crut devoir se substituer à l'interpellé pour dire le nom que celui-ci ignorait ; mais il fut aussitôt rabroué par le sujet : « Taisez-vous. Ce n'est pas vous que j'interroge. » Aussi garda-t-il le silence, tout comme l'interpellé, quand vint cette autre question : « Comment s'appelle le capitaine de la compagnie ? » Quelle ne fut pas sa surprise lorsqu'il entendit le sujet dire le nom qu'il pensait silencieusement et qu'il était seul à connaître dans l'assistance! Sa surprise grandit encore quand le caporal improvisé ajouta : « Il faut que vous soyez bête comme cruchade pour ne pas savoir le nom de votre capitaine. » La *cruchade* est le nom populaire de la bouillie de maïs dans le Bordelais, et l'expression « bête comme cruchade » est couramment employée dans le peuple à Bordeaux pour signifier une bêtise épaisse. L'un et l'autre sont totalement inconnus des Bourguignons. Certainement l'hypnotiseur avait souvent entendu cette expression, peut-être l'avait-il lui-même employée en parlant aux hommes de son escouade, mais certainement aussi il n'y pensait pas en ce moment. Non seulement donc le sujet, momentanément identifié avec celui qui l'avait endormi, lisait dans ses pensées actuelles et conscientes, mais il pénétrait même au delà de sa conscience jusque dans l'arrière-fond de ses souvenirs.

C'est encore dans les régions de la subconscience que certains sujets parviennent à démêler tout cet ensemble de virtualités latentes, affectives, intellectuelles et actives, qui composent le *caractère* d'une personne, lorsqu'ils font de ce caractère, en quelques minutes, sans données préalables, sans effort apparent de réflexion, une analyse psychologique telle qu'un psychologue de profession, opérant avec toutes les ressources de la science sur les plus minutieuses informations, serait certainement incapable d'en faire une aussi complète et aussi exacte. « Je n'oublierai pas, écrit le docteur Vaschide, la surprise de mon ami, le docteur von Schrenk-Notsing, le psychologue munichois bien connu, quand Mᵐᵉ F... lui traça chez moi son portrait psychologique avec une richesse de détails exubérants. J'ignorais, pour ma part, ces détails, et Mᵐᵉ F... était dans l'impossibilité absolue non seulement de les connaître avant ma consultation, mais même d'avoir pensé à se documenter d'une manière quelconque ; je l'avais priée de venir, par une dépêche et au pied levé. Les exemples de ce genre ne manquent pas » (1).

_____

(1) *Essai sur la psychologie de la main*, par le Dʳ Vaschide (Paris, Rivière, édit., 1909), p. 485.

L'étude expérimentale de la lucidité, au sens populaire de ce mot, de la cartomancie, de la chiromancie, de la psychométrie et autres pratiques occultes de ce genre, étude évidemment fort scabreuse et peu faite pour tenter les savants, nous révélera pourtant, selon toute vraisemblance, au milieu de beaucoup d'illusions et de supercheries, des cas certains et intéressants de communication de pensée conformes au type qui nous occupe en ce moment. En voici un, pris dans le livre du docteur Osty (1) qui prouve incontestablement, à notre avis, la réalité de la diapsychie intellectuelle en même temps que la fausseté de la « doctrine cartomantique ».

Il s'agit, en effet, d'une cartomancienne, Mme K..., qui consulte ses cartes pour une personne à laquelle pense le docteur Osty. Celui-ci, après avoir coupé le jeu et choisi un certain nombre de cartes, se représentait mentalement la personne qui devait servir d'objectif à la divination. « Dès qu'elle eût, écrit-il, disposé le jeu, Mme K... se mit, en effet, à me parler de cette personne d'une façon très claire et très exacte. Après quelques minutes, je cessai de concentrer ma pensée sur la personne en cause. Mme K... n'en continua pas moins de m'en parler quand, brusquement, me vint le regret de n'avoir pas fait exercer la science de l'augure de préférence sur un de mes amis dont la vie présente était si mouvementée qu'il y aurait eu, de ce fait, bien meilleure matière à expérience. Or, à peine cette pensée eût-elle occupé mon attention, que la cartomancienne cessa de me dire des choses concernant la première personne pour ne faire que des révélations concernant exclusivement la seconde. Les existences de ces deux personnes étaient si différentes que le sujet dut bientôt manifester son étonnement du dédoublement bizarre qui semblait exister dans l'unique individualité qu'elle croyait

(1) *Lucidité et intuition*, Dr Eugène Osty (Paris, Félix Alcan), p. 240.

traduire... Depuis, j'ai observé chez les cartomanciennes, autant de fois que je l'ai désiré, cette influence de la pensée du consultant sur la direction de leur lucidité. »

Dans les séances spiritiques il n'est pas rare de constater que les réponses données par la table, la planchette ou le crayon, reflètent non les pensées du médium mais celles de quelqu'un des assistants qui est tout surpris de voir ainsi révélé publiquement ce qu'il croyait caché à tous au plus profond de lui-même. Il est vrai que les croyants de la doctrine spirite refuseraient probablement de reconnaître ici la diapsychie comme un *fait* évident et la considéreraient comme une *hypothèse* à laquelle ils ont eux-mêmes le droit d'en opposer et d'en préférer une autre; mais nous pouvons bien dire que si le choix doit être déterminé par des raisons exclusivement scientifiques, l'hypothèse de la diapsychie, dans des conditions comme celles que nous avons indiquées, s'impose à l'exclusion de toute autre.

VI

Nous arrivons maintenant à des faits pour lesquels la diapsychie s'offre à nous comme une explication plus ou moins plausible et qui, si cette interprétation était définitivement adoptée, prouveraient, non seulement qu'elle est une réalité, mais même que c'est une réalité très fréquente, et qu'il faut voir en elle autant, sinon plus que dans la suggestion, la clé de la plupart des phénomènes parapsychiques.

Voici tout d'abord le *phréno-magnétisme*, aujourd'hui profondément oublié, ainsi que la phrénologie elle-même, et qui reste à bien des égards une énigme dont le mot nous échappe encore: « Chez quelques sujets magnétiques, dit W. Gregory (1), si nous touchons du doigt une partie

(1) *Letters on animal magnetism*, p. 232.

donnée de la tête, telle que, par exemple, l'organe du *son musical* ou de l'*amour-propre, sans un mot de suggestion*, nous obtenons instantanément une manifestation correspondante. C'est réellement, en beaucoup de cas, comme si on touchait les clés d'un orgue quand les soufflets sont pleins de vent et que le son suit instantanément. Si le son musical est l'organe touché, le sujet aussitôt se met à chanter. Si c'est l'amour-propre, il rejette sa tête en arrière, il se pavane avec une immense dignité et se déclare supérieur au reste de l'humanité. Touchez l'organe de l'amour des enfants, et il berce un bébé imaginaire avec une affection toute paternelle. » L'auteur poursuit ainsi la série des effets produits par l'attouchement des diverses parties du crâne, bienveillance, acquisivité, prudence, espérance, etc. « Je ne parle, dit-il, que d'une petite partie de ce que j'ai souvent vu et souvent produit. Il est inutile de dire que je l'ai fait dans des cas où aucune tromperie n'était et ne pouvait être pratiquée. La question est plutôt : Comment ces effets sont-ils produits ? »

A cette question, il répond que dans certains cas « la suggestion ou la volonté de l'opérateur, ou la sympathie entre l'opérateur et le sujet suffisent pour expliquer les faits. » C'est reconnaître l'intervention possible de la diapsychie dans le phréno-magnétisme. Mais, ajoute-t-il, « il y a d'autres cas où cette explication ne vaut pas », et il énumère les preuves de cette assertion.

D'abord, le sujet ignore souvent jusqu'au nom de la phrénologie et ne connaît la situation d'aucun organe. Ce qui ne l'empêche pas de réagir instantanément au contact, à quelque moment qu'il se produise, exactement comme si la volonté ou la pensée de l'opérateur était l'agent. Mais, pourrait-on dire, il n'importe pas que le sujet ignore ce qu'on prétend lui faire, si l'opérateur le sait. Un second argument, qui a plus de force, c'est que lorsque l'opérateur, comme il arrive souvent, est aussi ignorant de la phrénologie que le sujet, il est surpris et confondu devant le résultat, attendu qu'en touchant une certaine partie, il n'en connaissait pas la fonction et par conséquent n'avait à cet égard aucune volonté quelconque. Cependant, là aussi, affirme W. Gregory, la manifestation se produira souvent tout aussi bien. Mieux encore, la pression d'une chaise, ou du mur, sur une partie de la tête, quoique tout à fait accidentelle, aussi bien que le contact accidentel d'une main ou d'un bras, que ce soit de l'opérateur ou d'un autre, produiront les mêmes effets. Même il arrive souvent que lorsqu'un opérateur qui connaît la phrénologie, a l'intention de toucher un organe et, se tournant pour parler à quelqu'un, en touche par erreur un autre avec l'idée du premier dans l'esprit, ou quand sa main glisse d'un organe à un autre, il est surpris de ce qui paraît un résultat erroné jusqu'à ce qu'il en découvre la cause, et tout ceci dans des cas où le sujet n'a aucune espèce d'idée de la phrénologie.

Il faut avouer que si ces faits ont été exactement observés, ils sont pour nous absolument incompréhensibles; et cependant nous ne pouvons souscrire à la conclusion de l'auteur affirmant que dans tous ces cas où la sympathie et la volonté c'est-à-dire, en d'autres termes, la suggestion mentale ou diapsychie ne suffit pas pour l'explication, « on ne peut expliquer les résultats obtenus qu'en admettant les organes phrénologiques et l'influence de l'opérateur sur ces organes par le contact ». Il s'est sans doute glissé dans ces expériences, à l'insu des observateurs, une cause d'erreur qu'il nous est actuellement bien difficile de découvrir, et pourtant il ne serait pas sans intérêt d'instituer de nouvelles recherches pour essayer de résoudre un aussi déconcertant problème.

Le même point d'interrogation se pose à propos de bien d'autres faits parapsychiques. Nous ne citerons ici que les plus saillants.

On sait l'importance attribuée par l'Ecole de la Salpêtrière au phénomène du *transfert*. Il consiste en ce que
« sous l'influence des métaux, ou bien encore de l'aimant,
on peut voir chez certains sujets quelques manifestations
de l'hystérie telles que l'anesthésie sensitive et sensorielle,
les paralysies, les contractures, les arthralgies, lorsqu'elles
sont limitées à un côté du corps, disparaître de ce côté et
apparaître du côté opposé (1) ». Mais il ne se borne pas là.
Deux sujets peuvent jouer, au point de vue du transfert,
l'un par rapport à l'autre, un rôle analogue à celui que
joue chez un seul sujet un côté du corps par rapport au
côté opposé. Souvent ce transfert d'un côté à l'autre ou
d'un sujet à l'autre recommence spontanément sans nouvelle application métallique et se répéte un certain nombre
de fois de suite comme par des *oscillations consécutives*.
Des anesthésies, des paralysies, des contractures, etc.,
peuvent être ainsi transférées non seulement quand elles
existent déjà naturellement chez le malade mais encore
quand elles y ont été produites artificiellement par suggestion. Naturellement, l'Ecole de Nancy attribue à la suggestion, telle qu'elle la pratique elle-même, ces curieux effets.
Pourtant ceux qui les ont obtenus déclarent qu' « ils se sont
placés dans des conditions telles que toute idée de simulation ou de *suggestion* doit être absolument écartée (2). »
« Engagé dans des recherches nouvelles, dit l'un d'eux (3),
nous étions incapable de prévoir, dans la plupart des cas,
ce qui allait se produire ; nous avons caché l'aimant sous
un linge, et les mêmes effets se sont produits ; nous avons
rendu l'aimant invisible par suggestion et l'effet a continué
à se produire ; nous avons employé un aimant en bois et

(1) Dʳ J. Babinski, *Revue philosophique*, 1886, I, p. 697. Recherches
servant à établir que certaines manifestations hystériques peuvent être
transférées d'un sujet à un autre sujet sous l'influence de l'aimant.
(2) Babinski, *loc. cit.*
(3) A. Binet, *Revue philosophique*, 1886, II, p. 557.

rien ne s'est passé; nous avons expérimenté sur des malades *complètement neufs* et obtenu les mêmes résultats. » Toutes ces assertions excluent, en effet, la suggestion ordinaire; mais, sauf peut-être la première, excluent-elles également la suggestion mentale sous la forme de la diapsychie involontaire? Pour lever ce doute, il faudrait recommencer les expériences dans des conditions telles que l'opérateur ne puisse, pas plus que le sujet, se faire d'avance aucune idée de leurs résultats.

Ce n'est pas seulement au sujet du *transfert* que les contradicteurs de l'Ecole de la Salpêtrière pourraient recourir avec profit à l'hypothèse de la diapsychie; c'est au sujet de presque toutes les particularités attribuées à l'hypnotisme par les doctrines de cette Ecole. Il est vrai qu'il leur faudrait par cela même dépasser le cercle étroit de la suggestion proprement dite, où ils se croient en terrain solide, pour s'aventurer sur les sables mouvants de la suggestion mentale; mais ils y seront forcés tôt ou tard. Nous ne croyons pas, en effet, qu'ils puissent indéfiniment soutenir sans en donner de preuves précises, que tous les observateurs et expérimentateurs qui ne sont pas d'accord avec eux sur tel ou tel détail des phénomènes hypnotiques ont dû susciter eux-mêmes par leurs suggestions les effets qu'ils ont relatés. Si le fait a pu se produire quelquefois, souvent même, il est invraisemblable qu'il se soit produit toujours. Dans bien des cas, ceux-ci déclarent qu'ils se sont scrupuleusement abstenus de rien suggérer à leurs sujets : pourquoi leur ferait-on l'injure de douter de leur parole? Mais s'ils n'ont rien suggéré volontairement, sciemment à leurs sujets, il se peut, si la diapsychie existe, que leurs sujets aient quand même deviné leur pensée et que cette pensée se soit manifestée dans les phénomènes observés.

Soit, par exemple, le phénomène de l'*hyperexcitabilité neuro-musculaire* qui, au dire de l'Ecole de Charcot, caractérise l'une des phases de l'hypnotisme, la léthargie. L'Ecole de Nancy affirme qu'elle ne l'a jamais constaté, et elle en conclut qu'il est un simple effet de la suggestion. Pourtant il est bien malaisé de croire — tant qu'on n'en aura pas fourni la preuve — que tous ceux qui l'ont observé avaient commencé par l'annoncer et le décrire à haute voix en présence de leurs sujets. Mais il se peut que leur pensée, à défaut de leur parole, ait suffi pour le provoquer, si toutefois la diapsychie existe véritablement. Nous pourrons en dire autant des *zones* et des *points hypnogènes* et en général des *stigmates* hystériques admis par l'Ecole de la Salpêtrière comme des faits existants par eux-mêmes, antérieurement à l'observation qui ne fait que les révéler, et considérés par l'Ecole de Nancy comme des illusions créées au fur et à mesure par les suggestions même de celui qui les observe.

Si l'on admet l'intervention de la diapsychie dans tous ces cas, on est amené à supposer que l'*idée* seule ne suffit pas pour le succès de la suggestion mentale, mais qu'il faut en outre la *croyance* (bien que dans beaucoup d'autres cas, et ce n'est pas une des moindres obscurités de la question, l'idée, sans la croyance, paraisse suffire). En effet, imaginons que nous faisons expérimenter tour à tour avec un même sujet deux expérimentateurs imbus l'un des doctrines de l'Ecole de la Salpêtrière, l'autre de celles de l'Ecole de Nancy; le premier cherche à vérifier l'hyper-excitabilité neuro-musculaire, et il y réussit; le second, opérant, par hypothèse, exactement de la même façon, constate un résultat négatif. Pourtant le second, comme le premier, a présent dans son esprit l'idée du phénomène et de ses diverses particularités; mais le premier *croit* que le phénomène est possible et qu'il va se produire; le second *croit*, au contraire, qu'il ne se produira pas. Le sujet est donc capable de percevoir la différence de ces deux idées, accompagnées l'une de croyance, l'autre de non-croyance, et c'est pourquoi il réagit différemment à l'égard de chacune d'elles. Qu'arriverait-il cependant si les deux opérateurs agissaient en même temps sur le sujet et que l'un des deux eût sur lui une influence prépondérante? Si l'un tend inconsciemment à susciter le phénomène, l'autre tend inconsciemment à l'empêcher. Le premier l'emporte-t-il sur le second? Le partisan de l'Ecole de Nancy verra avec stupeur le sujet réaliser — sans suggestion apparente — ce qu'il assurait n'être réalisable que grâce à la suggestion. Est-ce l'inverse? Le partisan de l'Ecole de la Salpêtrière sera confondu de voir que l'effet attendu, et déjà si souvent observé par lui, se dérobe tout à coup à son appel.

Faisons toutefois remarquer que l'action inhibitrice de la suggestion mentale, exactement d'ailleurs comme celle de la suggestion ordinaire, ne s'exerce pas nécessairement sur les seuls phénomènes susceptibles d'être provoqués par suggestion, et que par suite la suppression d'un phénomène par une suggestion inhibitrice ne prouve pas qu'en l'absence de cette suggestion le phénomène ne se serait pas produit tout naturellement. Je peux, par suggestion, supprimer chez un malade certains symptômes de sa maladie; est-ce une raison pour prétendre que ces symptômes n'étaient chez lui que des effets d'une contre-suggestion? Admettons, par hypothèse, qu'il existe bien effectivement des stigmates de l'hystérie; si nous admettons en même temps la possibilité d'une inhibition diapsychique, un observateur capable d'exercer inconsciemment cette inhibition sur des sujets hystériques ne constatera jamais ces stigmates attendu que par sa seule présence il les empêchera de se manifester, et cependant il ne pourra pas logiquement en conclure que d'autres observateurs qui les ont constatés ont été les jouets d'une illusion. Peut-être certains opérateurs sont-ils particulièrement aptes à influer ainsi *négativement* sur les phénomènes parapsychiques. Bien entendu ceci n'est qu'une hypothèse, mais elle n'est pas dénuée de vraisemblance ét il vaudrait la peine de la contrôler, si possible, expérimentalement.

C'est surtout dans le domaine des faits magnétoïdes que l'on a surtout invoqué la diapsychie pour expliquer tout ce qui paraissait contredire les données de la science officielle, comme si la diapsychie n'était pas elle-même en contradiction formelle avec ces données. Lorsque M. de Rochas exposa, sous le nom d'*extériorisation de la sensibilité*, les singuliers phénomènes qu'il venait de découvrir, on ne manqua pas de les attribuer à des suggestions qu'il aurait faites involontairement à ses sujets, et quand cette explication parut décidément insuffisante, on eut la ressource de supposer que la pensée silencieuse de l'expérimentateur avait en quelque sorte dicté aux sujets le programme des manifestations dont ils l'avaient rendu témoin.

Qu'on me permette ici de rapporter des souvenirs personnels. Je venais de lire dans un des grands journaux parisiens un article sur la découverte de M. de Rochas où on faisait connaître les procédés employés par lui pour « extérioriser la sensibilité » d'un sujet hypnotisé et les résultats qu'il obtenait ainsi. Ce compte rendu avait excité ma curiosité mais m'avait, en même temps, laissé fort sceptique. Je résolus d'essayer de voir ce qu'il y avait de réel dans tout cela. J'avais alors à ma disposition un assez grand nombre de sujets : c'étaient tous des jeunes gens qui voulurent bien se prêter à des expériences. Mes trois premières tentatives ne donnèrent qu'un résultat négatif, bien que l'un au moins de mes sujets fut d'une sensibilité exceptionnelle. Il va sans dire que je commençai d'abord par imiter scrupuleusement le mode opératoire de M. de Rochas ; puis, voyant qu'il ne suscitait aucun des phénomènes annoncés, j'y ajoutai la suggestion verbale, incitant en quelque sorte moi-même les sujets à frauder. Il faut croire que la simulation, dans les conditions où ils se trouvaient, ne leur était pas facile, car, même ainsi, je n'obtins rien. J'étais donc à peu près convaincu que M. de Rochas avait dû se tromper ou être trompé, soit qu'il eût été plus habile que moi à suggestionner inconsciemment ses sujets, soit que ceux-ci eussent été des simulateurs plus habiles que les miens.

Peu de temps après, me trouvant dans une réunion de jeunes ouvriers parisiens et ayant endormi l'un d'eux, Auguste M..., âgé de 16 ou 17 ans, j'eus tout à coup l'idée d'essayer encore une fois l'extériorisation de la sensibilité. « Procurez-moi, dis-je, un verre et une carafe d'eau ! » Les assistants crurent que j'allais faire jouer devant eux une scène d'ivresse par suggestion : c'est du moins ce qu'ils se dirent entre eux à demi-voix. Ayant empli d'eau le verre aux trois quarts, je le posai sur la paume de la main gauche du sujet qui se tenait debout devant moi et je lui fis poser sa main droite sur le verre, à quelques centimètres au-dessus de l'eau. Au bout de quelques instants, je retirai le verre et je pinçai brusquement, sans prononcer une parole, l'air qui s'y trouvait contenu. Aussitôt, à ma profonde surprise, le sujet poussa un cri : « Aïe ! vous me faites mal ! », et porta vivement sa main gauche vers sa main droite. « Je t'ai fait mal ? lui dis-je. Comment cela ? » Il prit alors entre le pouce et l'index de sa main gauche la peau du dos de sa main droite et la tordit, exactement comme j'avais pris et tordu l'air. Je piquai alors la surface de l'eau avec une épingle : « Vous me piquez, maintenant ! Allez-vous bientôt finir de me tracasser ? » Me portant rapidement derrière lui, je recommençai les mêmes manœuvres, et le sujet protesta de nouveau contre mes pincements et mes piqûres. J'approchai tout à coup le verre de mes lèvres et je soufflai sur l'eau. Instantanément le sujet porta ses mains à ses yeux et s'éveilla comme si j'avais soufflé sur ses yeux pour l'éveiller. J'étais désormais convaincu que l'extériorisation de la sensibilité, quelle que fût au fond sa nature, n'était pas en tout cas une pure illusion et j'étais plus que jamais désireux de l'étudier.

Je demandai donc au jeune Auguste de revenir, en compagnie de tels de ses amis qu'il voudrait emmener avec lui, mais cette fois dans mon cabinet, où je serais plus à l'aise pour expérimenter. Il y vint, en effet, le lendemain, mais quelle ne fut pas ma déception, lorsqu'après m'être replacé avec lui dans les mêmes conditions que précédemment, je ne retrouvai plus chez lui aucune des réactions attendues ! Avais-je donc rêvé, quand j'avais cru les observer la veille ? Sur la remarque faite par l'un des assistants que cet insuccès tenait peut-être à ce que, immédiatement avant de venir chez moi, Auguste M... avait été l'objet de tentatives d'hypnotisation de la part de ses camarades, je l'éveillai, puis le plongeai dans un sommeil plus profond. J'eus alors la satisfaction de voir reparaître tous les phénomènes antérieurement observés et cette fois avec un contrôle plus sévère, les yeux du sujet étant hermétiquement bandés. Depuis lors, il m'est arrivé de constater l'extériorisation de la sensibilité, non pas, sans doute, chez tous les sujets avec lesquels j'ai pu expérimenter, mais chez un assez grand nombre d'entre eux pour m'assurer qu'il s'agit là d'un phénomène réel, dont la cause, quelle qu'elle soit, est certainement tout autre que la suggestion ordinaire. Parmi ces sujets, je peux citer Gustave P..., Jean M... et Ludovic S..., dont j'ai eu souvent occasion de parler ailleurs (1).

La suggestion mentale est-elle, à défaut de la suggestion ordinaire, la cause effective de l'extériorisation de la sensibilité ? Il se peut qu'elle y intervienne, dans certains cas, comme cause perturbatrice ou simulatrice ; car si elle existe — comme il est impossible d'en douter — elle est certainement capable de jouer un tel rôle ; mais il ne s'ensuit pas, selon nous, qu'on ait le droit de la considérer, *a priori* et sans autre preuve que cette simple possibilité, comme la cause

(1) *Psychologie inconnue*, p. 164, 165, 220, 252, 264, 313.

unique et suffisante de tous les cas observés. En particulier, si on se reporte au récit que nous venons de faire de nos expériences avec Auguste M..., on ne voit pas bien comment ce serait notre pensée qui aurait provoqué le phénomène, puisqu'en raison de l'insuccès de nos tentatives précédentes, et ayant affaire à un sujet à peu près neuf (nous ne l'avions encore endormi qu'une fois et très superficiellement), nous pensions plutôt que nous ne réussirions à rien, ni pourquoi, lors de notre seconde séance, l'extériorisation de la sensibilité, qu'en raison du succès déjà obtenu, notre pensée attendait et sollicitait de toutes ses forces s'est, au contraire, refusée à nous apparaître de nouveau.

Il y a donc là un problème qu'il ne faut pas se hâter de déclarer résolu, mais dont il faut chercher patiemment la solution en y appliquant la seule méthode qui puisse nous la faire découvrir, à savoir la méthode expérimentale.

Nous en dirons autant du phénomène de la *polarité*. La plupart des anciens magnétiseurs croyaient que la force dite magnétique (celle que nous appellerons plus volontiers « biactinique »), est polarisée, c'est-à-dire à la fois positive et négative, tout comme l'électricité et le magnétisme physique ; par exemple, le côté droit du corps humain, selon eux, serait positif et le côté gauche, négatif : ce qui entraînerait toute une série de conséquences quant aux actions, isonomes ou hétéronomes, exercées par un individu sur un autre. Nous avons fait trop peu de recherches à ce sujet pour que notre opinion, si nous nous risquions à en avoir une, puisse avoir quelque valeur. Si nous ne parlons que de nos observations personnelles, nous avouerons n'avoir rencontré la polarité que chez un seul sujet, Gustave P..., dans des conditions que nous avons exposées ailleurs (1).

(1) V. *Psychologie inconnue*, p. 166.

Pour les rappeler brièvement, disons que la main droite présentée vis-à-vis du front pendant quelques minutes le faisait passer successivement par trois états différents et nettement caractérisés, état de charme, catalepsie et somnambulisme, tandis que la main gauche détruisait l'effet de la main droite, le faisant passer successivement du somnambulisme à la catalepsie, de la catalepsie à l'état de charme et de l'état de charme au réveil. De plus, la main droite de l'opérateur dirigée vers la main du sujet, son coude, son pied, son genou, etc., y déterminait des mouvements d'attraction ; la main gauche produisait dans le membre visé des tremblements, des secousses accompagnées de sensations de picotement ; et cette double action, positive et négative, se conduisait au moyen d'un fil métallique, selon que l'opérateur tenait ce fil dans sa main droite ou sa main gauche. A coup sûr, la suggestion verbale, à la façon de l'Ecole de Nancy n'était pour rien dans ces effets, puisque l'expérimentateur opérait dans le silence le plus absolu, après avoir hermétiquement bandé les yeux de son sujet ; mais ne peut-on les attribuer à la communication de pensée ? L'hypothèse est séduisante. Pourtant, elle ne tient pas compte d'un certain nombre de circonstances qui concordent malaisément avec elle.

Premièrement, l'opérateur, qui avait assisté antérieurement à des expériences de polarité dans un cercle de magnétiseurs aux idées très arrêtées en cette matière, avait vu se succéder dans les sujets soumis aux actions de la main droite et de la main gauche, quatre états : état de charme, catalepsie, somnambulisme et léthargie, et, parmi les caractères du premier de ces états, figurait l'anesthésie totale. Si donc les phénomènes devaient être suscités et façonnés par sa pensée, il devait y retrouver les mêmes phases et les mêmes caractères. Or, malgré tous ces efforts, il ne parvint jamais à voir la léthargie succéder, chez Gustave P..., au somnambulisme, ni l'anesthésie accom-

pagner chez lui l'état de charme, ce seul caractère,
d'ailleurs, faisant défaut à cet état.

Secondement, c'est tout à fait par hasard que la main
droite de l'opérateur se trouvait à proximité du coude du
sujet quand celui-ci parut attiré dans sa direction : à ce
moment-là, l'opérateur ne songeait nullement à faire une
expérience quelconque. D'autre part, lorsqu'il essaya
l'action de la main gauche, il pensait obtenir une répulsion et fut tout étonné de constater un tremblement sur
place avec sensation de picotements : l'action combinée
des deux mains devait, supposait-il, produire un effet nul,
l'une neutralisant l'autre ; et, tout au contraire, il constata
la coexistence de leurs effets.

Donc, ici encore, ne nous hâtons pas de conclure et
comprenons que la question doit rester ouverte.

A plus forte raison, ne devons-nous pas considérer
comme décidément établie la réduction du *biactinisme* ou
magnétisme animal à la diapsychie. Cette thèse a pour partisans, en France, tous ceux que l'étude de la *suggestion*
proprement dite, poussée suffisamment loin, a finalement
conduits, après avoir eu raison de leurs hésitations et de
leurs résistances, à admettre la suggestion mentale et qui
croient, en conservant le mot de *suggestion*, conserver aussi
la chose et rester fidèles à la doctrine officielle ; en Angleterre, tous ceux que l'étude de la *télépathie* a convaincus de la
possibilité d'une action exercée par un individu sur le cerveau
d'un autre individu malgré la distance parfois considérable
qui les sépare. Tandis que les partisans du magnétisme
animal attribuent les effets produits par les passes, par le
regard et aussi par la pensée et la volonté de l'opérateur à
une force *sui generis* émanant de son organisme et plus précisément de son système nerveux, leurs contradicteurs soutiennent que ces effets sont uniquement dûs à une action
mentale qui a pour point de départ le cerveau de l'opérateur et pour point d'arrivée le cerveau du patient. Quand

ma main paraît anesthésier, contracturer, attirer, etc., telle
ou telle partie du corps du sujet, elle n'exerce, en réalité,
aucune action : derrière ce paravent se cache l'agent véritable, qui est ma pensée inconsciemment devinée par le
sujet et se faisant obéir par lui tout comme si je lui com-
mandais à haute voix Je crois que son bras va se contracturer sous mes passes, et le bras se contracture, non à
cause de mes passes, mais à cause de ma croyance. Il suffira que je fasse de nouvelles passes sur le bras contracturé
en croyant qu'elles feront cesser la contracture pour qu'elle
cesse effectivement. Il n'y a pas de magnétisme : il n'y a
que de la suggestion mentale ou de la télépathie, selon le
nom que l'on préférera adopter.

Si on admet cette thèse, on doit admettre en même temps
que la communication de pensée est un phénomène beaucoup plus fréquent qu'on ne le croit d'ordinaire et qui se
réalise d'autant plus aisément que l'on songe moins à le
produire. Ce caractère insidieux tient, nous dit-on, à ce
qu'il se passe surtout dans la région subconsciente de l'esprit : l'effort de volonté consciente pour transmettre sa
pensée à autrui ou pour recevoir la pensée d'autrui, loin
d'aider la diapsychie, la paralyse. Ainsi s'explique cette
singularité que les faits qui la prouvent directement sont
relativement rares et que ceux qui la prouvent indirectement sont si communs.

Nous avons déjà, à propos de la polarité, montré les difficultés de cette thèse, et nous pourrions faire les mêmes
objections au sujet du magnétisme. Elles peuvent se
résumer dans cette constatation : les effets que nous avons
observés en expérimentant sur l'action rayonnante du
corps humain et en particulier de la main humaine se
sont souvent produits ou en l'absence de toute pensée et
de toute volonté de notre part (comme, par exemple, lorsque
le coude du sujet Gustave P... se trouva attiré par notre
main placée fortuitement dans sa direction) ou, en sens

contraire de notre volonté et de notre pensée (comme, par
exemple, lorsque notre main gauche au lieu d'exercer,
comme nous nous y attendions, une action répulsive, produisit un effet tout différent).

D'ailleurs, en supposant que le magnétisme ne soit qu'un
des masques de la diapsychie, il resterait à expliquer la
diapsychie elle-même, qui, comme nous allons le voir, est
scientifiquement tout aussi inexplicable que le magnétisme,
sinon même davantage.

VII

On nous objectera sans doute que la suggestion étant
désormais une vérité scientifique incontestée, la science ne
peut que reconnaître également la communication de
pensée qui n'est, à tout prendre, qu'une sorte particulière
de suggestion, comme l'indique le nom de suggestion mentale qu'on lui donne usuellement. Si la première est explicable par les lois scientifiques actuellement connues, la
seconde doit l'être aussi. Raisonner ainsi, c'est abuser
d'une équivoque. La prétendue suggestion mentale, très
mal nommée, n'a rien de commun, avons-nous déjà dit (1),
avec la suggestion proprement dite, du moins si on l'envisage dans ce qui la constitue essentiellement. J'ordonne
verbalement à une personne de se lever, et malgré sa
volonté contraire, elle est forcée de m'obéir : voilà ce qui
constitue la suggestion proprement dite. J'envoie mentalement le même ordre à une personne qui ne peut me voir
ni m'entendre, et elle n'obéit pas à mon ordre, mais elle
informe ceux qui l'entourent qu'à ce moment même je lui
commande de se lever : voilà bien une communication de
pensée pleinement réussie, mais en même temps une suggestion tout à fait manquée. Il y a donc dans la soi-disant

(1) *Psychologie inconnue*, p. 183.

suggestion mentale deux phénomènes différents : l'un est
la transmission de pensée ou de volonté qui se fait d'un
cerveau à un autre, et c'est celui-là qu'il faut expliquer, si
on veut expliquer la suggestion mentale mais qui, dans
l'état actuel de la science, est malheureusement inexplicable (1) ; l'autre est la suggestion proprement dite, qui
consiste dans l'influence d'une idée sur le cerveau qui l'a
reçue, de quelque façon qu'elle y soit entrée (par l'ouïe, la
vue ou toute autre voie). .

Pour ramener la suggestion mentale à la suggestion
ordinaire, il faudrait prouver qu'il n'y a pas de différence
réelle entre la façon dont le sujet perçoit la parole ou le
geste du suggestionneur et celle dont il perçoit sa pensée
non exprimée. C'est ce qu'a essayé de faire l'auteur d'une
ingénieuse étude sur « le mécanisme de la suggestion mentale hypnotique » (2).

Après avoir défini cette suggestion d'après l'idée communément répandue, « l'influence que la pensée de l'hypnotiseur exerce, dans un sens déterminé, soit sur la pensée de
l'hypnotisé, soit sur l'apparition chez l'hypnotisé de phénomènes somatiques de nature hypnotique, *sans que la pensée
de l'hypnotiseur soit accompagnée de phénomènes appréciables
pour l'hypnotisé et pouvant lui servir de signes ou même d'indices* », il modifie ainsi la dernière partie de la définition «*sans
que la pensée de l'hypnotiseur soit accompagnée de signes
extérieurs dont il ait conscience et qui soient appréciables aux
sens des assistants.* » Ce qui permet de supposer qu'elle peut

(1) Qu'on se rappelle les paroles du professeur Pouchet (dans le
journal le *Temps* du 12 août 1893) : « Démontrer qu'un cerveau, par
une sorte de gravitation, agit à distance sur un autre cerveau, comme
l'aimant sur l'aimant, le soleil sur les planètes, la terre sur le corps
qui tombe, arriver à la découverte d'une influence, d'une vibration
nerveuse se propageant sans conducteur matériel !... Mais trouvez-nous
donc cela, bonnes gens, montrez-nous donc cela, et votre nom ira plus
haut que celui de Newton dans l'immortalité... »
(2) Dr Albert Ruault, *Revue philosophique*, 1886, II, p. 679.

être accompagnée de signes perceptibles aux sens du sujet, et c'est, en effet, l'hypothèse que développe le docteur Albert Ruault. Dans la suggestion ordinaire, l'hypnotiseur manifeste sa pensée à l'aide de mots ; dans la suggestion mentale, il ne parle pas, mais le docteur Ruault assure que, « *comme, au dire de tous les expérimentateurs, il faut que la pensée soit nette pour que la suggestion réussisse bien,* » il donne à sa pensée la netteté nécessaire en la formulant à l'aide de la parole intérieure. C'est cette parole intérieure que recueille l'hypnotisé, grâce à son hyperacuité sensorielle. L'auteur reconnaît cependant que cette hyperacuité n'est pas un des caractères constants du somnambulisme et que les physiologistes qui ont tenté de mesurer l'acuité sensorielle des hypnotisés, ont trouvé tantôt une augmentation, tantôt une diminution, en la comparant à celle du même sujet à l'état normal. N'importe, il affirme que le somnambule attentif a une aptitude toute spéciale à saisir et à comprendre les signes de l'hypnotiseur, à savoir « les bruits musculaires très faibles de la parole intérieure, et les mouvements visibles d'articulation extrêmement faibles provoqués par les images motrices des mots. » Encore faut-il pour ces derniers supposer chez le sujet l'exercice du sens de la vue. S'il a les yeux clos, si l'hypnotiseur lui tourne le dos, il doit se tirer d'affaire avec les bruits qui accompagnent inévitablement les mouvements musculaires associés à la parole intérieure.

Comment, avec ces seules données, rendre compte de tous les faits ? L'auteur se débarasse d'abord de tous les cas où l'hypnotisé est en contact, si peu que ce soit, avec l'hypnotiseur en déclarant qu' « on les a déjà rayés du cadre de la suggestion mentale » et même de ceux où l'hypnotiseur est en présence du sujet, attendu qu' « on ne les cite plus comme tout à fait probants. » Reste « le suprême argument, la suggestion mentale à grande distance ». Mais d'abord « il n'est nullement démontré que les faits de ce genre soient à l'abri de toute critique », puis l'auteur ne les trouve pas en contradiction *absolue* (?) avec l'interprétation qu'il propose, enfin « tant qu'ils resteront isolés, exceptionnels et plus ou moins douteux, on devra se borner à les enregistrer avec le plus de détail possible en attendant que l'état de la science (?) permette d'en trouver l'explication. »

Il est évident qu'avec de pareils procédés de dialectique on arrive à démontrer ou à réfuter tout ce que l'on veut. — Le lecteur n'a qu'à se reporter à tous les faits que nous avons énumérés pour voir combien est courte, pour la plupart d'entre eux, l'interprétation proposée. Elle ne semble même pas applicable aux expériences faites par l'auteur. Il reconnaît que ses deux sujets « le sentaient quelquefois manifestement d'une pièce à l'autre du même appartement », et qu'il a pu les endormir ainsi, même alors que vraisemblablement ils ne soupçonnaient pas sa présence. « L'une de ces personnes, dit-il, me sentait quelquefois très bien, lorsque je le voulais fermement, alors que j'étais dans la rue et elle à l'entresol de la rue Cujas. Un soir que je sortais, accompagné d'un de mes amis, de chez l'un de ces sujets, étudiant en médecine, sur lequel je venais de faire quelques expériences d'hypnotisme, j'ai essayé, *du palier de l'étage inférieur*, de lui suggérer mentalement une paraplégie complète, et il m'a semblé y être parvenu. En effet, je ne pensais nullement à tenter l'expérience, alors que j'étais près de lui, et l'idée ne m'en était venue qu'au moment même où j'allais la mettre à exécution. Aussitôt ma tentative faite, je remontai chez mon somnambule pour voir si la suggestion avait réussi. Je le trouvai assis dans un fauteuil, se plaignant d'avoir les jambes engourdies et incapable de se lever. » Sans doute le docteur Ruault se persuade que son sujet a entendu à travers les portes de son appartement et d'un étage à l'autre « les bruits musculaires très faibles de la parole intérieure » accompagnant cette pensée : Je veux que tu présentes les symptômes d'une paraplégie complète. Mais il le persuadera difficilement à d'autres qu'à lui-même.

Pour ceux qui, comme les membres de la Société des recherches psychiques, considèrent les faits de suggestion mentale comme étant du même ordre que les faits de télépathie, il ne saurait être question de les expliquer par la seule hyperacuité des instruments ordinaires de la perception sensible. Nous sommes bien ici en présence d'un phénomène original, d'une sorte de télégraphie ou de téléphonie sans fil qui met en communication deux cerveaux dans des conditions encore inconnues. Même ces comparaisons, ces expressions empruntées à la physique et à la physiologie répugnent aux partisans de l'interprétation télépathique : le phénomène, dans ce que nous en connaissons, relève de la psychologie pure.

Une certaine pensée est dans l'esprit d'une personne **A,** une pensée identique à celle-là et certainement provoquée par elle naît au même moment dans l'esprit d'une autre personne B, quoique ces deux personnes n'aient pu échanger entre elles leurs pensées par les moyens ordinaires : voilà tout ce que nous constatons et tout ce que nous devons admettre. Que se passe-t-il dans les cerveaux de ces deux personnes, et dans l'espace qui les sépare ? Nous n'en savons rien et n'avons pas à nous en préoccuper : nous devons poser le fait de la communication de pensée tel qu'il nous est immédiatement donné, comme un fait premier, certain quoique inexplicable, et nous en servir hardiment comme d'un principe d'explication pour tous les faits qu'il nous sera possible d'y rattacher.

Une telle position nous paraît scientifiquement intenable. Si c'est l'âme, comme telle, qui indépendamment du cerveau et du système nerveux, indépendamment de tout mécanisme physiologique et physique, peut ainsi faire sentir son action à distance, nous pouvons bien, en effet, constater le fait, mais ce fait, sans analogie avec tout le reste de la nature, échappe à toute explication scientifique, bien mieux, à toute recherche expérimentale, car il n'y a d'explication et d'expérimentation possibles, selon la profonde remarque de Claude Bernard, que là où les phénomènes sont absolument déterminés dans leurs conditions naturelles (1). Attribuer à la pensée et à la volonté la propriété mystique de se communiquer d'un esprit à un autre sans aucune communication physique entre les cerveaux où elles ont leurs conditions naturelles, c'est se placer définitivement en dehors de la science.

Mais une telle conception, pour des raisons que nous avons déjà exposées ailleurs (2) et qu'on nous permettra de reproduire ici, n'est pas non plus philosophiquement défendable. En effet, si nous nous plaçons au point de vue philosophique, il n'y a absolument rien dans la nature de l'âme qui puisse la justifier.

De ce qu'une certaine pensée est en moi, par exemple le principe d'un raisonnement, on conçoit à la rigueur qu'une autre pensée doit s'ensuivre, par exemple la conclusion de ce raisonnement, car il n'y a ici aucun intervalle, aucun espace ; mais de ce qu'une certaine pensée se produit dans mon esprit, comment s'ensuivrait-il qu'une autre pensée (identique ou non en espèce) doive se produire dans tel autre esprit, séparé du mien par toutes sortes d'intermédiaires ? Du moment qu'il est question d'espace, nous sortons de la sphère immatérielle de la conscience pour tomber dans le domaine de la matière et du mouvement ; l'explication mécanique des phénomènes, leur détermination expérimentale, deviennent immédiatement possibles et nécessaires.

C'est, en effet, un postulat de la méthode scientifique universellement admis par tous les savants et les philo-

(1) Cf. *Psychologie inconnue*, p. 240.
(2) *Loc. cit.*, p. 211.

sophes modernes depuis Descartes, que si nous voulons
étudier scientifiquement un phénomène quelconque —
physique ou mental — nous devons nous efforcer de le
rattacher à des conditions physiques, c'est-à-dire à des
antécédents ou concomitants physiques ; et ce postulat,
purement scientifique, n'implique aucune hypothèse, aucun
système métaphysique, matérialisme, monisme ou autre.
Il se peut d'ailleurs que notre effort pour rattacher *certains*
phénomènes à des conditions physiques soit condamné
à ne jamais aboutir pratiquement ; mais c'est l'expérience
qui nous le montrera et nous ne devons pas le supposer *a
priori,* car ce serait nous fermer nous-mêmes d'avance
toute possibilité d'investigation scientifique.

On ne saurait donc s'arrêter à la seule affirmation de
l'intercommunication de deux esprits dans le phénomène
de la transmission de pensée : bon gré mal gré, il faut
admettre aussi l'intercommunication de deux cerveaux ;
mais une fois entrés dans cette voie, nous est-il possible de
ne pas aller jusqu'au bout, c'est-à-dire jusqu'à l'intercommunication de deux systèmes nerveux, en d'autres termes
jusqu'au magnétisme animal ?

Ce qui caractérise en effet tous les phénomènes dia-
psychiques, avons-nous dit (1), c'est qu'ils impliquent
la possibilité pour un cerveau de rayonner à distance
non pas sans doute la volonté ou la pensée, mais une
influence susceptible de transmettre ou de reproduire la
volonté et la pensée, comme des courants électriques
envoyés par une pile le long des fils télégraphiques trans-
mettent ou plutôt reproduisent la dépêche à l'autre extrémité. Si le cerveau de l'opérateur n'envoie rien au cerveau
du sujet, et si l'espace intermédiaire ne contient rien qui les
mette en relation l'un avec l'autre, cette communication de
deux consciences est un phénomène surnaturel, supra-

(1) *Loc. cit.,* p. 240.

scientifique, qui ne se rattache à aucun autre dans l'ensemble de notre expérience et dont il faut dès maintenant renoncer à trouver à jamais l'explication. Or, quand les membres de la Société des recherches psychiques opposent entre elles les deux hypothèses de l'*effluence* et de la *thought-transference* c'est-à-dire du magnétisme animal et de la télépathie, ne sont-ils pas dupes d'une illusion produite par les mots ? N'est-il pas évident que la *thought-transference* n'est qu'une forme particulière de l'*effluence*, à savoir une effluence cérébrale et mentale nécessairement plus compliquée et plus obscure que la simple effluence nerveuse et vitale ?

Il n'y a, en effet, aucune raison sérieuse de croire que le pouvoir d'influer à distance appartienne exclusivement dans l'organisme au cerveau considéré dans son unité fonctionnelle comme l'organe propre de la volonté et de la pensée. Sans doute, le cerveau a dans l'homme un rôle prépondérant et en quelque sorte unique ; il est l'organe de la vie consciente, de la vie intellectuelle et morale. Toutefois ses fonctions psychologiques (si on peut les nommer ainsi) ont évidemment pour base et pour condition les propriétés physiologiques des éléments qui le composent. Ni les sensations ni la volonté ne seraient possibles si les fibres nerveuses ne possédaient pas elles-mêmes la propriété de conduire le mouvement, si les centres nerveux ne possédaient celle de le recevoir et de le réfléchir en le transformant. Or, ces propriétés ne sont pas particulières aux seuls éléments du cerveau ; elles sont communes à tous les éléments du cerveau ; elles sont les propriétés générales des neurones. Dès lors, si la volonté, si la pensée peuvent, en effet, se communiquer d'un cerveau à un autre, toutes les analogies non seulement nous autorisent mais même nous obligent à ne voir dans ce phénomène qu'une conséquence particulière de quelque propriété générale des cellules cérébrales et nerveuses antérieures pour ainsi dire à la volonté et à la pensée ; et en quoi pourrait consister cette propriété, sinon dans une sorte de rayonnement ou d'expansion de la force nerveuse que les phénomènes de chaleur, de lumière et d'électricité nous rendent relativement facile à concevoir ?

L'hypothèse qui ramène la diapsychie au magnétisme animal nous paraît donc plus favorable que l'hypothèse inverse aux investigations de la science et plus conforme à l'esprit de la méthode scientifique. Quant à savoir dans chaque cas particulier si l'on a affaire à un fait de magnétisme, c'est-à-dire de biactinisme nerveux, ou de diapsychie, c'est-à-dire de biactinisme cérébral, ce n'est pas à une théorie, quelque ingénieuse et séduisante qu'elle puisse être, c'est à l'expérimentation seule d'en décider.

CHAPITRE XI

La clairvoyance ou « métagnomie ».

I

On peut réunir sous la dénomination de *clairvoyance* un assez grand nombre de faits, appartenant probablement à des espèces différentes les unes des autres, mais tous extrêmement obscurs, pour ne pas dire incompréhensibles, d'apparence plus merveilleuse encore que ceux que nous venons d'étudier dans le chapitre précédent et avec lesquels ils ont une incontestable affinité au point qu'il est parfois très difficile de les distinguer les uns des autres.

Ces faits, depuis longtemps déjà signalés, surtout par les premiers adeptes du magnétisme animal, contestés ou expressément niés alors par les savants, trop souvent exploités ou simulés par des charlatans au dépens de la crédulité populaire, commencent à attirer l'attention de la science qui semble aujourd'hui porter vers eux ses regards avec un certain intérêt et sans le même parti pris de négation systématique.

Peut-être le nom de *clairvoyance* n'est-il pas très bien choisi pour s'appliquer avec une égale propriété à toutes les modalités du phénomène ; car le genre de connaissance ou de perception dont il s'agit ici n'est pas toujours assimilable à une *vision* (comme l'implique également le mot de *double vue* ou *seconde vue* employés parfois dans le même sens) ; il paraît plutôt, dans certains cas, analogue à une perception de l'ouïe (d'où le nom de *clairaudience*, employé pour désigner une de ses formes) ou du toucher. Il faudrait un terme qui signifiât d'une façon générale : « connaissance, obtenue par certains individus, dans certains états particuliers, qui ne semble pas pouvoir s'expliquer par l'exercice de nos sens et de nos facultés intellectuelles, tel qu'il se fait habituellement dans la vie normale. » Si je ne craignais d'encourir, encore une fois, le double reproche de barbarie et de pédantisme auquel s'expose tout inventeur de mots techniques tirés du grec, je proposerais, pour désigner ce phénomène de la façon la plus générale, le mot de *métagnomie* (de μέτα, qui veut dire *au delà*, et de γνώμη, qui veut dire *connaissance*), lequel, par conséquent, signifie à peu près « connaissance de choses situées au delà de celles que nous pouvons normalement connaître, connaissance supra-normale ».

La première question qui se pose à nous dans cette étude de la clairvoyance ou métagnomie est celle-ci : Existe-t-il une connaissance de ce genre ? C'est là une question de fait, à laquelle nous ne pourrons répondre qu'en énumérant des faits ; mais comme ces faits sont assez nombreux et, en apparence au moins, assez divers, assez différents les uns des autres, notre première question va se transformer en cette autre : Quelles sont les diverses formes de cette connaissance supra-normale, quelles sont les différentes modalités du phénomène métagnomique ? Nous pourrons ensuite essayer de déterminer les circonstances ou conditions, également nombreuses et diverses, dans lesquelles ce phénomène se produit, et nous nous demanderons après cela, et pour conclure, s'il est possible d'en donner une explication satisfaisante, en supposant que la réalité en soit démontrée.

II

Notre connaissance normale peut porter soit sur des faits ou objets actuellement existants *(perception)*, soit sur des événements passés *(mémoire)*, soit sur des événements futurs *(prévision)*, soit enfin sur des rapports, sur des vérités générales, indépendantes du temps, telles que, par exemple, les lois scientifiques (généralisation, raisonnement, *raison* proprement dite).

Si nous appliquons ce cadre à la connaissance supranormale, il semble bien que nous puissions, au moins provisoirement, faire abstraction de la dernière de ces catégories, soit parce que les faits qu'on pourrait y classer sont excessivement rares, soit surtout parce qu'il est très difficile de les distinguer des faits normaux du même genre. D'une part, on ne voit guère que les médiums, même les plus merveilleusement clairvoyants, aient révélé à l'humanité beaucoup de vérités scientifiques de quelque importance ; et, d'autre part, qui dira où commencent et où finissent le normal et le supra-normal dans les intuitions des hommes de génie ou même simplement dans les virtuosités des calculateurs prodiges ? Nous pouvons donc nous borner aux trois premières sortes de connaissance : perception, mémoire et prévision, pour en étudier les formes métagnomiques.

En ce qui concerne la perception, il semble qu'un sens spécial, ce qu'on pourrait appeler un sixième sens, apparaisse ou se développe chez certains individus, dans certaines circonstances particulières, pour les mettre en rapport avec des radiations ou émanations des choses inaccessibles à nos sens ordinaires, et permettre à l'intelligence de ces sujets ou médiums d'avoir ainsi des informations *sui generis* dont l'origine nous échappe entièrement. N'y a-t-il pas déjà quelque chose d'analogue dans l'extraordinaire acuité du sens de l'odorat chez le chien, ou dans ce sens des localités et de l'orientation, dont nous sommes bien forcés de supposer l'existence chez un assez grand nombre d'animaux, sans parvenir à en comprendre la nature ?

Il est assez malaisé de classer les diverses espèces de la perception métagnomique, car les limites qui les séparent les unes des autres sont souvent presque insensibles, et nous ne nous dissimulons pas ce qu'il y a forcément d'arbitraire et d'artificiel dans les divisions que nous sommes obligés d'introduire au sein de faits en réalité indivisibles, afin d'en faciliter l'étude.

Tous les traités de psychologie distinguent la perception par la *conscience*, perception intérieure ou sens intime, ayant pour objet la vie psychologique du moi, et la perception par les *sens*, perception extérieure, ayant pour objet le monde des choses matérielles, la perception *subjective* et la perception *objective*. De même, quoiqu'avec une précision moins grande, nous pourrions distinguer deux variétés de perception clairvoyante ou métagnomique, la première s'exerçant surtout dans le monde intérieur de la conscience, la seconde s'adressant plutôt au monde extérieur des objets et des événements physiques.

Il faut sans doute rapporter à la première cette étrange faculté que possèdent certains sujets de percevoir l'état de leurs organes intérieurs avec une netteté suffisante pour pouvoir les décrire comme le ferait un observateur étranger, faculté affirmée par les anciens magnétiseurs au grand scandale des savants de ce temps-là, reconnue depuis et étudiée par le docteur Sollier sous le nom d'*autoscopie*. Tel est le cas de cette malade qui, ayant avalé une épingle deux mois auparavant, a pu, en état d'hypnose, la suivre dans toutes les péripéties de son voyage à travers l'intestin. « Elle me dit « que l'eau (d'un lavement » administré pour faciliter l'expulsion) arrive bien jusqu'à

» l'épingle et l'entraîne », et elle rend enfin cette épingle, qui était bien conforme à sa description, en disant : « Ça y est, » elle est sortie ». L'épingle était dépolie par les liquides intestinaux. Je réveille la malade, je la lui montre. Elle n'hésite pas une seconde : « C'est bien celle-là », dit-elle(1)».

Le champ de vision de cette faculté n'est pas, d'ailleurs, nécessairement limité au seul organisme de celui qui la possède : elle peut s'exercer aussi sur un organisme étranger. Beaucoup de somnambules, selon les anciens magnétiseurs, perçoivent l'état des organes chez les personnes qu'on met en rapport avec elles et éprouvent par une sorte de sympathie inexplicable les mêmes sensations organiques internes. Il se fait là une sorte de compénétration de deux sensibilités et de deux consciences. Nous l'avons déjà étudiée dans le chapitre précédent sous le nom de diapsychie. A vrai dire, la diapsychie pourrait être considérée comme un cas particulier de la métagnomie, puisqu'elle est, elle aussi, selon la définition que nous avons donnée de cette dernière, « une connaissance obtenue par certains individus, dans certains états particuliers, qui ne peut s'expliquer par l'exercice de nos sens et de nos facultés intellectuelles, tel qu'il se fait habituellement dans la vie normale ».

C'est un fait du même genre qui doit vraisemblablement constituer ce qu'on a appelé le *rapport magnétique*. L'hypnotisé, insensible à l'égard de toute autre personne, a une sensibilité spéciale à l'égard de son hypnotiseur. Qu'une autre personne lui parle, il n'entend pas, il ne répond pas ; il entend, il répond, dès que l'hypnotiseur lui adresse la parole. Mais il entend et répond également à toute autre personne qui se met en rapport avec l'hypnotiseur par un contact. Il perçoit donc par un moyen qui nous échappe les contacts ressentis par l'hypnotiseur.

(1) Dr Paul Sollier, *Phénomènes d'autoscopie*, p 118, Paris, Alcan.

Ce ne sont pas seulement les sensations internes qui peuvent être ainsi perçues : ce sont encore des phénomènes d'une nature plus purement psychologique ou subjective, des idées, des opérations intellectuelles, des actes de volonté, mieux encore des penchants, des habitudes, des dispositions inées ou acquises du tempérament et du caractère. Le médium lit en quelque sorte dans la pensée, dans l'âme d'autrui comme il lirait en lui-même. Parfois, comme nous l'avons montré dans notre étude de la *suggestion mentale*, c'est avec la permission ou même sur l'ordre d'autrui que le livre intérieur s'ouvre ainsi devant ses regards ; mais parfois aussi c'est spontanément et à l'insu d'autrui que sa vue y plonge pour y découvrir des secrets cachés au plus profond de la conscience, et c'est alors une véritable *divination de pensée*. Les êtres capables d'une telle divination sont, aux yeux du docteur Osty, des êtres prodigieux dont « le cerveau est parvenu à un si haut degré de sensibilité qu'il est devenu le réactif capable de déceler ce que contiennent les cerveaux des autres hommes. Ce sont les truchements que la nature a créés entre *notre esprit total* et *notre conscience*, ce sont les miroirs devant lesquels notre pensée, qui s'ignorait, se voit et se connaît ! » (1).

III

La perception métagnomique de forme objective ou physique, dont les affinités avec la diapsychie sont moins visibles, présente, elle aussi, un assez grand nombre de variétés.

Mettons tout d'abord à part celle qui correspond aux phénomènes réunis par nous sous le nom d'*hyloscopie* et dont les plus connus sont les influences exercées par les

---

(1) Dʳ Osty, *Lucidité et intuition*, Introduction, p. xxɪ.

sources, les courants d'eaux, les métaux, etc., sur la sensibilité *spéciale* des pendulisants et baguettisants.

Si nous considérons plutôt des perceptions relevant de
la sensibilité *générale*, commune à l'espèce humaine tout
entière, le premier fait à noter dans cet ordre d'idées est
celui de l'*extériorisation de la sensibilité* découvert par le
colonel de Rochas, mais dont l'interprétation est encore
généralement contestée. Au lieu de percevoir à même la
peau les attouchements, piqûres, pincements, etc., qu'on
pratique en effet sur sa peau, le sujet les perçoit à des
distances variables ou même dans des objets qui ont été
plus ou moins longtemps en contact avec elle.

On peut rapprocher de ce fait celui de la vision ou de la
lecture par le bout des doigts. Nous avons nous-même
analysé minutieusement un exemple de ce dernier dans un
des chapitres de notre *Psychologie inconnue* : « Un cas de
transposition des sens » (1). La série des expériences qui s'y
trouvent rapportées fut malheureusement interrompue par
le départ du sujet, Ludovic S..., pour le nord de la France,
où il séjourna de 1907 à 1914. C'est seulement en 1914 qu'il
revint à Dijon, où la mobilisation l'appelait et où il resta
d'ailleurs pendant un temps très court. Le 9 décembre 1914,
introduit dans mon cabinet, vers 6 h. 3/4 du soir, il est
endormi très rapidement par suggestion verbale. Je lui
mets un bandeau sur les yeux et j'allume la lampe électrique du bureau voisin de mon cabinet (bureau de mon
secrétaire). Je ferme la porte de cette pièce et je laisse
entr'ouverte celle de mon cabinet donnant sur le couloir
qui l'en sépare. Revenu auprès de S..., j'éteins l'électricité
dans mon cabinet. Le seul éclairage qui me reste consiste
donc dans la lueur qui vient, à travers la porte vitrée du
bureau voisin, dans le mien. Le sujet, les yeux bandés, est
assis dans l'angle le plus éloigné et le plus obscur du cabi-

_____

(1) *Loc. cit.*, p. 245.

net. Je mets entre ses mains un numéro plié du journal
« l'Indépendant de l'Auxois et du Morvan », dont la
première ligne de titre, *l'Indépendant*, est imprimée en très
gros caractères. Il passe ses doigts sur le titre, mais il
semble que sa sensibilité spéciale ait disparu ou se soit
singulièrement émoussée pendant une aussi longue inter-
ruption de nos expériences, car il me déclare qu'il ne voit
rien. Je lui donne alors un volume relié en maroquin
rouge qui porte imprimé en relief sur la couverture, au
centre, les armes du second empire et, autour, les mots
« concours général des départements ». J'exhorte le sujet à
persister, à avoir confiance én lui-même : je lui fais
remarquer que cette fois les lettres présentent un relief
sensible. Je l'entends qui murmure la syllabe « con » et
s'arrête. Je l'encourage : — C'est cela ! Il dit alors « conseil ». — Non, faites attention ! — « Conférence ». Je lui
dis qu'il y a deux mots à la suite l'un de l'autre : il
déchiffre le second « général », syllabe par syllabe. Puis
vient le tour de l'inscription du bas : « des départements ».
Il revient à « concours » et le lit enfin, non sans hésitation
et sans effort. Le titre du roman de Fromentin, « Domi-
nique », est lu ensuite assez facilement. De lui-même le
sujet reconnaît qu'il y a quelque chose au-dessus et lit :
« Eugène Fromentin ». De même il lit sur un autre
volume : « L'hystérie et la neurasthénie chez le paysan ».
Vient ensuite le tour de la « Sérothérapie antitétanique ».
Pour ce dernier mot, il y a des hésitations après « antité »,
le sujet dit à plusieurs reprises « antitéra », avant de lire
correctement. Le journal est remis entre ses mains. Cette
fois il lit sans difficulté : « l'Indépendant », mais il ne va
pas plus loin et déclare qu'il n'y a pas autre chose. Je
m'aperçois alors que, le journal étant plié, la seconde
partie du titre « de l'Auxois et du Morvan » est sous le pli :
mais quoiqu'imprimée en plus petits caractères, elle est
lue comme le reste quand elle est mise sous ses doigts.

Une première photographie, d'assez grand format, lui est donnée : il me demande s'il faut qu'il la voie : je lui dis que oui ; il me répond alors que c'est mon portrait et que j'y suis représenté de profil, ce qui est exact. Seconde photographie plus petite, forme médaillon. Il me demande encore s'il faut qu'il la voie. Sur ma réponse affirmative, il me dit : « C'est vous, mais avec une autre pose, à peu près de face et tourné de l'autre côté », ce qui est également exact.

En nous avançant toujours dans la même direction, nous trouvons le fait de *la vision à travers les corps opaques*, maintes fois décrit par les anciens magnétiseurs, notamment par W. Gregóry dans ses *Lettres sur le magnétisme animal*, et que certains de nos contemporains croient expliquer en la rattachant aux rayons X. Du moins on a pu lire dans le numéro du 16 mars 1913 du journal *Le Matin*, une dépêche de New-York au *Daily Chronicle* ainsi conçue : « Une petite fille de dix ans, nommée Bealah Miller, possède, suivant l'expression d'un membre de l'Académie de médecine, le docteur John Quackenbo, qui l'examina longuement, une vision des rayons X. Elle voit à travers les corps opaques et n'eut aucune difficulté, au cours des expériences, à dire ce que les assistants avaient dans leur poche, à lire une certaine page d'un livre fermé et à décrire des objets placés dans des caisses closes. »

Voici, d'autre part, quelques détails sur les faits rapportés par W. Gregory (1) :

Il s'agit des expériences faites par le major Buckley avec des personnes mises par lui en état de clairvoyance et qui, dans cet état, pouvaient déchiffrer des devises enfermées dans des coques de noix. La statistique donnée à ce sujet est fort curieuse. Sur quatre-vingt-neuf personnes rendues clairvoyantes à l'état de veille, quarante-quatre ont été

_____
(1) *Loc. cit.*, p. 361.

capables de lire ainsi ; en état de sommeil hypnotique, le nombre des liseurs s'est élevé à cent quarante-huit. Il a été lu des devises contenues dans quatre mille huit cent soixante coques de noix et comprenant environ trente-six mille mots. Dans un petit nombre de cas, les devises auraient pu être lues par lecture de pensée, les personnes qui les avaient mises dans les boîtes étant présentes ; mais dans la plupart des cas, les mots n'étaient connus d'aucun des assistants et, par suite, ils ont dû être lus par clair-voyance directe. Toutes précautions avaient été prises. Les noix, enfermant les devises, avaient été achetées chez quarante fournisseurs différents et avaient été scellées jusqu'au moment de la lecture.

Le cas suivant donnera une idée plus précise de ces expériences. Sir Wilshire avait emporté chez lui un « nid de boîtes » appartenant au major Buckley et il avait placé dans la boîte la plus intérieure un morceau de papier sur lequel il avait écrit un mot. Quelques jours plus tard, il rapporta les boîtes, scellées dans du papier, et demanda à l'une des clairvoyantes du major Buckley de lire le mot. Le major fit des passes sur les boîtes : quand elle dit qu'elle voyait le mot « concert », Sir Wilshire déclara qu'elle avait raison pour les premières et les dernières lettres, mais que le mot était différent. Elle persista, quand il lui dit que le mot était « correct ». Mais en ouvrant les boîtes, on trouva que le mot était « concert ». « Ce cas, dit Gregory, est très remarquable, car si la clairvoyante avait lu le mot par lecture de pensée, elle l'aurait lu conformément à la croyance de Sir Wilshire, qui, ou bien avait eu l'intention d'écrire « correct », ou, dans l'intervalle, avait oublié qu'il avait écrit « concert », mais ç   ertainement croyait que le premier était le véritable mot. »

Faisons encore un pas et nous nous trouvons en présence de la vision à grande distance, de ce qu'on appelle générale-ment la *double vue* ou *lucidité*, pour laquelle, semble-t-il, l'espace n'existe plus et qui perçoit en un instant ce qui se passe dans les lieux les plus éloignés, sorte de *téléopsie* naturelle bien qu'inexplicable, tout à fait comparable dans son genre à la télégraphie et à la téléphonie sans fil. Les livres des anciens magnétiseurs abondent en relations de faits de cette espèce.

Nous empruntons à la *Revue philosophique* de l'année 1889 (t. I, p. 205), le récit des observations du docteur Dufay, de Blois, sur une jeune servante qui présentait au plus haut degré le phénomène de la double vue.

Le docteur Dufay raconte que son ami, le docteur Girault, invité par une de ses parentes, Mme D..., à la rendre témoin des phénomènes de clairvoyance présentés par Marie, sa jeune servante, l'avait prié d'arranger lui-même le programme de la séance, en enveloppant, par exemple, divers objets, de manière à en dissimuler la nature *et sans les lui faire connaître à lui-même*. Ces petits paquets seraient présentés à la somnambule, qui devrait découvrir ce qu'ils contenaient. La chose fut convenue et le jour fixé. Nous laissons maintenant la parole au docteur Dufay :

« Je venais de mettre de côté quelques objets d'un usage peu ordinaire, afin que le hasard servît moins notre voyante, lorsque m'arriva d'Algérie une lettre d'un chef de bataillon d'infanterie que j'avais connu en garnison à Blois. Le commandant me racontait divers épisodes de sa vie au désert et me parlait surtout de sa santé, qui venait d'être très éprouvée. Il avait couché sous la tente pendant la saison des pluies, ce qui avait déterminé chez lui, comme chez la plupart de ses camarades, une dysenterie violente.

» Je plaçai cette lettre dans une première enveloppe sans adresse ni timbre de poste, et en collai soigneusement les bords ; puis j'introduisis le tout dans une seconde enveloppe, de couleur foncée, et fermée comme la première.

» Au jour dit, j'arrivai chez Mme D... un peu en retard.

Déjà Marie était endormie ; elle ignora donc ma présence, sachant seulement que je devais venir. Les dix ou douze personnes réunies dans le salon de Mme D... étaient dans la stupéfaction de ce qu'elles venaient de voir, la somnambule ayant reconnu sans se tromper le contenu de plusieurs paquets préparés par elles-mêmes, comme je l'avais fait de mon côté ; mais je laissai les miens dans une poche, afin d'éviter la monotonie des expériences, me bornant à glisser ma lettre dans la main d'une des assistantes, en lui faisant signe de la faire passer jusqu'à M. Girault. Celui-ci la reçut sans savoir qu'elle venait de moi et la remit entre les mains de Marie.

» Je n'ai pas noté si ses yeux étaient ouverts ou fermés, mais cela n'avait, on le conçoit, aucune importance en pareil cas.

» — Qu'est-ce que vous avez dans la main ? demande le docteur Girault.

» — Une lettre.

» — A qui a-t-elle été adressée ?

» — A M. Dufay.

» — Par qui ?

» — Par un monsieur militaire que je ne connais pas.

» — De quoi parle-t-il dans sa lettre, ce monsieur militaire ?

» — Il est malade, il parle de sa maladie.

» — Est-ce une maladie que vous pourriez nommer ?

» — Oh ! oui... très bien, c'est comme celle du vieux boissier de Mesland, qui n'est pas encore arrêtée...

» — Très bien... très bien, je comprends... la dysenterie. Ecoutez, Marie, je crois que vous feriez grand plaisir à M. Dufay si vous alliez voir son ami l'officier, pour lui en rapporter des nouvelles certaines.

» — Oh ! il est trop loin... Ce serait un long voyage.

» — Eh bien ! partez sans perdre de temps. Nous vous attendrons.

» (Après un long silence.) Je ne peux pas continuer ma route... Il y a de l'eau, beaucoup d'eau.

» — Et vous ne voyez pas de pont ?

» — Bien sûr qu'il n'y a pas de pont.

» — Il y a peut-être un bateau pour traverser, comme entre Onzain et Chaumont.

(Le pont de Chaumont sur la Loire n'était pas encore construit.)

» — Des bateaux... oui, mais cette Loire-là me fait grand peur, une vraie inondation !

» — Allons, allons, du courage et embarquez-vous. (Silence prolongé, agitation, pâleur du visage, quelques nausées). Etes-vous bientôt arrivée ?

» — J'arrive, mais j'ai été bien fatiguée, et je ne vois personne au bord de l'eau.

» — Débarquez et avancez, vous finirez par rencontrer quelqu'un.

» — Voilà, voilà. J'aperçois du monde... rien que des femmes en blanc. Ah ! mais non, au contraire, ils ont tous de la barbe.

» — Eh bien ! abordez-les et priez-les de vous indiquer où vous trouverez le monsieur militaire.

» — (Après un silence.) Ils ne parlent pas comme nous, il a fallu que j'attende qu'on appelle un petit garçon à culotte rouge, avec qui j'ai pu m'entendre. Il m'a conduite lui-même, et pas vite, parce que nous marchions dans du sable.

» — Et le monsieur ?

» — Le voilà. Il a un pantalon rouge et une casquette d'officier. Mais qu'il a mauvaise mine et qu'il est maigre !

» — Vous dit-il ce qui a causé sa maladie ?

» — Oui, il me montre son lit, trois planches sur des piquets, au-dessus d'un sable humide.

» — Allons, merci, conseillez-lui d'aller à l'hôpital où il sera mieux couché et revenez à Blois.

» Je priai alors mon confrère d'ouvrir la lettre et d'en donner lecture. Ce n'est pas lui qui fut le moins satisfait de la société : le succès avait dépassé ses espérances. »

Le docteur Dufay devait avoir une nouvelle preuve de la clairvoyance de la jeune somnambule dans les circonstances que voici :

Marie, en état de somnambulisme naturel, avait rangé hors de leur place habituelle des bijoux de sa maîtresse, qui l'avait accusée de les lui avoir volés. Le docteur Dufay, appelé à la prison de Blois où elle était détenue, avait, en la plongeant dans le somnambulisme artificiel, réveillé ses souvenirs et fait reconnaître son innocence, mais par suite des formalités judiciaires, elle n'avait pas été remise immédiatement en liberté.

« Le lendemain, raconte le docteur Dufay, on était venu me chercher de grand matin à l'occasion d'un suicide qui venait d'avoir lieu. Un détenu, accusé d'assassinat, s'était étranglé avec sa cravate dont il avait attaché l'une des extrémités au pied de son lit fixé sur le sol. Couché à plat ventre sur la dalle du cachot, il avait eu le courage de se pousser en arrière avec les mains jusqu'à ce que le nœud coulant de la cravate eût produit la strangulation. Le corps était déjà froid lorsque j'arrivai en même temps que le procureur et le juge d'instruction.

» Le procureur, à qui le juge d'instruction avait raconté la scène de somnambulisme de la veille, manifesta le désir de voir Marie et je lui proposai de profiter de ce qui venait d'arriver pour interroger cette fille sur le criminel qui s'était fait justice lui-même. Les magistrats acceptèrent avec empressement ma proposition. Je coupai un morceau de la cravate et l'enveloppai de plusieurs feuilles de papier que je ficelai fortement.

» Arrivés au quartier des femmes qui venaient de descendre du dortoir, nous priâmes la sœur gardienne de mettre son cabinet à notre disposition.

» Je fis signe à Marie de nous suivre, sans lui dire un seul mot, et je l'endormis par une simple application de la main sur le front. Je tirai alors de ma poche le paquet préparé et le lui mis entre les mains. Au même instant, la pauvre fille bondit sur sa chaise, et rejeta au loin avec horreur ce paquet, criant avec colère qu'elle ne voulait pas « toucher cela ». Or, on sait que, dans les prisons, les suicides sont tenus secrets le plus longtemps possible. Rien n'avait encore transpiré dans l'intérieur de l'établissement du drame qui venait de s'accomplir, la religieuse elle-même l'ignorait.

» — Qu'est-ce que vous croyez donc que ce papier renferme ? demandai-je, quand le calme fut un peu revenu.

» — C'est quelque chose qui a servi à tuer un homme.

» — Un couteau peut-être ? ou un pistolet ?

» — Non, non, une corde..., je vois..., je vois..., c'est une cravate... il s'est pendu... Mais faites donc asseoir le monsieur qui est derrière moi, car il tremble si fort que ses jambes ne peuvent plus le porter. (C'était l'un des deux magistrats qui était si ému de ce qu'il voyait qu'il tremblait, en effet, de tous ses membres).

» — Pourriez-vous dire où cet événement s'est passé ?

» — Ici même, vous le savez bien... C'est un prisonnier...

» — Et pourquoi était-il en prison ?

» — Pour avoir assassiné un homme qui lui avait demandé à monter dans sa charrette.

» — Comment l'avait-il tué ?

» — A coups de *gouet*.

» On nomme ainsi dans le Loir-et-Cher une sorte de hachette à manche court, à lame large et allongée, recourbée en bec de perroquet à son extrémité. C'est un instrument très employé à la campagne, surtout par les tonneliers et les bûcherons. Et c'était, en effet, un gouet que j'avais désigné dans mon rapport médico-légal comme étant probablement l'arme dont le meurtrier s'était servi.

» Jusqu'ici les réponses de Marie ne nous avaient rien appris que nous ne sussions à l'avance. A ce moment le juge d'instruction me tira à l'écart et me souffla à l'oreille que le gouet n'avait pas été retrouvé.

» — Et qu'a-t-il fait de son gouet ? demandai-je.

» — Ce qu'il en a fait ?... attendez... il l'a jeté dans une mare... je le vois très bien au fond de l'eau.

» Et elle indiqua assez exactement le lieu où se trouvait cette mare pour qu'on pût y faire des recherches le jour même, en présence d'un brigadier de gendarmerie et y découvrir l'instrument du crime. Nous n'avons connu ce résultat que dans la soirée, mais déjà le scepticisme des magistrats était fort ébranlé.

» Pour satisfaire leur curiosité, je priai la sœur d'aller emprunter à quelques-unes des condamnées un petit objet leur appartenant, comme une bague, une boucle d'oreille, etc., et d'en faire des petits paquets dissimulant bien la forme de l'objet. Marie nous fit le récit exact des faits qui avaient motivé la condamnation de chacune des détenues (1). »

La double vue est un fait si extraordinaire, qui heurte si violemment toutes les croyances reçues, qu'on nous excusera si nous en multiplions les exemples. En voici un que nous avons recueilli tout récemment de la bouche de celui qui l'a expérimenté et qui, sur notre demande, en a rédigé le récit, M. Jean B..., instituteur dans une des principales écoles de Perpignan. Nous reproduisons sa rédaction sans

(1) On trouvera dans le même numéro de la *Revue philosophique* (1889, I, p. 214) le rapport du directeur de l'Ecole normale de Guéret sur un jeune élève de son école qui présentait aussi des phénomènes de clairvoyance très caractérisés pendant ses accès de somnambulisme naturel.

en rien changer, sauf pour les noms propres dont nous ne conservons que les initiales.

» Au mois d'août 1892, j'étais alors instituteur à Céret, un hypnotiseur de passage donna une séance d'hypnotisme dans un café de cette ville. Un jeune homme de 18 ans, Raymond S..., employé chez M. Antoine R..., coiffeur, de qui j'étais le client, fut pris comme sujet par l'expérimentateur.

» Quelques jours après, étant allé me faire raser, la conversation roula sur les expériences auxquelles S..., s'était prêté. Il me proposa de l'endormir. Nous étions seuls ; son patron accomplissait en ce moment une période militaire de treize jours à Perpignan. Je me prêtai donc à son désir et j'eus la satisfaction de réussir, satisfaction d'autant plus vive que c'était la première fois que je me livrais à cet essai. Le jeune S... était d'ailleurs un sujet merveilleux, d'une sensibilité et d'une suggestibilité extrêmes. Je n'eus pas de peine à répéter avec lui toutes les expériences que j'avais vu faire à l'hypnotiseur de profession.

» Je vins alors, très souvent, au salon de coiffure de M. R..., car je me passionnai pour ces expériences.

» L'idée d'essayer la seconde vue, dont j'avais lu des relations qui m'avaient laissé fort sceptique, me vint un jour. C'était un jeudi, vers 5 heures du soir. M. R... n'avait pas encore terminé sa période de treize jours — il en était à sa première semaine — et se trouvait donc encore à Perpignan. Je dis à S... ce que j'attendais de lui ; il s'y prêta aussitôt, curieux comme moi de connaître le résultat de ces expériences. Je l'endormis et lui ordonnai de chercher son patron. Il devait être alors 5 h. 1/4. Après quelques instants de silence, le sujet me dit : « Je le vois. » — Où ? lui demandai-je. « Il est au café. » — Lequel ? « Au »café de la Mairie. » — Que fait-il ? « Il prend l'absinthe. » — Est-il tout seul ? « Non, il est avec *deux* autres cama-

» rades. » — Les connaissez-vous ceux-là ? « Non, je ne les
» connais pas. » Puis, se ravisant : « Ah ! il y en a un que
» j'ai vu ici pour la Saint-Ferréol » (on désigne ainsi la fête
patronale de Céret). Ne trouvant rien plus à demander
concernant M. R.., je l'envoyai chez lui — il était du Soler —
et il me dit voir sa mère vaquant aux soins du ménage, son
frère assis dans la cuisine, etc., bref, des banalités ; aussi
n'insistai-je pas, car je ne voyais pas le moyen d'en
contrôler l'exactitude. Je le réveillai là-dessus et lui racon-
tai tout ce qu'il m'avait dit. Il en était tout étonné, car il ne
se souvenait de rien.

» Quelques instants après je l'endormis de nouveau et
l'envoyai encore à la recherche de son patron. A ma question :
« Voyez-vous encore votre patron ? » Il me répondit : « Il
» n'est plus au café. » — Où est-il donc ? « Il marche. »
— Est-il encore avec ses camarades ! « Il y en a un qui est
» parti. » — Lequel ? « Celui qui était ici pour la Saint-
» Ferréol. » — Puisqu'ils marchent, suivez-les ; où vont-ils ?
« Je ne sais pas. » — Eh bien, vous me le direz quand vous
le saurez. Ici un silence d'une minute environ, puis, tout à
coup : « Ils vont souper. » — Comment le savez-vous ? « Ils
» entrent à la *Boule d'Or.* »

» Je n'insistai pas davantage et je réveillai mon sujet qui
d'ailleurs paraissait fatigué.

» Restait maintenant à contrôler l'exactitude des faits
qu'il m'avait dévoilés.

» Je savais que M. R... devait venir le samedi suivant en
permission de vingt-quatre heures. Je me proposai d'aller
l'attendre à la gare et de l'interroger aussi habilement que
je le pourrais sur l'emploi de son temps, le jeudi soir entre
5 heures et 6 heures. C'est ce que je fis. En chemin, je lui
dis : « Jeudi dernier, vers 5 h. 1/4, je vous ai vu à Perpi-
» gnan. Vous étiez au café de la Mairie (1), vous preniez

(1) Actuellement hôtel-restaurant Gadel, à côté du café de la Loge.

» l'absinthe avec deux de vos camarades. » M. R..., me regardant, me dit simplement : « Pourquoi n'êtes-vous pas venu » me dire bonjour ? Vous auriez fait comme nous. » — Je n'ai pas osé, craignant d'être indiscret, lui répondis-je ; d'ailleurs j'étais pressé, je n'en avais pas le temps. « Tant » pis, vous m'auriez fait tout de même plaisir de me dire un » mot. » — A propos, lui demandai-je, quels étaient vos deux camarades ? L'un d'eux n'a-t-il pas été ici à Céret ? « Mes » camarades s'appellent l'un F..., qui est d'ailleurs d'ici, » mais qui n'y habite plus, et l'autre, Charles M..., pâtis- » sier à Perpignan. » — Lequel des deux était ici, pour la Saint-Férréol ? « Eh bien, c'est mon ami Charles que j'avais » invité pour la fête. » — Alors c'est lui qui vous a quitté quand vous êtes allé souper avec F... à la *Boule d'Or* ?

» A cette interrogation, M. R... me regarde stupéfait et s'écrie : « Comment le savez-vous ? Vous m'avez donc » suivi ? Que me racontiez-vous donc tout à l'heure que » vous étiez si pressé ! » Je ne pus m'empêcher de rire et fus obligé de lui dire comment j'avais obtenu ces renseignements.

» M. R .. n'avait sans doute aucune idée des phénomènes hypnotiques, car il n'ajouta aucune créance à mon dire et il s'écria : « Vous êtes un farceur ! Vous vous gaussez de » moi ! » Et j'eus beau essayer de le convaincre que je n'avais pas employé d'autres moyens pour connaître l'emploi de son temps, je ne pus y réussir.

» Enfin, lui dis-je, l'essentiel pour moi c'est que vous reconnaissiez que tout ce que je vous ai dit est exact. Pour le reste, puisque vous êtes si incrédule, je vous le ferai voir un de ces jours. J'espère, alors, que vous serez convaincu. « Oh ! si je le vois, je le croirai. » Nous nous quittâmes sur ces mots.

» Le samedi suivant, M. R... était rentré définitivement à Céret, sa période de treize jours terminée. Etant allé me faire servir ce jour-là, il me rappela lui-même ma promesse et nous nous donnâmes rendez-vous pour le lundi soir après 8 heures afin d'être tout à fait libres. Le lundi est, en effet, joúr de repos pour les coiffeurs. Je n'eus garde de manquer au rendez-vous. A 8 heures, je me rendis au salon de coiffure où se trouvaient déjà, outre M. R... et son employé, la sœur de celui-ci, demoiselle d'une quarantaine d'années, un M. S..., ancien boucher et une autre personne que je ne connaissais pas. J'endormis S... et lui fis exécuter diverses suggestions, à l'étonnement des assistants qui n'en avaient jamais été témoins; puis je le réveillai. Sur ces entrefaites, Mme R... paraît sur le seuil de la porte du salon de coiffure. (Ce salon qui est situé dans la rue Saint-Ferréol, laquelle est perpendiculaire au boulevard Saint-Roch et à trente pas de ce boulevard, n'a qu'une entrée donnant sur la rue; Mme R... a son habitation dans l'intérieur de la ville.) Mme R... se montre donc sur le seuil, paraît un moment interdite et, s'adressant à son mari, sans finir d'entrer, lui dit : « Antoine, je vais où tu sais. » Et, sans d'autres mots, elle s'en va.

» Alors, une inspiration me vint. Je demandai à M. R... : « Est-ce que votre employé sait où va votre femme et ce » qu'elle va faire(1) ? » — « Cela non, il l'ignore totalement, » car c'est une affaire entre ma femme et moi. » — Eh bien, lui dis-je alors, si votre employé nous dit où va votre femme et ce qu'elle va faire, croirez-vous qu'il ait pu me dire ce que vous faisiez, vous, à Perpignan ? « Oh ! alors, » je ne douterai plus. » — Bien, nous allons voir.

» J'endormis aussitôt le sujet et le fis asseoir dans un fauteuil : — Suivez Mme R..., lui ordonnai-je; la voyez-vous ? « Je la vois, elle descend la rue Saint-Ferréol (2). » — Bon, suivez-là, vous me direz ce qu'elle fait. Au bout

(1) Je posai cette question au préalable, car je savais que l'employé était nourri et logé chez son patron.

(2) La rue Saint-Ferréol est très longue et descend en pente, orientée de l'est à l'ouest.

d'un instant de silence, il dit : « Elle est arrêtée. » — Où
cela ? « Au fond de la rue. » — Que fait-elle ? « Elle parle. »
— Avec qui ? « Avec une femme. » — La connaissez-vous
cette femme ? « Non, je ne la connais pas. » — Vous ne
savez donc pas quelles sont ses occupations ? « Si, elle vend
» du vin. » — Et où demeure-t-elle ? « A main gauche en
descendant. » Alors l'idée me vint, puisqu'il voyait les deux
femmes causer, de lui faire entendre ce qu'elles disaient.
— Eh bien, puisqu'elles causent, écoutez ce qu'elles disent
et répétez-le moi. « Je n'entends pas », me répondit-il.
— Ecoutez, insistai-je, vous entendrez. Il me répéta, cette
fois en élevant la voix et avec une certaine irritation : « Je
» n'entends pas. » — Je veux que vous entendiez ordonnai-je.

» Aussitôt, le visage du sujet changea d'expression ; on
voyait qu'un violent effort crispait sa volonté, les veines de
son front se gonflèrent, puis, tout à coup, tout son être
tendu, d'une voix saccadée, étrange, il proféra ces deux
mots : « Argent... Espagne ! » et il se laissa aller dans le
fauteuil comme épuisé. Je le réveillai aussitôt, un peu
effrayé, et comme il demeurait comme prostré, je dus lui
mouiller les tempes avec une serviette, ce à quoi je n'avais
jamais eus recours encore.

» Sur ces entrefaites, Mᵐᵉ R... rentre dans le salon de
coiffure. Je m'avance aussitôt vers elle, et, avant que personne lui adresse la parole, je lui dis : « Madame, est-ce
vrai, que vous venez du fond de la rue Saint-Férréol de
trouver une marchande de vin avec laquelle vous avez
causé, je ne sais à propos de quoi, d'argent..., d'Espagne... »
Mᵐᵉ R... me regarde en riant et m'explique aussitôt (1) :
« Oui, je viens de chez la femme T... ; comme je sais que
» son mari doit aller en Espagne cette semaine, je viens de
» lui demander s'il pourra me prendre les sous espagnols

_____

(1) En catalan dans le texte ; mais nous donnons ici la traduction en
français faite par M. Jean B... lui-même.

»(la monnaie de billon espagnole) que j'ai à la maison. »
A ce moment-là, en effet, il y avait quelque temps que la
circulation de la monnaie de billon espagnole avait été
prohibée dans le département des Pyrénées-Orientales qui
en était littéralement inondé. »

La *télépathie*, si amplement et si patiemment étudiée par
la Société anglaise des recherches psychiques, a certainement des affinités avec tous les phénomènes qui précèdent
et notamment avec le dernier dont elle diffère surtout par
deux caractères principaux : en premier lieu, elle se produit
toujours spontanément, tandis que la double vue est
presque toujours provoquée par un expérimentateur ; en
second lieu, elle met plutôt en relief l'*action* de l'objet
perçu, tandis que la double vue nous ramène plutôt à
considérer la *connaissance* manifestée par le sujet percevant. Il semble que dans la télépathie ce soit, pour ainsi
dire, l'objet qui aille trouver le voyant, et que dans la
double vue, ce soit au contraire le voyant qui aille trouver
l'objet ; mais on se rend compte sans peine que, dans bien
des cas, la nuance est assez difficile à saisir.

Telles sont, sauf erreur ou omission, les principales
formes caractéristiques de la métagnomie perceptive.

La mémoire, ou du moins la connaissance du passé, peut,
elle aussi, revêtir l'apparence supranormale. On a donné
le nom, d'ailleurs tout à fait impropre, de *psychométrie*, à
cette faculté que possèdent certains médiums de retracer
des séries plus ou moins considérables d'événements
passés étrangers à leur expérience personnelle, soit en
présence d'individus que ces événements concernent d'une
façon plus ou moins directe, soit au contact d'objets ayant
joué dans ces événements un rôle quelconque. Une partie
de ces effets semble, d'ailleurs, pouvoir se ramener à la
divination de pensée, toutes les fois que le médium peut
lire dans la mémoire des individus où le souvenir des
événements qu'il retrace est conservé à l'état latent. Mais

le cas paraît tout différent et plutôt comparable à une sorte de *double vue dans le temps* ou de *télépathie temporelle*, lorsque le médium, sous la seule influence d'un objet ou du lieu où il se trouve, est comme transporté en esprit dans le passé et assiste immédiatement à des événements depuis longtemps écoulés, ainsi qu'il advint à ces deux dames anglaises qui, visitant Versailles en 1901, revirent le Petit Trianon tel qu'il était au temps de Marie-Antoinette (1).

L'avenir, qui nous paraît indéterminé, du moins dans la mesure où il dépend de notre volonté, peut-il être aussi l'objet d'une sorte de vision immédiate ? Peut-il devenir présent pour l'esprit d'un médium ? Question redoutable au point de vue philosophique et moral, puisque la question de notre libre arbitre et de notre responsabilité morale y est elle-même impliquée. Et cependant on trouve plus d'un exemple de prévisions et de prémonitions inexplicables par les facultés normales d'induction et vérifiées par l'événement. Il nous suffira de citer le cas du docteur Geley, d'Annecy, qui, étant en 1894 étudiant en médecine à Lyon, le 27 juin, à 9 heures du matin, pendant qu'il travaillait dans sa chambre avec un camarade, fut tout à coup distrait de son travail par cette pensée obsédante : « M. Casimir-Périer est élu président de la République par 451 voix ». (Le Congrès électoral allait se réunir à midi et la nouvelle ne fut connue que le soir à Lyon), et celui que le docteur Osty rapporte ainsi dans son livre *Lucidité et intuition*, d'après le récit même de la voyante (p. 283) :

» Il y a un an, je fis cette prédiction à un monsieur qui venait me consulter pour la première fois : « Je vous vois » sur le point de partir en voyage à travers les mers... en » Amérique probablement ; je vous vois sur le paquebot, » triste et isolé, mais vous ne partirez que plus tard, plu-

(1) Elisabeth Morison et Francis Haumont, *An adventure* (Londres, Marmillan, 1911), cité dans les *Annales des sciences psychiques*, 1ᵉʳ et 16 septembre 1911.

» sieurs bateaux quitteront auparavant pour la même
» destination le port où vous vous embarquerez ». Et ce
monsieur m'objecta de suite : « Je vais, en effet, quitter la
» France et pour aller en Amérique : J'admire votre clair-
» voyance ; mais vous me dites deux choses parfaitement
» improbables, d'abord que je ne prendrai pas le premier
» paquebot ; or, j'ai mon billet en poche et tout est prêt
» pour que je parte après-demain. Puis, que vous me voyez
» triste et isolé ; or, je partirai avec ma femme et si un
» motif quelconque la retenait en France, mon voyage
» serait nécessairement supprimé. » Hier ce monsieur est
revenu et m'a dit : « Votre présage ne s'est que trop bien
» confirmé. Le lendemain du jour où je suis venu vous
» consulter, ma femme a été brusquement prise d'une pneu-
» monie dont elle est morte quelques jours après. Puis
» désemparé, j'ai quitté la France et je fus bien, en effet,
» sur le bateau un passager triste et isolé. »

III

Il nous faut maintenant passer en revue les principales
circonstances ou conditions dans lesquelles la clairvoyance
ou métagnomie se manifeste sous l'une ou sous l'autre de
ses différentes formes.

Bien qu'elle surgisse parfois — et d'une façon brusque et
spontanée — dans l'état de veille, sans que l'équilibre
habituel des facultés mentales et physiologiques de la personne paraisse le moins du monde altéré (surtout dans
les cas de télépathie), elle semble bien avoir quelque liaison avec des états particuliers du système nerveux plus ou
moins analogues au sommeil, hypnose, extase, transe, etc.,
ou même avec le sommeil proprement dit.

Les croyances populaires attribuent à certains rêves une
signification prophétique, et l'on trouve en particulier
dans Cicéron le récit du songe de cet Arcadien qui vit coup

sur coup son ami d'abord menacé de mort, puis assassiné, et arriva à temps aux portes de la ville pour arrêter la charrette dans laquelle les meurtriers emportaient le cadavre caché sous un tas de fumier.

Mais c'est surtout dans le somnambulisme, naturel ou provoqué, que l'on observe le plus souvent des manifestations métagnomiques, à tel point que dans le langage courant, *somnambule* et *voyant* ou *voyante* sont à peu près synonymes. Très souvent la clairvoyance se révèle au cours d'un accès de somnambulisme naturel, et l'individu chez lequel cette faculté est ainsi apparue spontanément se trouve amené à la développer dans la suite au moyen des pratiques du somnambulisme artificiel.

Tel fut, croyons-nous, le cas du fameux somnambule Alexis qui eût mérité d'être étudié avec le plus grand soin, sans le fâcheux parti pris qu'ont les savants de considérer tous les phénomènes de ce genre comme indignes de leur attention.

Tel fut, plus récemment, le cas observé par le docteur Terrien et présenté par lui dans une communication faite à la Société de médecine de Nantes dans le courant de l'année 1914. Il s'agit d'une jeune fille de 14 ans qui, pendant qu'elle travaillait chez lui à la couture, s'endormit spontanément et se mit à raconter tout ce que faisait à ce moment le docteur, parti pour visiter un seul malade, et mis en retard par trois autres visites tout à fait inopinées. « Elle a donné, disait la personne témoin de cet accès de somnambulisme, les raisons du départ, les visites supplémentaires, les noms des malades, etc. Sans oublier ce dernier détail qu'un cultivateur, instruit du passage du docteur, l'attendait sur la route, guettant son retour. »

Souvent aussi c'est le magnétiseur ou hypnotiseur qui évoque en quelque sorte la faculté métagnomique en faisant au sujet endormi la suggestion impérative de voir telle personne ou tel objet ; mais pour avoir l'idée de faire une pareille suggestion, il faut évidemment savoir, ou tout au moins croire, que la métagnomie est possible. C'est faute de cette science ou de cette croyance que les expérimentateurs imbus des doctrines de la science officielle passent à côté de ce phénomène sans le voir, alors qu'il existe bien souvent chez leurs sujets à l'état de possibilité latente, n'attendant que leur appel pour se montrer. Quoique partisans exclusifs de la suggestion, ils ignorent un de ses pouvoirs les plus remarquables, le pouvoir évocateur de la métagnomie, ou même le nient comme inexplicable pour la science, oubliant que la science n'est pas davantage en état d'expliquer ce pouvoir curatif de la suggestion dont aucun d'eux ne doute un seul instant.

Remarquons d'ailleurs que l'action suggestive a presque toujours besoin d'être complétée par celle de certains objets, qui peut même parfois la suppléer. Pour diriger sa double vue sur une personne déterminée, le sujet doit être en rapport avec cette personne par un contact direct avec elle ou avec un objet qui lui ait appartenu, qui soit pour ainsi dire imprégné de sa personne, une touffe de ses cheveux, un de ses vêtements, une lettre écrite par elle, etc. Bien mieux, le sujet peut, sans l'aide d'aucune suggestion étrangère, se mettre lui-même en état de clairvoyance, soit en regardant fixement dans un cristal (c'est ce que les Anglais appellent *cristal gazing*) ou dans une simple carafe d'eau, comme celle dont se servait, dit-on, Cagliostro, ou dans un « miroir magique », soit par tout autre procédé de son choix. N'est-il pas naturel de supposer que la baguette et le pendule jouent à peu près le même rôle dans le développement de la métagnomie spéciale des sourciers? Et, si les lignes de la main, les cartes, le marc de café, etc., ont réellement quelque vertu, ne consiste-t-elle pas surtout dans la propriété qu'ont ces objets de provoquer chez le médium la mise en train de sa double vue naturelle?

Enfin l'apparition de la clairvoyance paraît liée, d'une

façon encore assez mystérieuse, à certains ensembles de croyances et de pratiques qui déterminent sans doute chez leurs adeptes un état mental et nerveux particulier, évocateur des facultés métagnomiques. Ainsi, l'histoire des religions, surtout dans les périodes de genèse ou de crise religieuse, nous offre de nombreux exemples de la clairvoyance sous toutes ses formes, pénétration de pensée, double vue, télépathie, prophétie, etc. Pareillement, la métagnomie se produit très fréquemment au cours des séances spirituelles. Des faits inconnus du médium, parfois aussi des assistants, et relatifs tantôt à des objets et à des événements présents, tantôt au passé, tantôt même à l'avenir, sont révélés soit par l'intermédiaire de la table ou de la planchette, soit au moyen de l'écriture automatique, soit par la parole du médium intransé ; et ces révélations se donnent elles-mêmes comme provenant d'une personnalité distincte de toutes celles des participants de la séance, d'un *esprit* capable de percevoir dans des conditions absolument différentes de celles qu'impose aux êtres humains en cette vie l'organisation matérielle de leurs sens et de leur cerveau, par suite comme manifestant ce qu'on pourrait appeler une « métagnomie transcendante ».

IV

En présence d'un amas de faits aussi extraordinaires, le premier mouvement de notre intelligence est de nier ou de douter ; et lorsqu'elle se voit forcée d'en reconnaître la réalité, du moins en ce qui concerne quelques-uns d'entre eux, elle ne peut s'empêcher d'en demander aussitôt l'explication. Comment de tels phénomènes sont-ils possibles ? Voilà la question qu'elle se pose avec insistance, et elle s'étonne, elle s'impatiente de n'y pas recevoir de réponse, à moins qu'elle ne se satisfasse précipitamment de la première apparence de solution qui lui est offerte.

Or, comme nous l'avons dit ailleurs (1), le véritable esprit scientifique consiste à se désintéresser, au moins provisoirement, du besoin d'explication, et à se réduire volontairement à la seule recherche, lente, persévérante, obstinée, du déterminisme des phénomènes. Aux yeux du savant, la théorie la plus ingénieuse, la plus intrinsèquement cohérente, est par elle-même sans valeur et sans intérêt, elle constitue même pour la science un obstacle et un danger, si elle aide seulement l'esprit à se représenter les faits déjà connus d'une façon qui lui plaise et le dispense, en satisfaisant sa curiosité, de toute investigation ultérieure. La seule raison d'être, nous ne disons pas des théories, mais des hypothèses dans toute étude expérimentale, c'est de rendre possible la découverte de faits encore inconnus en permettant d'instituer des séries d'expériences nouvelles; et ces hypothèses doivent toujours conserver le caractère non d'*explications,* au sens précis de ce mot, mais de simples *interprétations,* toujours sujettes à revision et à contrôle.

En général, les explications ou interprétations qu'on a essayé de donner des phénomènes métagnomiques consistent à ramener toutes les formes de la clairvoyance à l'une d'entre elles (celle que l'auteur de l'explication ou interprétation a plus particulièrement, sinon exclusivement étudiée) et à considérer celle-ci, tantôt comme un fait premier, comme une loi incontestablement établie par l'expérience, tantôt comme une induction extrêmement probable, qui s'impose par son analogie avec d'autres lois acquises déjà à la science, tantôt enfin comme une déduction nécessaire d'une théorie dogmatiquement affirmée.

Ce dernier cas est celui d'un certain nombre de spirites qui, admettant l'existence des esprits et leur intervention dans les choses de ce monde comme une vérité certaine,

_____

(1) *Psychologie inconnue,* 2ᵉ édit., p. 292.

attribuent, en effet, aux esprits non pas seulement les faits
de « métagnomie transcendante ou spiritoïde », mais en
général tous les faits de connaissance supra-normale, sous
quelque forme et en quelque circonstance qu'ils se produisent. La clairvoyance des sujets et des médiums leur vien-
drait toujours d'un foyer extérieur et supra-terrestre : ce
serait toujours une révélation émanant de l'*au-delà*.

Plus en faveur auprès de la majorité des psychistes contemporains est l'explication qui ramène toutes les formes
de la métagnomie au fait de la pénétration de pensée ou
suggestion mentale. Ce fait paraît désormais suffisamment
prouvé par l'observation et l'expérience, et on croit pouvoir l'ériger en *loi*, susceptible d'expliquer toute la diversité des cas particuliers. Il suffirait donc d'admettre qu'il
existe une possibilité d'intercommunication des esprits qui
aurait elle-même, sans doute, pour condition nécessaire une
intercommunication des cerveaux; et on rendrait compte
ainsi non seulement de la psychométrie, mais encore de la
télépathie et de la vision à distance. Exprimée en termes
d'ordre physique, l'hypothèse revient à admettre que
chaque cerveau humain émet des radiations spéciales
corrélatives à ses pensées conscientes ou inconscientes, des
rayons susceptibles d'être arrêtés au passage par un autre
cerveau, et d'y reproduire les pensées du premier, susceptibles aussi peut-être d'impressionner des objets matériels et
de s'y emmagasiner comme des vibrations sonores s'emma-
gasinent dans les disques d'un gramophone. Mais il n'y
a pas dans cette hypothèse de vision métagnomique
directe des objets matériels. « La lucidité, dit le docteur
Osty, n'est pas un phénomène monopsychique. Sa production nécessite le jeu harmonieux de deux cerveaux, l'un
fournissant sa force psychique, et l'autre sa sensibilité
exceptionnelle réagissant à l'excitation reçue et la reconsti-
tuant sous sa forme primitive de pensée. »

Les anciens magnétiseurs admettaient au contraire deux

formes distinctes de la métagnomie: l'une subjective, la pénétration de pensée, l'autre objective, la vision à distance. Ce ne sont pas seulement les cerveaux humains qui émettent des radiations métagnomiques, ce sont tous les objets de la nature. Aux rayons C qui mettent les cerveaux en relation les uns avec les autres, il faut joindre les rayons O qui mettent les objets en relation avec les cerveaux; ceux-ci et ceux-là étant les formes jumelles d'une même énergie, de nature encore inconnue, celle que Reichenbach nommait *od* ou *odyle*. Ainsi chaque cerveau humain serait comme un centre où arriveraient des rayons partis de tous les autres cerveaux et de tous les points de l'univers, et aurait la possibilité, grâce à cette intercommunication universelle, de percevoir ce qui se passe en tout esprit et en tout lieu. Faute de conditions nécessaires, cette possibilité reste habituellement latente ; que ces conditions se réalisent, la métagnomie apparaît. Ce mécanisme naturel n'est ni plus ni moins merveilleux que celui qui rend possibles la télégraphie et la téléphonie sans fil.

A quoi bon cependant se complaire et s'attarder dans ces vues grandioses, mais vagues et problématiques? A tous ceux qui désirent hâter l'accession des études psychiques dans le domaine de la science, une tâche plus urgente s'impose : recueillir une telle masse de faits authentiques et concordants que le scepticisme le plus opiniâtre soit forcé de se rendre à l'évidence et en tirer par la classification, l'analyse et l'expérimentation, les éléments dont nos arrière-neveux composeront peut-être un jour l'explication définitive.

CHAPITRE XII

Spiritisme et cryptopsychie.

I

Existe-t-il un ensemble de faits réels, susceptibles d'être constatés et étudiés scientifiquement, qui corresponde à la dénomination, d'ailleurs équivoque mais généralement employée, de *spiritisme*? C'est là une question à laquelle ne peuvent répondre négativement que ceux qui sont tout à fait ignorants en la matière. Les recherches d'observateurs tels que le professeur Thury, de Genève, le comte de Gasparin, les membres de la Société dialectique de Londres, parmi lesquels il faut citer le mathématicien de Morgan et le naturaliste Wallace, celles du grand physicien et chimiste William Crookes, des professeurs Charles Richet et Flournoy et de bien d'autres encore, ont définitivement mis hors de toute contestation possible la réalité de tout cet ordre de phénomènes, que nous avons nous-même proposé de désigner sous le nom de spiritoïdes (1), cette appellation ayant l'avantage de ne rien préjuger sur la nature intime et les causes de ces phénomènes. Sans doute on peut, et même on doit, dans bien des cas, discuter de la réalité de tel ou tel de ces faits pris en particulier, tout comme on peut discuter de la réalité de l'état hypnotique chez tel ou tel individu, mais de ce qu'on ne doit admettre qu'à bon escient qu'un sujet qui paraît endormi est bien

(1) *Psychologie inconnue*, 2e édit., p. 99.

réellement en état d'hypnose, s'ensuit-il qu'on soit autorisé à nier la réalité de l'hypnotisme en général ? Autant vaudrait nier la folie, sous prétexte qu'il y a des gens qui la simulent.

Aussi, contrairement aux préjugés et aux préventions qui subsistent encore, même et peut-être surtout dans le monde scientifique, contre cet ordre d'études spéciales, nous considérons comme parfaitement légitimes et dignes d'être non seulement respectés, mais encouragés, les efforts des savants qui s'y consacrent avec la volonté d'apporter enfin la lumière dans ce recoin de la nature encore si plein de ténèbres et de mystères. Loin d'opposer à leurs travaux un parti pris de dédaigneuse indifférence ou de facile raillerie, il faut plutôt leur savoir gré d'oser une entreprise aussi neuve et aussi ardue, où les chances d'erreur sont si nombreuses qu'ils courent le risque d'y compromettre leur renom et leur crédit, mais où, en revanche, ils peuvent nous faire espérer des découvertes d'une suprême importance pour l'élargissement de la science et le progrès de l'esprit humain.

Nous avons essayé ailleurs (1) de montrer comment devait être comprise, selon nous, l'étude scientifique des faits spiritoïdes. Il s'agit, avant tout autre chose, d'observer le plus grand nombre possible de ces faits en s'entourant de toutes les garanties possibles pour être assuré de leur authenticité; il s'agit ensuite de les classer, de les distribuer en séries, de façon à faire ressortir les relations constantes qui peuvent exister entre eux; il s'agit enfin de dégager ces relations et de les exprimer dans des formules plus ou moins générales, toujours sujettes, d'ailleurs, à revision dans la mesure même où les vicissitudes de notre expérience nous conduiront à y apporter les limitations et corrections nécessaires. En un mot, il s'agit d'appliquer à

(1) *Psychologie inconnue*, chap. XVII : « L'étude scientifique du spiritisme », p. 289.

la science des faits spiritoïdes, avec les modifications de détail commandées par la nature spéciale de leur objet, cette même méthode expérimentale à laquelle les sciences physiques et naturelles ont dû jusqu'ici tous leurs succès.

Mais faut-il se borner là ? Ceux qui s'intéressent à ces phénomènes, pour des motifs, il est vrai, qui n'ont en général rien de commun avec la science, attendent davantage de cette étude ; ce qu'ils désirent, ce qu'ils demandent par-dessus tout le reste, et plus que tout le reste, c'est une *explication* de ces faits. Ils prétendent qu'on leur donne toute certitude sur les causes profondes — naturelles ou peut-être surnaturelles — dont ces faits sont la manifestation.

Sur ce point nous ne saurions faire autrement que de maintenir nos déclarations antérieures. Le véritable esprit scientifique, répétons-le, consiste à se désintéresser du besoin d'explication et à se réduire volontairement à la seule recherche du déterminisme des phénomènes. Le savant, comme tel, ne se préoccupe pas de savoir *pourquoi* tels ou tels phénomènes existent et pourquoi ils sont ainsi et non autrement ; mais il se préoccupe de savoir *comment* il lui sera possible d'influer sur eux, de les prévoir, de les provoquer, de les empêcher, de les modifier, et, le cas échéant, de les utiliser pour des applications possibles aux diverses fins de l'activité humaine.

Ce n'est pas à dire toutefois qu'il soit interdit au savant d'essayer de *comprendre* les faits dont il est témoin ; bien au contraire, s'il veut arriver à en découvrir le déterminisme, s'il ne se résigne pas au simple rôle d'observateur passif et muet, s'il veut interroger la nature et la forcer à répondre par une expérimentation appropriée, il est indispensable qu'il fasse acte de raisonnement et d'imagination. De là l'intervention inévitable et bienfaisante des *idées directrices* dans la recherche expérimentale ; de là l'emploi perpétuel de l'hypothèse, non pour *expliquer*, mais pour *interpréter* les phénomènes au fur et à mesure que la connaissance acquise de certains de leurs rapports nous pousse en quelque sorte à anticiper sur la connaissance future de certains autres.

En fait, dans le domaine particulier des faits spiritoïdes, le chercheur se trouve plus ou moins rapidement amené à envisager deux interprétations possibles, l'une et l'autre suggérées par ces faits eux-mêmes, entre lesquelles il peut hésiter, si l'une lui paraît s'adapter plus heureusement que l'autre à certains cas particuliers, et qui, d'ailleurs, ne s'excluent pas nécessairement, bien que les partisans de l'une éprouvent en général une très forte répugnance à admettre l'autre, l'interprétation *cryptopsychique* et l'interprétation *spiritique*.

II

Le caractère principal des faits spiritoïdes, celui qui peut suffire à les définir, c'est qu'ils *semblent* impliquer, en présence ou à l'occasion de certains incidents de la vie des êtres humains, l'intervention d'êtres intelligents, habituellement invisibles et qui ne feraient pas normalement partie de notre monde. En raison même de cette apparence, on peut dire que la première interprétation qu'ils nous suggèrent est justement l'interprétation spiritique, et c'est, en effet, historiquement celle qui fut adoptée la première par ceux qui les observèrent tout d'abord ; c'est encore celle à laquelle s'arrêtent, sans plus ample informé, tous les esprits étrangers aux disciplines scientifiques ou tous ceux qui, consciemment ou à leur insu, considèrent cet ordre de faits lui-même comme n'ayant aucune relation possible avec la science.

Au contraire, l'interprétation cryptopsychique suppose un doute préalable sur la réalité de l'apparence présentée par les faits spiritoïdes ; c'est une idée du *second moment*, une réflexion provoquée par la comparaison de cet ordre de faits avec l'ensemble du reste de notre expérience. Tous les faits que nous connaissons jusqu'ici, objet des sciences déjà constituées : astronomie, physique, chimie, physiologie, sont produits par des causes naturelles, formant les unes avec les autres un système clos et cohérent, appartenant à un même monde ; et même ceux qui impliquent des intelligences, des consciences, se relient d'une façon constante à ce réseau de matière et de mouvement où toute réalité nous paraît enveloppée. Il est donc plus conforme aux tendances et à la méthode générale de la science de supposer, *jusqu'à preuve du contraire*, que ces faits spéciaux, en apparence produits par des causes intelligentes extérieures à la nature et inconnues, sont en réalité produits par des causes intelligentes connues, incluses dans la nature, mais agissant en ce cas d'une façon cachée et comme sous un voile qui les dérobe à notre observation directe. Il n'y a là qu'une application du grand principe qui, depuis Descartes, domine et dirige toute la science moderne ; supposer que l'inconnu doit toujours pouvoir se ramener au connu ; chercher toujours dans les choses certaines et déjà démontrées et vérifiées la raison des choses encore incertaines.

Or, dans les faits spiritoïdes, très certainement interviennent des causes intelligentes absolument naturelles et visibles : ce sont les êtres humains en présence desquels ces faits se manifestent, les assistants parmi lesquels certains d'entre eux, comme l'expérience ne tarde pas à le montrer, ceux qu'on appelle des *médiums*, sont indispensables à leur production. Dès lors, au lieu d'attribuer ces faits à l'intervention d'êtres hypothétiques, de la réalité desquels nous n'avons d'autre part aucune preuve, esprits des morts, élémentaux, anges ou démons, etc., la science, si elle veut rester fidèle à ses principes et à ses habitudes, doit tout d'abord les rapporter aux forces et aux facultés des assistants et en particulier des médiums. Ceux-ci, il est vrai, n'ont aucune conscience d'intervenir activement dans ces phénomènes; ils ont au contraire la conviction et presque la sensation que ceux-ci sont produits en eux ou par eux à leur insu, sans eux, par des forces étrangères à leur conscience et souvent même contraires à leur volonté. Mais toute la question est de savoir si ce n'est pas là chez eux une illusion.

Or, l'étude d'un autre ordre de faits, très analogues par beaucoup de côtés aux faits spritoïdes, mais ne présentant à aucun degré leur apparence caractéristique, et se reliant plutôt aux faits d'hypnotisme et de suggestion (faits dénommés par nous hypnoïdes), prouve que, dans un assez grand nombre de circonstances, des êtres humains peuvent penser et agir, manifester des aptitudes jusque-là insoupçonnées, sans que leur conscience en soit informée, sans qu'il leur soit possible de s'attribuer à eux-mêmes tous ces effets (1).

Il est donc tout naturel que ceux qui étudient les phénomènes spritoïdes dans un esprit scientifique s'attachent tout d'abord à l'interprétation cryptopsychique et se montrent bien résolus à n'y renoncer que si sa fausseté leur est incontestablement démontrée. Or, il faut bien avouer que, dans la très grande majorité des cas, cette interprétation cadre parfaitement avec toutes les particularités du phénomène auquel on l'applique.

En voici un exemple typique, que nous empruntons au bel ouvrage du professeur Flournoy, *Esprits et Médiums*, où il se trouve exposé sous le nom de « Cas de Mme Dupond ». (2).

Il s'agit d'une dame de Genève, très instruite et cultivée, avec des goûts littéraires et des préoccupations philosophiques et religieuses, qui, à l'âge de quarante-cinq ans,

(1) Cf. *Psychologie inconnue*, chap. VI : « La cryptopsychie », p. 116.
(2) *Esprits et médiums*, p. 270.

ayant eu l'occasion de s'occuper de spiritisme, essaya de l'écriture automatique et, au bout de huit jours, obtint des noms de parents et d'amis défunts avec des messages philosophico-religieux. Trois jours après le début de sa médiumnité d'écrivain, après diverses communications, son crayon traça soudain le nom tout à fait inattendu d'un M. Rodolphe X..., jeune Français de sa connaissance, récemment entré dans un ordre religieux d'Italie. Comme elle ignorait qu'il fût mort, elle eut une profonde surprise, mais sa main, continuant à écrire, lui confirma la triste nouvelle par les détails circonstantiels suivants :

» Je suis Rodolphe, je suis mort hier à 11 heures du soir, c'était le 23..., j'ai été malade quelques jours et je ne pouvais écrire. J'ai eu une fluxion de poitrine causée par le froid qui est survenu tout à coup. Je suis mort sans souffrance et j'ai bien pensé à vous... Je suis dans l'espace, je vois vos parents et je les aime aussi. Adieu, je vais prier pour vous ; ... je ne suis plus catholique, je suis chrétien. »

Après le premier étonnement, Mme D... douta d'autant moins de l'authenticité de ce message que, pendant près d'une semaine, elle continua à recevoir des communications de Rodolphe faisant de nombreuses allusions à leurs relations passées. Pendant un séjour au Midi, le printemps précédent, elle avait fait connaissance de Rodolphe, qui n'était pas encore prêtre à ce moment-là. Il revenait d'Italie où il avait passé l'hiver pour sa santé délicate et il s'était arrêté quelques jours dans le même hôtel qu'elle. Entre cette Genevoise, protestante et républicaine convaincue, et ce Français du Nord, légitimiste et catholique ardent, malgré la différence des âges (il avait à peine vingt ans), s'était formée une véritable intimité intellectuelle et morale, conséquence naturelle de l'analogie de leurs tempéraments et de leur communauté d'aspirations idéales. Chacun d'eux avait essayé, sans y réussir, de convertir l'autre à ses propres idées : et quand ils s'étaient séparés, ils avaient continué par correspondance, même après que Rodolphe était entré dans les ordres, ces entretiens où leurs âmes s'épanchaient en toute confiance. Au moment de l'accès de Mme D..., c'était Rodolphe qui devait une lettre à son amie.

Voilà, n'est-il pas vrai? un beau cas d'intervention apparente d'un « esprit désincarné », selon l'expression familière aux partisans de la doctrine spirite, dans les affaires de ce monde. Malheureusement, six jours après la première communication du prétendu défunt, « l'arrivée par la poste d'une lettre de Rodolphe qui, loin d'être mort, se trouvait en parfaite santé, vint jeter le trouble dans les convictions spirites toutes fraîches de Mme D.... et la découragea de poursuivre des expériences aussi déconcertantes ».

Il faut lire dans le livre du professeur Flournoy la minutieuse et pénétrante analyse à laquelle il a soumis toutes les circonstances de ce cas intéressant et qui justifie pleinement, selon nous, la conclusion qu'il en tire : à savoir que tout dans les communications reçues par Mme D... reflète ses propres dispositions, conscientes ou non, et correspond exactement à ce qui ne pouvait manquer de se passer en elle. « Elle seule, en d'autres termes, et non point Rodolphe, fut-il, en effet, mort à ce moment-là, peut être considéré comme la véritable source de ces communications. »

III

On serait d'autant plus porté à généraliser cette conclusion, pour l'étendre à tout l'ensemble des phénomènes spiritoïdes, que si l'on examine l'une après l'autre les différentes espèces qui le composent, on ne tarde pas à se rendre compte des analogies manifestes qui les relient à l'ensemble des autres phénomènes parapsychiques.

D'après la classification que nous en avons donnée,

ailleurs (1), l'ensemble des phénomènes parapsychiques peut se répartir en trois embranchements, qui s'étagent pour ainsi dire les uns au-dessus des autres par ordre de complexité et de difficulté croissantes.

Phénomènes hypnoïdes.

Phénomènes magnétoïdes.

Phénomènes spiritoïdes.

Pris en eux-mêmes et abstraction faite de toute hypothèse sur leur origine, ces derniers phénomènes ne diffèrent pas essentiellement des autres : on peut toujours trouver pour chacun d'eux un correspondant du même genre dans la série des phénomènes hypnoïdes ou magnétoïdes.

Par exemple, l'état de transe d'un médium est tout à fait analogue à l'état d'hypnose d'un sujet mis en catalepsie ou en somnambulisme ; il présente à peu de chose près les mêmes particularités physiologiques et psychologiques. Il n'y a guère entre l'un et l'autre que la différence que voici : le premier se produit et se développe *spontanément* sans l'intervention d'aucun opérateur visible, sous le seul effet des conditions, nerveuses et mentales, dans lesquelles le médium se trouve placé et parmi lesquelles la croyance aux esprits et l'attente de leur intervention paraissent jouer un rôle considérable ; le second est provoqué *expérimenta-lement*, artificiellement, par un opérateur visible, un hypnotiseur, qui utilise sans doute pour le produire les dispositions nerveuses et mentales du sujet, mais dont l'action volontaire est manifestement la cause qui déclenche le phénomène et en dirige plus ou moins complètement les développements successifs, — sans qu'il soit plus question des esprits que dans une expérience de physique ou de chimie.

Il est vrai que, dans bien des cas, le médium paraît n'avoir subi aucun changement ni dans son état physique

(1) *Psychologie inconnue*, p. 2 et 98.

ni dans son état mental, à tel point que ni lui-même ni aucun des assistants ne se doute du rôle qu'il joue dans le phénomène : on ne s'en aperçoit qu'après coup, en constatant que le phénomène disparaît aussitôt que le médium est absent, et que sa présence suffit au contraire pour qu'il se produise, malgré toutes les variations qui peuvent avoir lieu dans l'entourage. Mais tous ceux qui sont un peu familiers avec l'étude expérimentale des phénomènes hypnoïdes savent très bien que, si ces phénomènes se manifestent habituellement dans un état spécial, analogue au sommeil, il n'y en a pas moins une infinité de degrés entre cet état et celui de la veille, et que la plupart de ceux qu'on observe pendant l'état d'hypnose peuvent également s'observer dans un état qu'aucun signe apparent ne distingue pour nous de la veille. En particulier il est toujours possible, après avoir endormi un sujet, de lui faire ouvrir les yeux tout en lui suggérant la continuation du sommeil et de le mettre ainsi dans un état qui, pour tous les spectateurs non prévenus, présentera tous les caractères de l'état de veille.

Pareillement les messages de prétendus défunts obtenus, soit au moyen de la table, soit par l'écriture automatique, soit par tout autre procédé, ressemblent singulièrement, si on fait abstraction de leur spontanéité et si on les sépare de l'atmosphère spirite où ils éclosent, aux faits de dédoublement de la personnalité ou de division de conscience artificiellement provoqués par des expérimentateurs tels que le professeur Pierre Janet et dont nous avons donné de nombreux exemples dans notre étude de la crypto-psychie (1).

On ne peut davantage s'empêcher de remarquer que les faits de lecture de pensée et de clairvoyance qu'on trouve

(1) Dr Pierre Janet, *Automalisme psychologique* et *Névroses et idées fixes*. Cf. *Psychologie inconnue*, p. 116.

assez fréquemment rapportés dans les récits des séances spirites ont leurs analogues dans les faits de *télépsychie* perceptive ou, comme on les appelle quelquefois, de *psychométrie*, dont nous avons parlé dans le précédent chapitre et dont on peut lire une étude très documentée et très pénétrante dans l'intéressant ouvrage de M. Edmond Duchâtel (1).

Enfin, si nous sommes encore incapables de reproduire expérimentalement les phénomènes qui composent ce qu'on pourrait appeler la partie *physique* du spiritisme, mouvements de lévitation, de translation, etc., produits par les médiums sur des objets matériels, apparitions de lumière et de forme, matérialisations, et qu'on observe ou qu'on croit observer dans certaines séances spiritiques, nous avons cependant des relations de phénomènes de même genre qui, quoiqu'également spontanés, se sont du moins produits dans des circonstances auxquelles tout élément spiritique était complètement étranger.

De cette comparaison entre les faits spiritoïdes d'une part et les faits hypnoïdes et magnétoïdes d'autre part découle, ce semble, une double conséquence.

Premièrement, l'ensemble des faits qui constituent le domaine du spiritisme se résout pour l'analyse en faits hypnoïdes et magnétoïdes de diverses sortes, différant seulement des autres en ce qu'ils se produisent spontanément au lieu d'être évoqués par l'expérimentation et aussi en ce qu'ils paraissent liés à certaines idées et croyances, à savoir les idées et croyances spirites, conscientes ou subconscientes, dans les individus ou les milieux où on les observe. Le spiritisme apparaît donc comme une synthèse spontanée de tous ou presque tous les faits parapsychiques, déterminée par un certain état nerveux et mental particu-

(1) *La vue à distance dans le temps et dans l'espace. Enquête sur des cas de psychométrie.* Préface de M. Joseph Maxwell. Paris, Leymarie, 1910.

lier, auquel conviendrait peut-être le nom de *spiritogène*, employé pour la première fois, si je ne me trompe, par le professeur Flournoy (1).

Dès lors, on conçoit que la science, fidèle au principe *d'économie*, préfère, jusqu'à preuve du contraire, considérer les faits spiritoïdes comme réductibles aux faits des ordres précédents, ou du moins qu'elle s'efforce de pousser aussi loin que possible leur réduction ; et c'est en effet ce qui explique et, dans une large mesure, justifie l'attitude de la plupart des savants occupés à cette étude et leur visible partialité en faveur de l'interprétation cryptopsychique.

En second lieu, même en admettant l'hypothèse de l'existence des esprits et de leur participation effective à la genèse des phénomènes spiritoïdes, il faudrait bien avouer que toute l'action de ces esprits ne consiste en somme qu'à susciter chez certains sujets bien disposés (les médiums) la plupart des phénomènes hypnoïdes et magnétoïdes (hypnotisme, suggestion, dédoublement de la personnalité, télépathie, clairvoyance, etc.) que l'on constate d'autre part chez les sujets ordinaires, soit qu'ils s'y produisent spontanément, soit qu'ils y apparaissent par l'effet de l'action d'un expérimentateur. On peut donc dire que les esprits opèrent exactement à la façon des hypnotiseurs et magnétiseurs humains.

Aussi ceux des savants spécialisés dans l'étude des phénomènes parapsychiques, qui n'excluent pas *a priori* l'hypothèse des esprits et reconnaissent que l'existence de tels agents, quelque invraisemblable qu'elle soit, n'est pas nécessairement impossible, n'en affirment pas moins qu'au point de vue de la *méthode* l'étude des phénomènes spiritoïdes doit être strictement subordonnée à celle des phénomènes des deux premiers ordres, et que c'est seulement lorsque celle-ci aura été poussée assez loin que l'on

(1) *Esprits et médiums.*

pourra commencer à voir un peu clair dans celle-là. C'est l'opinion que nous avons nous-même soutenue dans notre livre *la Psychologie inconnue* et qui, naturellement, ne pouvait manquer de soulever des protestations dans le camp des partisans de la doctrine spirite (1).

IV

Reste, il est vrai, à résoudre un problème qui se posera avec une force croissante à mesure que l'interprétation cryptopsychique (entendue au sens le plus général) étendra ses prises sur un plus grand nombre de faits spiritoïdes. Ce problème pourrait se formuler ainsi : Comment se fait-il que les pratiques spirites, sans doute avec l'aide des croyances qui les accompagnent, suffisent à faire apparaître chez un si grand nombre de personnes, parfois avec une rapidité extraordinaire, une floraison si abondante de phénomènes parapsychiques, les plus variés et les plus merveilleux, tels que les expérimentateurs les plus puissants auraient peine à en provoquer même une faible partie par leurs procédés habituels les plus efficaces ? Il n'est pas rare, en effet, dans une séance spiritique un peu réussie, d'observer des faits de lecture de pensée, de clairvoyance, d'extériorisation de la motricité, de matériali-

---

(1) *Loc. cit.*, p. 5. « Selon nous, il faudrait... ajourner l'étude systématique des phénomènes du troisième ordre jusqu'au moment où ceux du second ordre auront été eux-mêmes suffisamment explorés et où on aura réussi à en déterminer les causes véritables et les principales lois. Ce qui ne veut pas dire, remarquons-le bien, qu'on doive s'abstenir d'observer et de noter avec le plus grand soin ces phénomènes toutes les fois que l'occasion s'en présentera ; mais on ne considérera pas cette sorte d'enquête préliminaire comme ayant une véritable portée scientifique et on ne pensera pas qu'elle puisse jamais suffire à susciter et justifier une explication rationnelle de tout cet ordre de faits. » — Cf. Dr Gustave Geley, « Sur une méthode expérimentale spéciale au métapsychisme », *Annales des sciences psychiques*, 21e année, n°s 13 et 14.

sation, etc., réunis tous à la fois en une synthèse spontanée
dont le secret ressort nous échappe.

C'est peut-être le sentiment de cette énigme qui, dans
ces dernières années, a amené un certain nombre de
savants tels que William James, Sidgwick, Frédéric Myers,
Hodgson et plusieurs autres membres de la Société des
recherches psychiques de Londres, à envisager l'interprétation spirituelle avec des dispositions de moins en moins
hostiles ou, pour mieux dire, d'un œil de plus en plus favorable. Il y a là une évolution très curieuse dont nous trouvons la preuve dans un livre récent du grand savant
anglais Sir Oliver Lodge, *la Survivance humaine* (1).

On sait que la Société des recherches psychiques, après
une longue enquête sur la télépathie et les différentes
autres sortes de phénomènes parapsychiques, commencée
dans un esprit strictement scientifique et sans aucune
bienveillance particulière à l'égard de la doctrine spirite,
a semblé s'acheminer par degrés vers des conclusions
plutôt conformes à cette doctrine, comme on peut s'en
rendre compte en lisant les écrits de ceux de ses membres
que nous rappelions tout à l'heure, notamment l'important ouvrage de Frédéric Myers, *Human personality* (2).

Mais Frédéric Myers et ses autres collègues n'étaient
pas, pourrait-on dire, des savants proprement dits, et
leurs assertions n'avaient pas, ne pouvaient pas avoir aux
yeux du public cette autorité qui s'attache de nos jours à
la science et à ceux qui passent pour ses représentants ;
c'étaient des philosophes, des littérateurs qu'on pouvait
croire plutôt frottés que pénétrés du véritable esprit scien-

---

(1) Ce livre a été excellemment traduit par le Dr H. Bourbon. La
traduction, précédée d'une préface de J. Maxwell, fait partie de la
Bibliothèque de philosophie contemporaine, Paris, librairie Félix Alcan,
1912.

(2) Traduit en français par Jankelevitch sous le titre *La Personnalité
humaine*, 3e édit., Paris, librairie Félix Alcan, 1910.

tifique. Sir Oliver Lodge est un pur physicien qui a consacré toutes ses recherches à l'électricité et à la télégraphie sans fil, et ses travaux dans ce domaine spécial lui ont valu dans le monde savant une notoriété de bon aloi.

Or ce physicien n'hésite pas à déclarer sa conviction, « que l'homme survit à la mort », conviction fondée, selon lui, sur l'observation d'une longue série de faits naturels, et il considère que, « dans l'avenir, l'heure viendra où cette croyance sera scientifiquement établie » (1).

Quels sont donc ces faits naturels susceptibles de déterminer chez un savant tel qu'Oliver Lodge une conviction qui paraît si contraire aux tendances d'esprit de la grande majorité de ses confrères ?

Tout d'abord les faits de transmission de pensée et de télépathie dont son livre contient de nombreux et significatifs exemples, tirés souvent de ses propres expériences.

« Pour moi, dit-il (2), aucun doute n'existe sur la réalité des phénomènes. La distance qui sépare l'Angleterre de l'Inde n'est pas un obstacle à la communication sympathique entre les intelligences, par des voies qui actuellement nous échappent.

» La touche d'un appareil télégraphique manipulée à Londres détermine, dans un appareil semblable, une réponse à Téhéran ; de même, des événements tels que le péril ou la mort d'un enfant, d'un père, d'un époux peuvent être signalés sans le secours du fil ou de l'employé du télégraphe au cœur d'êtres humains adaptés à la réception de tels messages. »

Ce sont ensuite certains faits d'écriture automatiques comme, par exemple, ceux que présentait à l'état de veille le médium Mme Newman (3). — « Le trait intéressant de

---

(1) *La Survivance humaine*, préface de l'auteur.
(2) *Loc. cit.*, p. 69.
(3) *Loc. cit.*, p. 92. Egalement cité dans *Phantasms of the Living*, t. I, p. 63.

ce cas, dit S. O. Lodge, était que les esprits, qui soi-disant influençaient sa main, n'étaient pas tant ceux de gens morts que de gens vivants. L'avantage en était que l'on pouvait ensuite questionner ces personnes sur la part qu'elles avaient prise à l'affaire. Or, il apparut, soit qu'elles n'en savaient rien, soit qu'elles en furent surprises, car bien que les communications correspondissent à quelque chose qu'elles avaient dans l'esprit, elles ne représentaient rien de leurs pensées conscientes, et n'exprimaient que fort approximativement ce qu'elles auraient pu se proposer de transmettre. » L'auteur en conclut que cette action — par laquelle une intelligence communique avec une autre — n'émane pas des régions conscientes de l'esprit, mais bien de celles du subconscient des rêves, et cela, soit qu'il s'agisse d'un vivant ou d'un mort. « Puisque, dit-il, le communicant vivant n'est pas averti de ce qu'il est en train de dicter, il est de même inutile de supposer que le communicant décédé agisse consciemment. » Mais alors ne peut-on aussi bien supposer que l'impression reçue, au lieu de venir du prétendu mort, émane d'une tierce personne ou même qu'elle ait pour origine — selon les propres expressions de Sir O. Lodge — une intelligence centrale, quelque *Ancilla Mundi* à laquelle se rapporteraient toutes les intelligences que nous connaissons et par laquelle elles seraient influencées, une « sorte de réceptacle universel dans lequel toutes les pensées de toutes les intelligences, passées et présentes, seraient représentées et conservées ? »

Sir Oliver Lodge confesse d'ailleurs très loyalement l'échec d'une expérience d'où il espérait voir sortir la preuve d'une possibilité de communication entre vivants et décédés. Il s'agit d'une enveloppe scellée que M. Myers lui avait envoyée en janvier 1891, dans l'espoir qu'après sa mort la communication du contenu pourrait en être donnée par le moyen d'un médium. Or, diverses déclarations faites par l'écriture automatique du médium bien connu,

Mᵐᵉ Verral, et venant soi-disant de M. Myers, faisaient supposer qu'elles se rapportaient au contenu de l'enveloppe. Celle-ci fut ouverte en décembre 1904, et « on constata qu'il n'existait aucun rapport entre ce qu'elle contenait réellement et ce que l'écriture automatique avait prétendu figurer ». Même l'expérience eût-elle réussi, elle ne serait pas encore probante; car le succès pourrait aussi bien en être dû à la clairvoyance, comme ce fut vraisemblablement le cas pour le fait dont Kant a écrit la relation dans son livre *Songes d'un visionnaire* (1).

Il convient peut-être de s'arrêter un peu plus longtemps sur un fait bizarre et vraiment énigmatique rapporté et

(1) « Mᵐᵉ Herteville (Marteville), veuve de l'ambassadeur de Hollande à Stockholm, fut, quelque temps après la mort de son mari, sommée par un orfèvre nommé Croon, de payer un service d'argenterie que son mari avait acheté chez lui. La veuve était convaincue que son défunt époux était trop exact et ordonné pour n'avoir point payé cette dette, encore qu'elle ne pût arriver à en trouver le reçu. Dans son chagrin et aussi parce qu'il s'agissait d'une somme considérable, elle pria M. Swedenborg de venir la voir. Après s'être excusée de l'avoir dérangé, elle lui dit que si, comme tout le monde le disait, il possédait le don extraordinaire de converser avec les âmes des morts, peut-être voudrait-il avoir la bonté de demander à son mari ce qu'il en était à l'égard de ce service d'argenterie. Swedenborg ne fit pas de difficulté pour accéder à sa requête. Trois jours après, cette dame avait de la compagnie chez elle; on prenait le café. Swedenborg lui fit visite et l'informa, avec son sang-froid habituel, qu'il avait conversé avec son époux. La dette avait été payée quelques mois avant son décès, et le reçu se trouvait dans un bureau, dans une chambre du haut. La dame répliqua que ce bureau avait été complètement fouillé et que le reçu n'avait pas été trouvé au milieu des papiers. Swedenborg lui dit alors que son mari lui avait donné les indications suivantes : en retirant le tiroir de gauche, on découvrirait une planche qui, une fois enlevée, découvrirait un compartiment renfermant la correspondance hollandaise privée de l'ambassadeur, ainsi que le reçu. A l'annonce de cette information, toute la compagnie se leva et accompagna la dame dans la chambre du haut. On ouvrit le bureau, on fit ce qui avait été indiqué, où trouva le compartiment duquel personne auparavant n'avait eu notion, et, au grand étonnement de tous, on y découvrit les papiers, conformément aux indications de Swedenborg. » *La Survivance humaine*, p. 98.

analysé dans le livre de *la Survivance humaine* sous le nom de *Cas de Marmontel* (1).

Le 11 décembre 1901, le médium de Cambridge, Mme Verral, reçut une communication à peu près inintelligible, où le nom de Marmontel se trouvait mêlé à des détails comme ceux-ci : « Il gèle et une bougie dans le demi-jour. Il était en train de lire étendu sur un canapé ou sur un lit, mais il y avait seulement la lueur d'une bougie. Le livre était prêté, ne lui appartenait pas... » Puis venait la signature où était suffisamment lisible le nom de Sidgwick. Mme Sidgwick, la veuve du membre bien connu de la Société des recherches psychiques, questionnée par lettre, répondit qu'elle n'y comprenait rien.

Le jour même où elle recevait cette réponse, Mme Verral se sentit obsédée par le désir d'écrire, et elle obtint un second message à peine plus intelligible que le premier, bien qu'il parût destiné à l'éclaircir, et qui disait en substance :

« C'est bien de Marmontel qu'il s'agit. C'était un livre français, des Mémoires, je pense. Passy peut aider. Souvenirs de Passy ou Fleury. Le nom de Marmontel n'était pas sur la couverture — le livre était relié et prêté — deux volumes reliés et imprimés à l'ancienne mode. Cela n'est dans aucun écrit. — C'est un essai fait pour que quelqu'un se souvienne, — un incident. »

« Environ deux mois plus tard, le 1er mars 1902, Mme Verral recevait la visite d'un de ses amis de Londres, M. Marsh, qu'elle retint à dîner. Celui-ci lui raconta, pendant le dîner même, qu'il venait de lire Marmontel. Elle lui demanda s'il avait lu les *Histoires morales*, le seul livre de cet auteur qu'elle connut; il répondit que c'étaient les *Mémoires* qu'il avait lu. Interrogé sur les circonstances de cette lecture, il expliqua qu'ayant pris cet ouvrage à la

(1) *Loc. cit.*, p. 124.

Bibliothèque de Londres, il en avait emporté seulement le premier volume à Paris, où il l'avait lu, les soirs des 20 et 21 février 1902, à la lumière d'une bougie, la première fois couché dans son lit, la seconde fois étendu sur deux chaises. Il faisait froid, mais il ne gelait pas. L'exemplaire de la Bibliothèque de Londres, était relié comme la plupart de ses volumes, dans une reliure qui n'est pas moderne; mais le nom de Marmontel était sur le dos du livre. L'édition comporte trois volumes; à Paris, M. Marsh n'en avait qu'un, mais au moment de sa visite, il avait lu également le second volume. Quant aux mots de « Passy ou Fleury », M. Marsh, de retour à Londres, vérifia trois jours plus tard que dans la partie du volume qu'il avait lue à Paris le 29 février, étendu sur deux chaises, se trouvait décrite la découverte à Passy d'un panneau se rattachant à une histoire dans laquelle Fleury jouait un rôle. »

Ce qu'il y a de plus remarquable dans ce cas, c'est que le fait raconté au passé dans le message du médium du 11 décembre 1901 n'avait pas encore eu lieu à cette date puisqu'il ne devait se produire que le 20 février 1902, c'est-à-dire deux mois plus tard. Sir O. Lodge n'est pas éloigné d'y voir, non un cas de prévision témoignant des remarquables facultés parapsychiques du médium, mais un cas de suggestion hypnotique exécutée automatiquement sous l'influence d'un défunt désireux de donner à ses collègues de la Société des recherches psychiques une preuve de la survivance; et il nous propose, assez timidement, il est vrai, l'hypothèse que voici : « Une intelligence extérieure, disons « subliminale », provoque la mention faite par Mme V... ; un homme, non désigné, lira Marmontel pendant une nuit froide, couché sur un sofa, à la lueur d'une bougie, etc.; puis elle s'emploie à essayer d'obtenir que dans les deux ou trois mois suivants, quelqu'un exécute la prédiction, quelqu'un qui soit suffisamment lié avec Mme V... pour que, suivant toute probabilité, elle puisse être infor-

méa de ces circonstances dans une conversation ultérieure (1). »

Quelque difficulté qu'il puisse y avoir à admettre la
possibilité d'une vision anticipée des événements futurs,
telle que semble la supposer un fait comme celui que nous
venons de raconter, possibilité énergiquement niée par
certains philosophes contemporains (2), il y en a, semble-
t-il, bien davantage encore à admettre la réalité d'inter-
ventions extra-naturelles telles que celles des prétendus
esprits. D'ailleurs les cas de « vue à distance dans le
temps » sont moins rares qu'on ne le pense. Myers, dans
la *Personnalité humaine*, en cite un très significatif (3)
qu'on nous permettra de rapporter ici :

« Mme Mac Alpine était assise par une belle journée
d'été sur les bords d'un lac aux environs de Castleblancy...
lorsqu'elle se sentit tout d'un coup prise d'un frisson et
d'une raideur dans les jambes, au point qu'elle ne put se
lever de sa place et sentit ses regards comme fixés par une
force intérieure sur la surface du lac. Elle vit ensuite
apparaître un nuage noir, au milieu duquel se trouvait un
homme de grande taille, qui tomba dans le lac et disparut.
Quelques jours plus tard, elle apprit qu'un certain M. Espy,
un homme de grande taille et qui, d'après la description,
portait un costume absolument identique à celui dans
lequel le vit Mme Alpine, se noya dans ce lac, et cela quelques jours après que cette dame eut la vision du suicide.
Il paraît que M. Espy avait depuis longtemps conçu l'idée

(1) *Loc. cit.*, p. 128.
(2) Notamment par M. Bergson (d'après Georges Meunier), *Ce qu'ils
pensent du merveilleux*, Paris, 1910. « Notre liberté est un fait : j'estime
que notre conscience nous en donne l'expérience directe et immédiate.
Et ce fait est incompatible avec la prévision de la conduite humaine.
Il l'est également avec la prévision des événements humains en général. » Voir cependant au chapitre précédent les faits rapportés par le
docteur Geley et le docteur Osty.
(3) *Loc. cit*, p. 237.

de se suicider en se noyant dans le lac de Castleblancy. »
(Rapport de la Commission des hallucinations dans les
Proceedings de la S. des R. P., p. 332. — Le récit a paru
dans *Northern Standard* le 6 juillet 1889.)

Il n'est pas rare d'ailleurs de rencontrer dans les visions
de certains psychomètres (1) des transpositions de temps,
tout à fait comparables à celles du « cas de Marmontel ».
En voici un, emprunté à l'ouvrage déjà cité de M. E.
Duchâtel (2).

« Le 31 juillet 1909, nous avons remis à Mme Li F…, alors
en état de somnambulisme, un objet ayant appartenu à
une dame dont nous connaissions la présence à Londres.
Voici un extrait des dires de la psychomètre :

« Cette personne est à la campagne dans les montagnes.
Elle est en train de marcher, elle lit (superficiellement),
mais le fond de son cœur n'est pas gai. J'entends une dame
qui voudrait lui dire « Bichette » (elle l'appelle toujours
ainsi) et lui demander pourquoi elle soupire de temps en
temps. La dame qui l'appelle « Bichette » n'est pas très
grande et assez forte, Française, bonne figure large, âgée
de quarante ans environ. » Nous avons contrôlé, non sans
peine, les renseignements ci-dessus. *Inexacts au moment
de l'expérience*, 31 juillet 1909, *ils se sont trouvés exacts* dans
les premiers jours de septembre, soit *35 jours après*. La
précision des descriptions, y compris l'appellation familière, a permis l'identification de la scène ainsi décrite
au présent, alors qu'elle concernait un futur assez
proche. »

Et l'auteur ajoute que Mme Li F… lui a déclaré ceci : « Bien

(1) L'usage paraît s'être établi de désigner par ce nom, tout à fait
impropre d'ailleurs, les sujets ou médiums capables de voir à distance
dans l'espace ou dans le temps, principalement lorsque leur faculté de
clairvoyance s'exerce à l'occasion d'un objet matériel, qui paraît jouer
dans la circonstance le rôle d'excitateur ou de fil conducteur.

(2) *La vue à distance dans le temps et dans l'espace. Enquête sur des
cas de psychométrie.*

que j'exerce depuis peu de temps, il m'est déjà arrivé que des personnes sont revenues me dire : Ce que vous aviez décrit n'était pas exact au moment même, mais s'est vérifié deux mois après. »

Aussi Sir O. Lodge ne s'appuie-t-il guère sur tous les faits du genre des précédents que pour en conclure, par analogie, comme l'avait déjà fait F. Meyers, de la *télépathie*, c'est-à-dire de l'action d'un esprit appartenant à un individu vivant sur un autre esprit, sans l'intermédiaire des organes, au *spiritisme*, c'est-à-dire à l'action identique, ou peu s'en faut, d'un esprit appartenant cette fois à un individu décédé. Par malheur, de tous les raisonnements, le moins démonstratif est le raisonnement par analogie qui, réduit à lui seul, ne peut jamais donner que des hypothèses.

Il nous est donc bien difficile de voir autre chose que l'expression d'une hypothèse dont la preuve reste encore à faire, dans ce passage ou O. Lodge nous explique à quel mobile peut obéir, dans certains cas, un opérateur situé dans l'au delà, tel que Sidgwick, pour faire usage du « mécanisme scripteur » d'une autre personne. « Ce peut être, dit-il, (1), un intérêt scientifique qui survit en lui, datant de l'époque où il était un membre zélé et actif de la S. R. P. ; de sorte qu'il désire par-dessus tout faire parvenir à ses amis, engagés dans les mêmes recherches, quelque assurance non seulement de la continuation de son existence individuelle, mais encore de la persistance de son pouvoir de communiquer de temps en temps avec eux et de produire des mouvements dans le monde physique, avec la bienveillante autorisation d'un organisme, ou d'une partie d'organisme, dont la possession temporaire lui a été consentie dans ce but. »

Cette preuve d'une collaboration des membres décédés

(1) *La Survivance humaine*, p. 140.

de la Société des recherches psychiques avec leurs collègues vivants pour résoudre l'obscur problème de la persistance de la personnalité humaine après la mort, peut-on
dire qu'O. Lodge l'ait obtenue dans des conditions qui le
satisfassent lui-même ?

On ne la découvrira certainement pas dans les pages (1)
où se trouve décrite et analysée la médiumnité de la célèbre
Mme Piper, bien qu'il y ait là une contribution extraordi-
nairement intéressante et importante à l'étude des phénomènes spiritoïdes, mais l'auteur hésite lui-même entre bien
des hypothèses diverses.

« Sans doute, dit-il (2), Mme Piper, en état de transe,
trouve accès à certaines sources inusitées d'information ;
elle a connaissance, dans cet état, de faits qui se sont produits il y a longtemps ou à distance ; mais la question est de
savoir *comment* elle acquiert cette connaissance. Est-ce en
remontant le cours du temps et en assistant à ces événements à mesure qu'ils se produisent ? Est-ce par le
moyen d'informations reçues des acteurs encore existants ?
Eux-mêmes ne s'en souviennent et ne les retracent qu'obs-
curément. Est-ce par l'influence d'intelligences contempo-
raines, absorbées par d'autres préoccupations et tenant en
réserve, dans leur cerveau, des masses d'informations
oubliées qu'ils offrent, sans s'en apercevoir, à la perception
de la personne intransée ? Est-ce enfin en se plongeant,
tant que dure la transe, dans une intelligence universelle
unique, dont toutes les consciences ordinaires, passées et
présentes, ne sont que des parties ? Les opinions peuvent
différer sur le point de savoir ce qui est la supposition la
moins extravagante. — Il est possible qu'on invente une
hypothèse plus simple que l'une quelconque de celles-ci ;
mais, actuellement, mon sentiment est qu'aucune explica-

(1) *Loc. cit.*, ch. XIV, XV, XVI et XVII.
(2) *Loc. cit.*, p. 41.

tion ne convient à tous les faits. Nous sommes, semble-t-il, au début de ce qui est en réalité une nouvelle branche de la science. Prétendre forger des explications, sauf pour essayer de relier les faits entre eux et d'ouvrir un nouveau champ aux expériences, c'est chose aussi prématurée que l'eût été pour Galvani d'expliquer la nature de l'électricité, ou pour Copernic les lois des comètes et des météores. »

C'est surtout dans les derniers chapitres de son livre (1) que Sir O. Lodge parle des communications supposées de ses anciens collègues obtenues avec l'aide de différents médiums (Mmes Thomson, Piper et Grove) ; mais ces communications, le plus souvent très confuses, se rapportent presque toujours à des détails d'un caractère si accidentel ou si intime qu'elles peuvent bien faire naître la conviction dans l'esprit de ceux qui y assistent personnellement et qui, ayant connu les « communicateurs » de leur vivant, les reconnaissent ou croient les reconnaître à ces détails mêmes, mais qu'elles restent à peu près incompréhensibles et en tous cas nullement convaincantes pour ceux qui en lisent simplement le compte rendu.

C'est bien là d'ailleurs ce que l'auteur de la *Survivance humaine* nous laisse entendre lorsqu'il écrit (2) :

« C'est une erreur de croire qu'il y ait quoi que ce soit de sensationnel ou de particulièrement émouvant dans ces communications. La conversation ressemble à celles que l'on a par téléphone, elle est sujette aux mêmes interruptions désagréables, et aux mêmes éclairs de surprenante clarté, tels qu'une heureuse expression, une intonation, un détail inattendu qui révèle sans erreur possible une identité — réelle ou fabriquée, — par exemple un surnom approprié, un souvenir banal. En pareil cas, les parents du communicateur, s'ils sont présents, peuvent être vraiment

(1) Chap. XX, XXI, XXII et XXIII.
(2) *Loc. cit.*, p. 236.

émus. » Oui, sans doute, mais on comprend aussi que les autres puissent rester froids.

Nous n'insisterons pas sur l'ingénieuse théorie des « correspondances croisées », dont le caractère principal consiste en ce qu'un seul communicateur ou *contrôle* est censé se-manifester par plusieurs médiums différents : ceux-ci écrivent automatiquement d'une manière indépendante les uns des autres, ils sont fort éloignés les uns des autres, quelquefois ils ne se connaissent pas ; ils peuvent même ne pas savoir quelle est la nature de la correspondance poursuivie. Dans beaucoup de cas les messages obtenus isolément sont inintelligibles et ne montrent un sens que plus tard, quand ils sont combinés par une tierce personne. Ainsi le contenu du message n'existe dans aucune intelligence vivante, tant que les correspondances ne sont pas découvertes à l'aide d'une critique laborieuse, un ou deux ans après ; alors, les différentes parties de la communication étant réunies, l'ensemble et l'intention en apparaissent. C'est, on le voit, l'équivalent de la tessère et de la scytale antiques.

Le but de ces efforts, selon Sir O. Lodge, est de prouver clairement que ces phénomènes sont l'œuvre de quelque intelligence bien définie, distincte de celle de l'un quelconque des médiums, tant en excluant la possibilité d'une communication télépathique mutuelle entre ceux-ci qu'en établissant, dans la mesure du possible, par la substance et la qualité des messages, qu'ils sont bien caractéristiques de la personnalité particulière de qui semble émaner la communication, et de nulle autre. Mais ce but a-t-il été atteint ? « La question, dit l'auteur, ne pourra être résolue d'une façon concluante et définitive qu'avec du temps et du travail. »

Malgré toutes ces prudentes réserves, Sir Oliver Lodge reste personnellement convaincu qu' « actuellement la meilleure hypothèse provisoire est d'admettre comme possible l'existence de moments de communication lucide avec des personnes décédées »; il considère pour sa part comme entièrement fondé, bien qu'il soit formulé comme une hypothèse, le jugement qu'il énonce ainsi : « La coopération intelligente entre des esprits autres que ceux des êtres humains incarnés dans un corps, et nous-mêmes, est devenue possible »; et il exprime sa croyance par cette comparaison saisissante :

« La barrière qui existe entre les deux états, — le connu et l'inconnu — est encore épaisse, mais elle s'amincit en quelques points. Comme des mineurs en train de percer un tunnel à ses deux extrémités, nous commençons au milieu des mugissements des eaux et de mille autres bruits, à entendre de temps en temps, les coups de pic de nos camarades qui travaillent de l'autre côté. »

Les recherches ultérieures de la science confirmeront-elles ces espérances, et l'interprétation spirituelle de tant de phénomènes étranges et à peine croyables pour tous ceux qui ne les ont pas directement observés, est-elle destinée à refouler progressivement et à supplanter finalement l'interprétation cryptopsychique, contrairement à l'opinion qui a jusqu'ici prévalu chez la majorité des savants adonnés à cette étude ?

C'est un secret que l'avenir seul révélera.

APPENDICE

NOTE I

La science et la magie.

La croyance à la magie est aussi vieille que l'humanité. L'histoire religieuse et profane de tous les siècles et de tous les peuples nous montre des hommes qui se distinguent de leurs contemporains par des manières de voir incompréhensibles, par la domination de la nature et de leurs semblables. D'après l'usage moral très différent auquel ils employaient leurs facultés, on les nommait faiseurs de miracles, saints, prophètes, magiciens, sorciers, etc. Nous pouvons les appeler mages d'une façon générale. Le grand nombre de ces récits, d'ailleurs, et l'indiscutabilité des témoignages dans beaucoup de cas, nous défendent de traiter toutes ces relations de fables. Si les temps modernes se sont toujours éloignés davantage, malgré cela, de la croyance à la magie, cela tient précisément au progrès des sciences qui se sont toujours plus développées en systèmes fermés. Mais le système engendre fatalement le penchant à rejeter d'abord les faits qui ne veulent pas y entrer.

En un mot, étant donné l'universalité de la loi de causalité, il est évident, certain même *a priori* pour le chercheur scientifique réfléchi, que le mot magie n'est que la dénomination provisoire des facultés humaines non sondées encore et que les phénomènes magiques ne peuvent reposer que sur une science naturelle inconnue. Il s'ensuit donc logiquement qu'en raison de son développement spontané, notre science aboutira à la magie, et deviendra magie elle-même, à mesure qu'elle passera de l'examen de ce qui est visible, de ce qu'on peut toucher et peser, à l'investigation de ce qui est invisible, et de ce qu'on ne peut ni toucher ni peser, car plus la matière est affinée, comme par exemple la matière radiante, plus elle trahit des forces remarquables. Il est facile de se convaincre que nous en arrivons là en physique comme en psychologie, et l'hypnotisme surtout nous apprend que les points de contact entre la science et la magie, c'est-à-dire entre la science naturelle connue et la science naturelle inconnue, augmentent tous les jours. Et les progrès ne manqueraient pas d'être rapides, la magie ne pouvant être qu'une ligne de prolongement de la science, si les chercheurs comprenaient la nécessité d'élargir leurs systèmes et se proposaient pour cela l'étude de la magie, qui renferme en son domaine des lois ignorées d'eux. Quiconque, en effet, s'attache seulement aux phénomènes qu'expliquent les lois connues, ne crée qu'un progrès de surface, tandis que celui qui éclaire des phénomènes restés obscurs, fait pénétrer au cœur même des choses et oblige à l'élargissement et à la transformation des systèmes. Ces chercheurs donc qui excluent la magie de leurs investigations, demeurent figés dans un système provisoire et bornent le progrès. Voilà pourquoi il est très regrettable que la science et la magie soient regardées comme des opposés, alors qu'elles ne font que se compléter l'une l'autre. Ce n'est, à vrai dire, qu'en travaillant dans les deux directions qu'on peut s'en rendre compte, et reconnaître d'un côté la régularité des phénomènes magiques, et de l'autre, l'approfondissement magique progressif des sciences naturelles.

Je peux donc, sans me rétracter en rien et sans trop exiger d'eux, faire toute la part voulue aux doutes de ces lecteurs dont le point de départ est la science naturelle moderne. Je n'attribue pas aux hommes les facultés magiques au sens donné par le moyen âge, où toute merveille et sorcellerie, toute magie légitime et illégitime, s'expliquait par une aide surnaturelle, angélique ou démoniaque. Il n'est pas nécessaire de recourir à cette solution ; les facultés magiques sont notre possession naturelle, comme le reconnaissait déjà Agrippa de Nettesheim : *Spiritus in nobis, qui viget, illa facit.* Elles ont aussi, cependant, leurs bases physiques, non pas surnaturelles, mais supersensibles, et leur investigation doit être notre objet principal.

Les facultés magiques, je l'ai dit, sont latentes en nous ; elles ont dû, par conséquent, se manifester clairement avant leur découverte et leur examen scientifiques. Pour écarter toute hésitation à cet égard, j'ai moins appuyé sur la magie pratique — entreprise d'ailleurs prématurée — que sur ses exemples naturels, spontanés et involontaires, qui démontrent leur régularité en se produisant toujours dans les mêmes conditions.

J'espère aussi avoir au moins établi les bases principales de la magie, une fois pour toutes : le *magnétisme* est la clef de la physique magique ; le *monoidéisme*, ou pensée exercée jointe à la volonté, est la clef de la psychologie magique.

La seule voie à suivre pour arriver à un aperçu de la pratique magique, c'est d'étudier les exemples naturels de la magie, d'observer les conditions de leur manifestation, et d'essayer ensuite de les copier artificiellement. La superstition, il est vrai, a fortement dénaturé la magie pratique, parce qu'elle n'a pas compris le naturel et la régularité de ses manifestations ; mais on distingue leur germe de vérité et leur régularité scientifique naturelle, lorsque, comparant avec la nature — *cum mundi codice primario, originali et autographo,* a dit Campanella — nous reconnaissons la concordance du produit artificiel avec la manifestation naturelle et spontanée.

Le lecteur, voyant l'expérience constater d'innombrables exemples naturels de magie, et la science naturelle elle-même arrivée à un degré où les phénomènes magiques s'expliquent — comme par exemple la clairvoyance par les rayons Rœntgen, la télépathie par la télégraphie sans fil, la fascination par la suggestion, la sorcellerie par l'extériorisation de la sensibilité — le lecteur, dis-je, sentira ses premiers doutes s'évanouir ; il finira même par s'avouer que, si notre science arrivait à être parfaite, il n'y aurait plus de magie, et que c'est en étudiant ces mêmes faits qui contredisent nos théories et se nomment encore magiques à cause de cela que nous arriverons le plus vite au but.

Une seule concession, pour cette raison même, sera refusée par moi au lecteur ; s'il croit que notre système de la nature a dit son dernier mot, et s'il veut s'en servir comme du coup de règle donné sur le boisseau plein pour en faire tomber tout ce qui déborde, il peut mettre mon livre de côté à l'instant, car, malgré toutes nos découvertes et inventions, nous ne sommes, selon moi, qu'au début de la science, et plus la nature sera creusée, plus elle sera trouvée merveilleuse, et il en a toujours été ainsi. Apprenons enfin à reconnaître que les forces jusqu'ici inconnues de la nature et de l'homme, ne sont nullement des forces latentes ne se manifestant jamais, mais bien plutôt des forces actives se manifestant constamment dans de certaines conditions déterminées. Les pommes tombaient des arbres bien avant que Newton ne découvrît la loi de gravitation ; il faut donc aussi que les exemples naturels de la magie se soient montrés dans les temps mêmes où personne n'y croyait. Par conséquent, il s'est produit constamment des phénomènes *en contradiction* avec les lois connues bien qu'ils n'en aient pas moins été soumis à la loi de causalité, parce qu'ils *correspondent* à des lois inconnues. Cet aperçu réconciliera la superstition du moyen âge, qui ne se trompait que dans l'explication des faits, avec la science moderne, qui se trompe aujourd'hui tout comme autrefois, en niant *a priori* des faits qu'elle sera finalement obligée d'accepter, après en avoir trouvé, malgré elle, l'explication.

Carl DU PREL.

La Magie science naturelle (Avant-propos).

NOTE II

Le problème religieux et les sciences psychiques.

Nous assistons à notre époque à une tentative de création ou, du moins, d'organisation d'un nouvel ordre de sciences, les sciences psychiques. En rapport avec la psychologie d'une part, avec les sciences historiques et sociales de l'autre, elles ont pour objet des phénomènes plus ou moins extraordinaires, d'apparence merveilleuse, en tout cas fort mystérieux, qui se produisent par à-coups dans la vie humaine, qui visiblement se rattachent à des forces et à des facultés inconnues ou mal connues de la nature physique et morale de l'homme, et qui, s'ils paraissent à certains égards plus fréquents de notre temps, du moins sous les formes particulières où nous les observons aujourd'hui, se sont cependant toujours manifestés et ont joué un rôle plus ou moins considérable dans l'histoire de l'humanité. La vie religieuse, à toutes les époques et dans tous les pays, en offre de nombreux exemples, et c'est pourquoi il est naturel de se demander si les sciences qui ont pris ces phénomènes pour objet spécial de leur étude ne sont pas appelées à fournir tôt ou tard des éléments utiles ou même indispensables pour la solution du problème religieux.

I

Mais tout d'abord, quelle idée devons-nous nous faire de ces sciences, encore si vagues, si imparfaites, que la plupart des savants se refusent à les prendre au sérieux, et qui doivent disputer péniblement leur domaine au charlatanisme, à la superstition et à l'incrédulité ? Essayons de nous orienter dans cet ensemble confus des faits psychiques — ou plutôt parapsychiques — trop semblables à la forêt obscure, *selva oscura*, de la Divine Comédie.

Il semble qu'on peut y distinguer trois ordres de phénomènes, qui se superposent par étages, s'enfonçant toujours plus avant dans les ténèbres du mystère, ceux-ci déjà en partie connus et ramenés à des lois; ceux-là encore incertains et contestés mais qui ne nous font pas du moins sortir du cercle de la nature; d'autres enfin, qui semblent nous attirer hors de ce cercle, dans un plan d'existence habituellement séparé de celui où se déroule notre vie et s'exerce notre activité. Trois noms résument cette classification sommaire : *hypnotisme, magnétisme animal*, et *spiritisme*, ou, pour reproduire les dénominations que nous avons proposées ailleurs, phénomènes *hypnoïdes*, phénomènes *magnétoïdes*, phénomènes *spiritoïdes*.

L'opinion courante confond plus ou moins ces branches, pourtant très distinctes, des sciences psychiques, et il n'est pas rare d'entendre appeler *spiritisme* l'étude des phénomènes d'hypnotisme ou de magnétisme animal. C'est à peu près comme si l'on qualifiait d'astronome un physicien ou un zoologiste.

Les phénomènes du premier ordre, ou phénomènes hypnoïdes, qui comprennent la *suggestion*, telle que la définit l'Ecole de Nancy, c'est-à-dire l'action de la parole ou du geste mettant en jeu chez certains êtres humains, peut-être même chez tous, une crédulité et une docilité plus ou moins anormales ; l'*hypnotisme* proprement dit, tel que l'a décrit l'Ecole de la Salpêtrière, c'est-à-dire l'état de torpeur et d'automatisme provoqué chez des sujets spéciaux par certaines manœuvres physiques (fixation d'un objet brillant, pression d'un point déterminé du corps, etc.); et la *division de conscience* ou *cryptopsychie*, si magistralement étudiée par le docteur Pierre Janet, où l'on voit la personnalité se dédoubler et deux ou plusieurs moi coexister ou se succéder dans le même individu, tous ces phénomènes, quelqu'extraordinaires qu'ils nous puissent paraître, ne nous obligent pas cependant à supposer d'autres causes ou facultés que celles qui nous sont déjà connues, et nous semblent possibles à expliquer par ces seules causes ou facultés, en supposant seulement que celles-ci, dans certaines conditions particulières, opèrent selon des lois que nous ne connaissons pas encore, lois plus ou moins différentes de celles que nous connaissons déjà.

Les phénomènes du second ordre, ou phénomènes magnétoïdes, semblent au contraire impliquer l'intervention de forces encore inconnues, non cataloguées, mais de nature physique et plus ou moins analogues aux forces rayonnantes de la physique, lumière, chaleur, électricité, magnétisme, etc. On peut les ranger sous deux rubriques différentes, *magnétisme animal* et *télépsychie*, selon que l'action de ces forces s'exerce à proximité et par l'entremise supposée du système nerveux tout entier, ou à de grandes distances, sans intermédiaires, par la seule puissance de la pensée. Tandis que la presque unanimité des savants admettent aujourd'hui la réalité des phénomènes du premier ordre, il en est bien peu qui consentent à considérer ceux-ci comme réels ou du moins comme réellement distincts des précédents. La suggestion hypnotique peut, il est vrai, dans bien des cas, produire les mêmes effets que le magnétisme animal, mais si on prend soin de les séparer expérimentalement l'un de l'autre, comme nous avons nous-même essayé de le faire, on constate que celui-ci est bien spécifiquement distinct de celle-là. C'est ainsi qu'un magnétiseur peut produire des mouvements d'attraction, de l'anesthésie, de la contracture, etc, chez un sujet dont les yeux sont hermétiquement bandés, sans prononcer une parole, par la seule présentation de sa main à distance. Les passes par lesquelles il endort ou éveille le sujet, dans les mêmes conditions, doivent leur efficacité à cette force psycho-magnétique, qui se montre parfois *polarisée* et qui est aussi susceptible de produire des effets *curatifs*.

Non seulement les hommes mais aussi les animaux et même les plantes seraient, dit-on, sensibles à cette force.

Tout récemment, on aurait constaté que des matières organiques peuvent être préservées de la putréfaction par l'action des passes ou par l'imposition des mains. Les propriétés de la force psycho-magnétique pourraient même être communiquées à des objets matériels ; et ainsi s'expliqueraient, par exemple, les effets curatifs de l'eau magnétisée.

C'est surtout sous la forme de la télépathie et de la suggestion mentale que les savants contemporains ont remis au jour, presque sans le savoir, la question du magnétisme animal que l'on pouvait croire définitivement enterrée. Les Sociétés anglaise et américaine des recherches psychiques ont recueilli un très grand nombre de cas authentiques où l'image d'une personne, le plus souvent au moment même où celle-ci était en danger de mort, est subitement apparue à quelque parent ou à quelque ami, malgré l'interposition de distances considérables, comme s'il s'établissait spontanément entre des êtres humains, dans certaines conditions encore inconnues, une sorte de communication immédiate analogue à la télégraphie et à la téléphonie sans fil.

Les phénomènes du troisième ordre, ou phénomènes spiritoïdes, nous introduisent dans une région plus obscure et plus mystérieuse encore. Ils se présentent à nous, en effet, avec

cette apparence, manifestement illusoire dans la grande majorité des cas, parfois cependant énigmatique et troublante, d'impliquer l'intervention de forces intelligentes, non surnaturelles,
sans doute, mais extra-naturelles, qui n'appartiendraient pas
normalement à notre monde, mais feraient en quelque sorte
brusquement irruption dans la nature hors de quelque plan de
l'existence habituellement étranger à celui où nous nous mou-
vons nous-mêmes. Mais, quelque interprétation qu'on en donne,
il faut avant tout s'assurer de leur réalité. Gardons-nous de
subordonner l'admission des faits à celle de telle ou telle hypothèse mise en avant pour les expliquer, comme le firent pour
les faits magnétoïdes au dix-huitième siècle les commissaires
du roi qui, confondant les faits signalés par Mesmer avec
l'hypothèse du fluide magnétique, se refusèrent à voir les premiers sous prétexte qu'il leur était impossible de prendre la
seconde au sérieux. De même dans la question du spiritisme,
constater la réalité de certains phénomènes dits spiritiques, ce
n'est nullement démontrer ou même affirmer « l'hypothèse des
esprits », et inversement, on peut rejeter et réfuter cette hypothèse, sans que la question de la réalité de ces phénomènes en
soit le moins du monde affectée.

Sauf certains cas exceptionnels (phénomènes de *hantise*), qui
mériteraient d'être l'objet d'une étude spéciale, les faits spiritoïdes semblent avoir toujours pour condition nécessaire l'action, ou tout au moins la présence de certains individus,
analogues sous certains rapports aux sujets hypnotiques et
magnétiques, et doués comme eux de facultés particulières,
auxquels on donne le nom de *médiums*. On distingue en général
deux catégories principales de médiums, quoique certains
puissent appartenir à la fois à l'une et à l'autre : les médiums
à effets intellectuels et les médiums à effets physiques. Ces
deux sortes d'effets sont liés dès l'origine dans le banal phénomène de la table tournante ; mouvement de rotation, de nuta-
tion, de translation, etc., de la table : effets physiques ; mots,
phrases, discours, etc., dictés par le moyen de ces mouvements : effets intellectuels. Ils paraîtront nettement séparés, si
l'on considère d'une part un médium tel que Mme Piper, remarquable par l'abondance et l'exactitude des informations données
par elle sur les antécédents et les relations des personnes inconnues qui viennent la voir, et, d'autre part, un médium tel
qu'Eusapia Paladino, qui meut des objets à distance, émet des
lueurs dans l'obscurité, projette hors de son organisme des

formes matérialisées; etc. Observons, en outre, que la médiumnité intellectuelle nous présente très fréquemment la plupart
des phénomènes que nous avons déjà rencontrés sous les rubriques de l'hypnotisme ou du magnétisme animal, tels que le
dédoublement de la personnalité ou cryptopsychie, la lecture
de pensée, la clairvoyance, etc., mais différenciés par leur
caractère de spontanéité apparente et par leur liaison aux
croyances et aux pratiques spirites. Quelque interprétation
qu'on adopte pour ce troisième ordre de faits, on ne saurait
nier qu'il n'ait avec les deux précédents des relations extrêmement étroites et que les uns et les autres ne soient soumis à des
lois communes.

De tout l'ensemble de ces faits ressortent deux hypothèses
qu'ils semblent suggérer avec une véritable insistance, la première d'ordre psychologique ou mental, la seconde d'ordre
physiologique et physique ; c'est à savoir, qu'il existe dans
l'âme humaine des facultés de perception et d'action supranormales, facultés habituellement subconscientes ou cryptoïdes,
qui ne se manifestent que sous certaines conditions encore mal
définies, mais qui n'en sont pas moins réelles et agissantes à
quelque degré chez tous les hommes, et qu'il existe aussi dans
l'organisme humain des forces inconnues, qui sont comme les
agents physiques de ces facultés et qui dans l'état habituel des
choses sont également cryptoïdes.

Faut-il aller plus loin ? Faut-il admettre l'existence, en dehors
de nous, d'une ou de plusieurs entités intelligentes, susceptibles
de concourir avec nous pour la production de certains phénomènes psychiques, principalement par la mise en jeu de nos
facultés et de nos forces supranormales ? Ces entités mêmes,
comment devons-nous les concevoir ? Sont-ce les âmes des
morts ? des intelligences cosmiques, des *démons*, au sens grec
du mot ? des élémentaux, des larves, des microbes de l'astral,
comme l'enseignent les occultistes, ou même cette intelligence
universelle que l'humanité appelle Dieu ?

Les sciences psychiques, qui osent à peine se poser ces questions, sont encore bien éloignées, on le comprendra, d'être en
état d'y répondre. Telles qu'elles sont, ces sciences peuvent-elles
apporter une contribution utile à la solution du problème religieux ? C'est le point sur lequel nous devons particulièrement
insister.

II

Il est avant tout nécessaire de distinguer, pour la commodité de l'étude, deux questions d'ailleurs connexes et en réalité inséparables, qui correspondent l'une au point de vue un peu spécial du savant ou du philosophe, l'autre au point de vue du croyant ou de l'homme en général, selon que l'on envisage la phénoménologie extérieure des religions, ou l'essence intime et la cause profonde du sentiment religieux.

Au premier point de vue, il n'est pas douteux que les sciences religieuses trouveront dans les sciences psychiques un concours très appréciable pour l'orientation et l'avancement de leurs propres recherches.

L'histoire des religions abonde en phénomènes étranges, merveilleux, que l'historien est d'abord tenté d'écarter, par une fin de non-recevoir, comme incroyables et impossibles, ou d'expliquer, s'il est forcé de les admettre, par des malentendus et des supercheries, comme l'a fait systématiquement la critique rationaliste du dix-huitième siècle. La connaissance des phénomènes psychiques aura pour effet d'élargir la conception des faits religieux thaumaturgiques en montrant qu'on peut leur reconnaître une certaine réalité sans leur attribuer nécessairement un caractère surnaturel. « L'étude toute récente des phénomènes d'hypnotisme, — a dit William James (1), — a permis aux hommes de science d'admettre la possibilité des guérisons miraculeuses, pourvu qu'on les envisage uniquement comme des faits de suggestion. Les stigmates des hystériques leur font accepter ceux de saint François d'Assise. Les histoires de possédés leur deviennent croyables depuis qu'ils voient des cas de démonomanie. » De même, si on étudie de près la vie et le caractère des hommes qui ont fondé ou rénové les religions, on s'aperçoit que, selon le mot de William James, « les manifestations de la vie religieuse ont un rapport souvent étroit avec la vie subliminale. Le tempérament du névropathe transparaît sous beaucoup de biographies religieuses. On ne pourrait guère citer d'initiateurs religieux dont on ne nous rapporte quelques phénomènes d'automatisme. Je ne parle pas seulement des derviches et des prophètes..., je parle des plus grands esprits, des créateurs d'idées. Saint Paul eut des visions, des extases, il eut le

(1) *L'expérience religieuse*, trad. fr., p. 418.

don de la glossolalie, bien qu'il n'y attachât que peu d'importance. Tous les grands réformateurs, les grands saints, les grands hérétiques, les saint Bernard, les Ignace de Loyola, les Luther, les Fox, les Wesley, eurent des visions, des voix, des extases, des révélations fulgurantes (1) ».

Nous pouvons ainsi retrouver dans l'histoire des religions presque tous les phénomènes psychiques, revêtus en quelque sorte de la forme religieuse, mais conservant, même sous cette forme, des analogies évidentes avec ceux que nous avons rangés tout à l'heure dans les cadres de l'hypnotisme, de la cryptopsychie, du magnétisme animal, de la télépathie et du spiritisme.

Qui ne serait frappé des rapports de l'extase et de l'hypnose? Dans l'une et dans l'autre, même état de monoïdéisme, même anesthésie, même transfiguration. La foi religieuse n'engendre-t-elle pas, comme la suggestion hypnotique, des stigmates, des visions, des guérisons d'apparence miraculeuse ? Enfin, l'inspiration divine et la possession diabolique ne présentent-elles pas des ressemblances singulières avec les faits de cryptopsychie ou de dédoublement de la personnalité (2) ?

Les faits magnétoïdes eux-mêmes, encore contestés par la majorité des savants, paraissent bien avoir marqué leur trace dans l'histoire des religions. N'est-ce pas eux que nous reconnaissons dans les attitudes et les gestes de certains rites égyp-

(1) *L'expérience religieuse*, p. 398.

(2) William James rapproche également la *conversion* de la suggestion hypnotique. « Si vous placez, dit-il, d'après le professeur Coë, sous une influence propice à la suggestion un sujet qui réunisse en lui ces trois facteurs : 1º une sensibilité profonde ; 2º une tendance à l'automatisme ; 3º la capacité de subir passivement des suggestions, vous pouvez être sûr que vous obtiendrez une conversion soudaine. » Et il ajoute, après avoir signalé l'inconscience, les convulsions, les visions, les paroles involontaires, la suffocation, les photismes, qui accompagnent habituellement la conversion : « L'abolition si rapide des tendances les plus enracinées ressemble d'une façon frappante aux résultats de la suggestion hypnotique : il est bien difficile de ne pas y voir une manifestation de la même cause, c'est-à-dire la soudaine expansion d'une énergie venant de la conscience subliminale.. Il semble qu'une action s'exerçant à travers la conscience subliminale ait le pouvoir, chez bien des individus, de produire une transformation durable. Si donc la grâce de Dieu agit sur nous miraculeusement, il est probable que son influence s'exerce par la voie subliminale. » (William James, *loc. cit.*, p. 197 et suiv.)

tiens, comme aussi dans l'importance attribuée par la liturgie
chrétienne à l'imposition des mains et au souffle ? Dans la
guérison de la femme hémorrhoïde rapportée par l'Evangile,
Jésus agit et parle tout à la fois, comme le ferait de nos jours
non seulement un *hypnotiseur* (ou suggestionneur), mais encore
un *magnétiseur* de profession. Il faut lire les propres termes de
Saint Luc (1) : « Une femme qui était malade d'une perte de
sang depuis douze ans et qui·avait dépensé tout son bien à se
faire traiter par tous les médecins, sans qu'aucun d'eux l'eût pu
guérir, s'approcha de lui par derrière et toucha le bord de son
vêtement; au même instant sa perte de sang s'arrêta. Et Jésus
dit : Qui est-ce qui m'a touché ? Mais tous assurant que ce n'était
point eux, Pierre et ceux qui étaient avec eux lui dirent : Maître, la
foule du peuple vous presse et vous accable et vous demandez
qui vous a touché ? Mais Jésus dit : Quelqu'un m'a touché, car
j'ai reconnu qu'une vertu est sortie de moi (2). Cette femme, se
voyant ainsi découverte, vint toute tremblante se jeter à ses
pieds, et déclara devant tout le peuple ce qui l'avait porté à le
toucher et comment elle avait été guérie à l'instant. Et Jésus lui
dit : Ma fille, *votre foi vous a guérie*. Allez en paix (3). »

Pareillement, dans l'ordre de la télépsychie, les faits de pénétration de pensée, de prévision, de vision à distance, dont il
existe trop de relations authentiques pour qu'il soit possible
de les nier indéfiniment, nous aident à comprendre les faits
analogues du prophétisme, du don des langues, etc., dont
presque toutes les religions nous fournissent des exemples.

Il n'est pas jusqu'aux faits les plus singuliers du spiritisme,
tels qu'on les observe chez les médiums à effets physiques, que
nous ne puissions retrouver dans la vie de certains personnages
religieux. Hantise, lévitation, bilocation, apparitions, tous ces
faits appartiennent en commun aux sciences religieuses et aux
sciences psychiques, et l'on peut espérer que celles-ci aideront
celles-là à déterminer leur véritable signification.

(1) *Evangile selon saint Luc*, chap. VIII.

(2) Saint Marc dit simplement (chap. V) : « Aussitôt Jésus, connais-
sant en soi-même la vertu qui était sortie de lui, se retourna au milieu
de la foule et dit : « Qui est-ce qui a touché mon vêtement? »

(3) La guérison, d'après Jésus, serait donc l'effet de deux causes
concourantes, d'une part la vertu sortie de lui, d'autre part la foi de
la malade; en d'autres termes le magnétisme (doctrine de Mesmer), et
la suggestion (doctrine de l'Ecole de Nancy).

III

En serait-il de même pour le problème religieux considéré dans son fond essentiel ? Nous n'oserions affirmer que sur ce point, les sciences psychiques puissent nous donner de grandes lumières. L'idée religieuse, le sentiment religieux, pris en eux-mêmes, nous semblent indépendants de tous ces phénomènes plus ou moins étranges, plus ou moins pathologiques ; c'est, croyons-nous, dans les plus hautes aspirations des facultés normales de la nature humaine que la religion a ses racines profondes et peut-être indestructibles.

Voyons toutefois s'il n'y a pas quelque hypothèse concevable dans laquelle les sciences psychiques pourraient nous renseigner utilement sur l'origine et la destinée de la religion dans l'humanité. Cette hypothèse, c'est évidemment du côté des phénomènes spiritoïdes qu'il nous faut la chercher.

Dans l'état actuel de nos connaissances, les savants qui cherchent à comprendre ces phénomènes hésitent entre deux interprétations : l'une qui s'efforce de les expliquer par les seules facultés du médium opérant d'une façon subconsciente ; l'autre qui croit y voir des manifestations d'intelligences extérieures à notre monde : — l'interprétation animiste ou cryptopsychique, et l'interprétation spirite : — d'un côté le docteur Pierre Janet, les professeurs Flournoy et Richet ; de l'autre Frédéric Myers, Sidgwick, Hodgson, Oliver Lodge.

Jusqu'ici la balance semble pencher du côté de la première, la seule d'ailleurs qui soit admissible *a priori*, étant seule d'accord avec les postulats fondamentaux de la méthode scientifique ; mais on peut à la rigueur supposer que la seconde finira par l'emporter. Le jour où ses partisans auraient définitivement établi que, dans certains cas au moins, nous sommes en relation non avec des créations subconscientes de notre propre esprit, mais avec un esprit venu de l'au-delà, et réellement distinct du nôtre, ce serait là sans doute un résultat d'une portée immense ; mais que de problèmes resteraient encore à résoudre !

Il resterait tout d'abord à déterminer l'identité des esprits qui viendraient ainsi nous visiter des confins de l'autre monde. Le plus souvent, ils se donnent eux-mêmes pour certains individus décédés ; mais doit-on les croire sur parole ? Ne peuvent-ils prendre les masques de visages connus pour se faire agréer de nous? Bien des faits semblent justifier cette hypothèse. Qui se risquerait à affirmer l'identité des contrôles de Stanton Moses, Rector, Imperator, etc., ou celle des interlocuteurs invisibles de Victor Hugo dans les séances de Guernesey, la Bouche d'Ombre, le Lion d'Androclès, etc. ? De même, ils prennent souvent les idées et les sentiments de ceux auxquels ils sont censés se communiquer. C'est la justement ce qui plaide en faveur de l'interprétation cryptopsychique : mais nous raisonnons actuellement dans l'hypothèse où cette hypothèse serait abandonnée comme insuffisante à rendre compte de certaines particularités des faits observés. Dès lors, qui empêcherait de supposer, pour expliquer certains faits religieux, qu'il existe une ou plusieurs intelligences cosmiques capables de s'intéresser aux événements humains et d'intervenir à de certains moments pour diriger l'évolution religieuse ? De là les révélations et les miracles, qui prennent différentes formes selon les différents milieux, bouddhistes, mahométans, catholiques, protestants, etc., où ils se produisent. Ce seraient, par exemple, ces entités inconnues qui se transformeraient en saint Michel et sainte Catherine avec Jeanne d'Arc, en Vierge Marie avec Bernadette, etc. On aurait, ou on croirait avoir ainsi l'explication de certains faits de l'histoire religieuse ; mais cette hypothèse, si bizarre qu'elle peut paraître extravagante, ne nous rapprocherait en aucune façon de la vraie religion, de la religion idéale, de celle qui consiste à adorer Dieu et à le prier en esprit et en vérité.

Allons plus loin encore. Supposons qu'on puisse acquérir la certitude que ce sont bien les âmes des morts qui reviennent pour nous assurer de leur existence. Quelle conséquence cette certitude aurait-elle au point de vue religieux ?

Ce serait peut-être la justification de la doctrine qui place l'origine de toutes les religions dans le culte des morts, dans ce qu'on pourrait appeler le spiritisme primitif, ancestral, celui des sauvages, des Chinois, etc. Peut-être aussi serait-ce la restauration de ces croyances et de ces pratiques à notre époque. L'évolution religieuse fermerait ainsi son cercle et reviendrait à son point de départ. En fait, le spiritisme est pour beaucoup de nos contemporains une véritable religion. Il y a des Eglises spirites en Angleterre et en Amérique, et leurs fidèles se comptent par milliers. Le mouvement paraît moins intense et moins étendu ailleurs, notamment en France ; mais si une nouvelle forme de religion est encore susceptible d'apparaître dans l'humanité et de se développer avec assez de force pour entrer sérieusement en concurrence avec les formes anciennes, c'est vraisemblablement au sein du spiritisme qu'elle naîtra. Ce spiritisme moderne différera sans doute de l'ancien par ses prétentions *scientifiques* et *morales*; il n'en sera pas moins fondé, comme lui, sur la croyance à la survivance des morts et à la possibilité de communiquer avec eux par des procédés quasi-magiques.

Mais la religion peut-elle ainsi se réduire au seul dogme de la vie future ou de l'immortalité de l'âme? Le dogme de l'existence de Dieu n'est-il pas plus essentiel, seul essentiel, ainsi que l'affirme W. James (1) ?

L'hypothèse spirite nous offre elle-même un moyen de retrouver l'existence de Dieu. Si les esprits s'accordent tous à nous enseigner, à nous certifier cette existence, ce sera en quelque sorte la révélation de Dieu par les esprits. Il y a sans doute quelque chose d'impressionnant dans cette communauté de croyance entre les vivants et les morts ; mais encore faut-il savoir quel est le Dieu que les esprits nous révèlent, et surtout quelle preuve ils nous apportent de la vérité de leurs croyances. Ils ont beau revenir de l'au delà : leurs connaissances, plus étendues peut-être que les nôtres, n'en sont pas moins relatives comme les nôtres: il sont logés, sous ce rapport, à la même enseigne que nous. On pense involontairement à la célèbre poésie où Jean-Paul nous montre les morts ressuscités cherchant Dieu et ne le trouvant pas, et le Christ lui-même leur confessant qu'il l'a aussi cherché en vain.

Pourtant, si notre esprit peut, dans sa partie subliminale, entrer en contact avec d'autres esprits par delà les limites du monde matériel, ne peut-il pas aussi sentir l'approche de quelqu'un de plus grand? Ne peut-il, à de certains moments, avoir l'intuition d'une présence suprême, de la présence de l'Être absolu et infini, source de toute vérité, de toute beauté et de tout bien? Telle est, ce semble, la pensée de W. James : « Quoi qu'il puisse être au delà des limites de l'être individuel, qui est

_____

(1) *L'expérience religieuse*, p. 433. — « Si je n'ai rien dit de la croyance à l'immortalité de l'âme, c'est que la question est pour moi secondaire. — Jusqu'à présent, les faits accumulés par les patientes recherches de MM. Myers, Hodgson et Hyslop ne suffisent pas à rendre très probable le retour des esprits après la mort ; cependant j'avoue que leurs conclusions affirmatives ne sont pas sans m'impressionner. »

en rapport avec lui dans l'expérience religieuse, le « plus grand »,
fait partie, en deça de ces limites, de la vie subconsciente (1). »

Même alors cependant, même en identifiant le phénomène
religieux à un phénomène de communication télépathique
entre Dieu et l'âme du croyant, le problème religieux se pose
toujours avec la même acuité angoissante, et sa solution reste,
en dehors de la science, affaire de sentiment et de foi. Toute
intuition est, par essence, incommunicable, ineffable. Là où la
vérification objective manque, il est à jamais impossible, selon
la profonde remarque d'Alfred Fouillée, de distinguer le voyant
du visionnaire.

Concluons donc que, quelque progrès que puissent faire dans
les siècles futurs les sciences psychiques, aujourd'hui balbu-
tiantes et trébuchantes, et quoi qu'il puisse advenir aussi des
diverses formes de religions entre lesquelles se partage actuellement l'humanité, longtemps encore, toujours peut-être, restera
debout dans le cœur de l'homme l'autel mystérieux élevé par
les âmes croyantes au suprême idéal de justice et de sainteté,
et l'énigmatique inscription qu'y lisait déjà l'apôtre aux premiers temps du christianisme ne sera vraisemblablement ni
effacée, ni remplacée par aucune autre : Au Dieu inconnu,
θεῷ ἀγνώστῳ.

(Extrait de la *Revue philosophique*, 1ᵉʳ avril 1915).

(1) *L'expérience religieuse*, p. 427.

NOTE III

Le rayonnement du cerveau humain.

Comme le cerveau est enfermé dans une enveloppe organique résistante et en apparence close, l'imagination se représente volontiers le cerveau comme isolé du monde. Mais en réalité il se peut fort bien que ce que nous appelons le cerveau soit perpétuellement mêlé et confondu avec ce que nous appelons le monde par un échange continuel et subtil d'activité secrète.

Déjà, nous l'avons vu, pour qui regarderait du dehors le cerveau percevant la lumière, le cerveau s'étendrait réellement, physiologiquement, jusqu'au foyer de lumière perdu dans les profondeurs mystérieuses de la nuit. Il serait comme une comète à noyau condensé et dont la queue balayerait l'immensité. Lorsque nous regardons un autre être, nous envoyons vers lui un rayon de lumière tout pénétré de notre âme, chargé de colère ou de tendresse. Alors, évidemment, notre activité cérébrale se répand dans l'espace; elle s'y élargit sans rien perdre de sa précision, de son organisation; et ceux qui s'imagineraient alors que notre cerveau est tout entier contenu dans la boîte crânienne commettraient une singulière erreur.

A ce point de vue, tous les faits encore obscurs ou insuffisamment contrôlés de magnétisme, de vision à distance, de suggestion contribueront à nous donner du cerveau une idée beaucoup plus exacte.

S'il est vrai, comme l'affirment de nombreux témoins dont il est difficile de suspecter la bonne foi, que l'organisme humain puisse développer, en certains cas, un magnétisme capable de soulever une table, comme c'est surtout par l'application de la volonté que ces phénomènes se produisent, et que c'est à l'insu de leur propre organisme que ces personnes déploient une force motrice inconnue sur des objets extérieurs, il apparaît bien que l'énergie cérébrale rayonne bien loin hors de son foyer. Il apparaît aussi que le moi peut exercer une action sur la matière sans recourir, au moins consciemment, l'intermédiaire de l'organisme, qui n'est plus un instrument actif, mais un conducteur passif.

Le phénomène de la double vue dans certains états hypnotiques spéciaux paraît démontré aujourd'hui. Il est permis à
certains sujets de voir, de lire à travers une barrière qui pour
nous est opaque. Ainsi, l'opacité de la matière n'est plus que
relative. Et comme, pour l'imagination, ce qui sépare le plus
notre cerveau du monde enveloppant, c'est l'opacité de notre
organisme, cette opacité, s'évanouissant, laisse en contact immédiat, pour notre imagination elle-même, le foyer cérébral et
l'univers. Ainsi, le cerveau peut dépasser infiniment l'organisme, il peut rayonner, palpiter, agir bien en dehors de ses
limites. Le cerveau n'apparaît plus comme un organe clos,
retiré dans une cavité dure ; nous voyons, dans l'ordre même
de la physiologie, le moi individuel s'agrandir et, sans perdre
ses attaches nécessaires à un organisme particulier, se créer
en dehors de cet organisme une sphère d'action indéfinie.

Les savants spéciaux n'ont pas pu contrôler la transmission
de la pensée d'un sujet à un autre sujet sans l'intermédiaire
de la parole. Elle est attestée cependant par des expérimentateurs nombreux. Elle constitue un fait prodigieux qu'il faut
séparer et distinguer absolument de la suggestion par la parole.
Celle-ci recourt, en somme, à des ressorts physiologiques et
psychologiques connus. Au contraire, quand un sujet transmet
sans parole une idée, une impression ou une volonté à un autre
sujet, il y a évidemment un rayonnement de pensée dans l'espace et deux cerveaux sont mis en relation immédiate par ce
rayonnement. Ainsi, la forme précise de notre pensée se propage à travers l'espace sans s'altérer, comme la forme précise
de la lumière, de la couleur, de la nuance. Notre cerveau est
donc à la lettre un foyer de pensée ; et, de même que le soleil
remplit toutes les sphères que sa lumière occupe, de même
qu'il serait puéril de réduire le soleil à n'être que le globe d'où
sa lumière émane, le cerveau a l'ampleur de la sphère inconnue
de nous où peut s'étendre l'action de sa pensée.

Il me semble qu'on n'étudie pas tous ces phénomènes dans
un esprit suffisamment philosophique ou, pour parler plus
exactement, métaphysique ; on ne paraît préoccupé que des
conséquences morales et sociales que pourra entraîner la pratique de la suggestion ; et il est certain que le problème du libre
arbitre se pose de nouveau et sous une forme plus aiguë à
propos de ces faits. Mais ils ont une autre portée qui est très
haute ; ils attestent qu'il y a dans l'homme des puissances extraordinaires et inconnues, qui sont nulles ou à peu près dans

son état normal, mais qui se manifestent dans certains états que nous appelons anormaux. Il y a en nous un moi inconnu qui peut exercer une action directe sur la matière, soulever par une volonté énergique un corps étranger comme s'il était son propre corps, percer du regard l'opacité d'un obstacle et recueillir à distance à travers l'espace la pensée inexprimée d'un autre moi.

On peut se demander s'il n'y a pas là les éléments d'un nouveau progrès de la conscience et de la vie sur notre planète; pourquoi l'évolution serait-elle arrivée dans l'homme actuel et normal à son dernier terme? Il suffirait à l'homme d'incorporer à son être normal les puissances prodigieuses que l'hypnotisme met à découvert pour devenir un être nouveau. Il faudrait qu'il acquît l'action magnétique sur les objets extérieurs, la pénétration extraordinaire du regard et la perception immédiate de la pensée par la pensée, sans perdre la possession de lui-même et cette continuité des souvenirs qui soutient l'individualité. Il faudrait qu'au lieu de porter en lui deux personnes, l'une, la personne normale, l'autre, la personne anormale que l'hypnotisme développe, il fondît ces deux personnes en une seule, réunissant leurs puissances diverses. Peut-être la pratique universelle et réglée de l'hypnotisme, l'alternance méthodique de l'état normal et de l'état hypnotique, l'habitude et l'hérédité, amèneront-elles cette fusion et la création d'une humanité nouvelle.

En vain, opposera-t-on que ces puissances nouvelles que l'homme normal doit s'assimiler ne se manifestent que dans un état de crise, de souffrance ou de malaise, et qu'ainsi elles répugneront toujours à l'équilibre de l'être sain. Mais le malaise vient justement de ce qu'il n'y a pas encore dans l'être humain coordination et fusion de l'état actuel et des puissances nouvelles. Qui nous dit que dans l'immense évolution qui a porté la vie de l'amibe à l'homme, tout progrès n'a pas été une crise et une souffrance? Lorsque le premier poisson qui a fait de ses nageoires un commencement d'ailes s'est risqué dans l'air, qui sait si ses organes respiratoires n'ont pas été longtemps troublés? Le malaise et l'espèce d'anxiété qui s'emparent des enfants à l'approche du sommeil sont bien caractéristiques. L'état de sommeil et l'état de veille sont deux états radicalement différents et le passage de l'un à l'autre constitue une véritable révolution. Nous y sommes accoutumés et nous ne souffrons plus; le tout petit enfant n'y est pas accoutumé et il souffre. Peut-être même a-t-il peur. Nous sommes donc arrivés peu à peu à nous assimiler au sommeil qui est, malgré l'apparence, un état violent, puisque c'est la suppression de la personnalité définie que nous gouvernons au profit d'une personnalité obscure qui se gouverne elle-même et se nourrit parfois de visions effrayantes et de sentiments monstrueux.

Or, le jour où l'homme normal se serait assimilé les puissances de l'état magnétique et hypnotique, voyez comme dans la vie humaine l'organisme individuel deviendrait accessoire. Sans doute, il resterait toujours présent à la conscience comme la racine nécessaire de l'individualité, mais le moi pourrait remuer, par sa volonté directe, d'autres corps que son propre corps; il ne serait donc plus l'âme exclusive d'un organisme particulier, mais bien l'âme de toutes choses, aussi loin que son action pourrait s'étendre; et si elle pouvait s'appliquer à l'univers entier, il serait l'âme du monde.

Jean JAURÈS.

La réalité du monde sensible, p. 356-360.

TABLE ALPHABÉTIQUE

DES NOMS D'AUTEURS CITÉS DANS CET OUVRAGE

Agrippa (de Nettesheim), 280.
Alrutz (Dr Sydney), 165, 166, 167, 168.
Arsonval (d'), 27.
Azam (Dr), 99.

Babinski (Dr), 31, 203.
Bacon, 19, 50, 61, 138, 144.
Bardonnet, 147, 148.
Baréty (Dr), 145, 165.
Beaunis (Dr), 184.
Bergson, 18, 272.
Bérillon (Dr), 29, 92.
Bernard (Claude), 27, 50, 71, 72, 219.
Bernheim (Dr), 13, 38, 110, 111, 113, 141.
Binet, 203.
Bourbon (Dr), 266.
Braid, 114, 128, 163.
Branly, 27.
Buckley, 231.
Buffon, 53.

Campanella, 281.
Cauchy, 3.
Charcot, 13, 18, 93, 94, 95, 119, 204.
Chevreul, 33, 89.
Coë, 289.
Comte (Auguste), 6.
Condillac, 8, 11.
Copernic, 276.
Crocq fils (Dr), 17, 85, 116.
Crookes (William), 14, 18, 41, 49, 97, 254.
Curie, 27.
Cuvier, 14, 174.

Darwin, 54.
Deleuze, 49, 119, 141, 152.
Descartes, 3, 19, 150, 220.
Duchâtel, 33, 263, 273.
Dufay (Dr), 233, 234, 235.
Dugald-Stewart, 122.
Dumontpallier, 18.
Durand de Gros, 20, 60, 82, 108, 124.
Durville (Dr Gaston), 85

Faria, 38.
Flournoy, 14, 18, 26, 44, 254, 258, 260, 264, 291.
Fouillée, 122, 294.

Galvani, 24, 141, 276.
Gasparin (de), 253.
Geley (Dr), 41, 44, 245, 265.
Grasset (Dr), 26.
Gregory, 11, 49, 144, 173, 175, 177, 179, 180, 195, 200, 202, 231, 232.
Gibert (Dr), 186, 187.
Grimm, 128.

Herbart, 122.
Héricourt, 193.
Hodgson, 291, 293.
Home (Douglas), 3.
Hugo (Victor), 293.
Husson (Dr), 63.
Hyslop, 293.

James (William), 266, 288, 293.
Janet (Dr Pierre), 29, 63, 100, 165, 174, 186, 262, 284, 291.

Jankelevitch (Dr), 266.
Jaurès, 22, 298.
Jean-Paul, 293.
Jussieu, 49, 157.

Kardec (Allan), 14.
Kant, 269.
Kernig, 93.
Kircher, 116.

Lafontaine, 49, 84.
Lajoie (Dr), 115.
Lamarck, 54.
Laplace, 54.
Lasègue, 93.
Leibnitz, 3, 147.
Liébeault (Dr), 13, 38, 130, 140, 144,
    184.
Lodge, 18, 45, 266, 267, 274, 275,
    291.
Luys (Dr), 115.

Maxwell, 263.
Mesmer, 18, 38, 119, 141, 143, 152,
    157, 286, 290.
Meunier (Georges), 272.
Morgan (de), 254.
Moses (Stanton), 292.
Moutin (Dr), 75, 163.
Myers, 18, 266, 272, 274, 291.

Newton, 53, 215, 281.
Noizet, 38.

Ochorowicz (Dr), 85, 87, 184.
Osty (Dr), 33, 199, 228, 245, 251.

Pasteur, 27.

Philips (Dr), 128.
Poincaré, 3
Potet (du), 119, 141, 152.
Pouchet, 251.
Prel (Carl du), 6, 28.
Puységur (de), 49, 119, 120, 141,
    152, 172.

Quackenbo (Dr John), 231.

Reichenbach, 18, 49, 144, 252.
Richet (Dr), 14, 18, 26, 41, 49, 80,
    84, 126, 133, 194, 254, 291.
Rochas (de), 14, 26, 41, 207, 229.
Rœntgen, 281.
Romberg, 93.
Ruault (Dr Albert), 193, 215, 216,
    217.

Schrenk-Notzing (Dr), 198.
Sidgwick, 266, 291.
Sollier (Dr), 226, 227.
Spinoza, 122.
Sheyne-Stockes, 93.
Stuart-Mill, 136.
Swedenborg, 269.

Taine, 127.
Terrien (Dr), 247.
Thury, 144, 253.

Vaschide (Dr), 198.
Voisin (Dr Auguste), 115.

Wallace, 253.

Zschokke, 173.

TABLE DES MATIÈRES

INTRODUCTION. 1

CHAPITRE PREMIER. — Les résultats acquis dans les sciences psychiques et ce qu'il reste à faire. 25

CHAPITRE II. — La méthode dans les sciences psychiques . 37

CHAPITRE III. — L'observation dans les sciences psychiques. 46

CHAPITRE IV. — L'expérimentation dans les sciences psychiques. 56

CHAPITRE V. — L'hypothèse dans les sciences psychiques. 68

CHAPITRE VI. — Le diagnostic des virtualités parapsychiques. 79

CHAPITRE VII. — La distinction des états parapsychiques . 94

CHAPITRE VIII. — La suggestion comme fait et comme hypothèse 107

CHAPITRE IX. — Le magnétisme animal ou « biactinisme ». 142

CHAPITRE X. — La communication de pensée ou « diapsychie ». 172

CHAPITRE XI. — La clairvoyance en « métagnomie ». . . . 223

CHAPITRE XII. — Spiritisme et cryptopsychie. 253

APPENDICE. 279

NOTE I. — La science et la magie. 279

NOTE II. — Le problème religieux et les sciences psychiques. 283

NOTE III. — Le rayonnement du cerveau humain 295

TABLE ALPHABÉTIQUE des noms d'auteurs. 299

IMP. JOBARD, DIJON

www.ingramcontent.com/pod-product-compliance
Lightning Source LLC
Chambersburg PA
CBHW070736270326
41927CB00010B/2011